La doctrine de la science de Fichte

Idéalisme spéculatif et réalisme pratique

Ouverture philosophique
Collection dirigée par Aline Caillet, Dominique Chateau
et Bruno Péquignot

Une collection d'ouvrages qui se propose d'accueillir des travaux originaux sans exclusive d'écoles ou de thématiques.

Il s'agit de favoriser la confrontation de recherches et des réflexions qu'elles soient le fait de philosophes «professionnels» ou non. On n'y confondra donc pas la philosophie avec une discipline académique ; elle est réputée être le fait de tous ceux qu'habite la passion de penser, qu'ils soient professeurs de philosophie, spécialistes des sciences humaines, sociales ou naturelles, ou... polisseurs de verres de lunettes astronomiques.

Dernières parutions

Arnaud ROSSET, *Les Théories de l'Histoire face à la mondialisation*, 2010.

Jean PIWNICA, *L'homme imaginaire. Essai sur l'imagination*, 2010.

Dominique LEVY-EISENBERG, *Le Faune revisité. Figures du souhait dans* L'Après-midi d'un faune *de Mallarmé*, 2010.

Céline MORETTI-MAQUA, *Bacchus de la civilisation pompéienne au monde médiéval*, 2010.

Michel FATTAL, *Saint Paul face aux philosophes épicuriens et stoïciens*, 2010.

Jean MOREL, *Kierkegaard et Heidegger. Essai sur la décision*, 2010.

Silvia MATTEI, *Voltaire et les voyages de la raison*, 2010.

Jacques STEIWER, *Vers une théorie de la connaissance systémique*, 2010.

Francis HUTCHESON, *Épistémologie de la morale, Illustrations sur le sens moral (1728), Correspondance entre Gilbert Burnet et Francis Hutcheson (1725), Réflexions sur le rire et Remarques sur la Fable des abeilles (1725-1726)*, Avant-propos, introduction et traduction inédite de l'anglais de Olivier Abiteboul, 2010.

Yves MAYZAUD, *Personne, communauté et monade chez Husserl*, 2010.

Susanna LINDBERG, *Heidegger contre Hegel : les irréconciliables*, 2010.

Manuel Roy

La doctrine de la science de Fichte

Idéalisme spéculatif et réalisme pratique

L'Harmattan

© L'Harmattan, 2010
5-7, rue de l'Ecole polytechnique ; 75005 Paris

http://www.librairieharmattan.com
diffusion.harmattan@wanadoo.fr
harmattan1@wanadoo.fr

ISBN : 978-2-296-12630-5
EAN : 9782296126305

À Marc B.

Finsternis ist bloß eine sehr geringe Quantität Licht.
                              Fichte

REMERCIEMENTS

L'étude qui suit est une version abrégée et légèrement modifiée de la thèse que j'ai soutenue à l'Université de Montréal en octobre 2008. Rédigée sous l'heureuse direction de M. Claude Piché, professeur titulaire au département de philosophie de l'Université de Montréal, elle a été effectuée avec le soutien financier de la *Freie Universität Berlin*, de la *Fondation J. A. de Sève*, de la *Faculté des Études Supérieures* (FES) de l'Université de Montréal, du *Fonds de recherche sur la société et la culture* (FQRSC) et de l'équipe de recherche FQRSC « Kant et le problème de la liberté dans l'idéalisme allemand » dirigée par M. Claude Piché de 2005 à 2009. Le travail de mise en page et l'illustration de la couverture de cet ouvrage, effectués par Mme Julienne Jattiot, ont été financés par l'équipe de recherche FQRSC « Transformation des Lumières allemandes : de Kant à Hegel » actuellement dirigée par M. Claude Piché. Qu'ils et elles trouvent ici l'expression de ma profonde reconnaissance.

AVERTISSEMENT

Dans l'étude qui suit, les auteurs étrangers sont cités d'après les traductions disponibles, dont les références apparaissent en bas de page avec celles des textes originaux. Il est à noter que toutes les traductions citées ont été revues et, au besoin, modifiées. J'ai moi-même assumé la traduction des passages tirés d'œuvres inédites en français.

Tout exercice de traduction suppose certains choix. Afin de prévenir autant que possible la critique à cet égard, quelques explications s'imposent concernant ceux qui pourront sembler plus contestables.

J'ai pris le parti de traduire les termes allemands *Ich* et *Nicht-Ich*, qui reviennent régulièrement sous la plume de Fichte, par les termes français *moi* et *non-moi* écrits sans majuscule. Ce choix qui rompt avec l'usage est justifié, me semble-t-il, dans la mesure où Fichte ne prétend pas donner à ces mots un sens différent de celui qu'on leur attribue dans la langue courante[1] (bien qu'il soit amené à clarifier et préciser ce sens au-delà de ce qu'on entend communément par là). En écrivant *Ich* et *Nicht-Ich* avec une majuscule, Fichte n'entend pas souligner à mon avis le sens particulier qu'il accorde à ces termes, mais se plie simplement à la règle grammaticale allemande selon laquelle tout substantif ou mot substantivé s'écrit avec une majuscule. Puisque cette règle ne s'applique pas à la langue française, j'ai préféré ne pas perpétuer un usage susceptible de faire obstacle à la compréhension en laissant supposer que ce dont parle Fichte, lorsqu'il emploie les mots de *moi* et de *non-moi*, concerne des entités inconnues de l'homme ordinaire.

Quant à l'expression *doctrine de la science*, qui traduit le néologisme *Wissenschaftslehre* forgé par Fichte, je l'écris – sauf bien entendu lorsqu'il s'agit du titre d'un ouvrage – sans majuscule ni italique, afin de marquer le « *sens*

---
[1] Voir Fichte, SW, I, p. 502-504/GA, I, 4, p. 255-257/trad. T, p. 300-302.

générique que Fichte entendait lui conférer[2] ». Je suis sur ce point l'exemple d'Isabelle Thomas-Fogiel, qui justifie ce choix en faisant judicieusement remarquer que « *Fichte, lorsqu'il emploie le terme* doctrine de la science, *ne renvoie (...) pas à tel ou tel texte particulier, mais bien à la notion générale de doctrine de la science*[3] ».

---

[2] I. Thomas-Fogiel, « Présentation », *in* trad. G, p. 10, n. 1.
[3] *Ibid.*

INTRODUCTION

La doctrine de la science comme « idéalisme réaliste »

> *L'individu porté à la vérité occupe le milieu.*
> Aristote

I. La lecture idéaliste

Cette étude vise la compréhension du concept fichtéen de moi absolu. À cet égard, elle s'attaque à l'un des concepts réputés, depuis l'époque de Fichte jusqu'aujourd'hui, les plus problématiques et les plus obscurs de la philosophie de ce dernier. En effet, si la question de savoir comment ce concept doit être compris fait aujourd'hui l'objet d'une polémique qui révèle un désaccord si grand qu'il est sans équivalent chez les commentateurs d'autres auteurs[1], les contemporains de Fichte déjà ne s'étaient pas peu plaint de son obscurité. Comme le note Dale Snow[2], la question de la nature du moi de Fichte est récurrente chez les premiers recenseurs de la première doctrine de la science, la *Grundlage der gesammten Wissenschaftslehre* (désormais *Grundlage*), ce dont l'œuvre de Fichte elle-même se fait d'ailleurs l'écho, par exemple dans la *Seconde introduction à la doctrine de la science* de 1797.[3]

La première interprétation possible, à cet égard, est sans doute celle qui, dès les tout débuts de Fichte à Iéna en 1794, s'est imposée naturellement à la plupart de ses auditeurs et lecteurs. D'après cette interprétation, la doctrine fichtéenne ne serait rien d'autre qu'un *idéalisme solipsiste* selon lequel toute réalité extérieure au moi, c'est-à-dire à l'activité réflexive de la pensée ou de l'intelligence, se révèlerait en dernière analyse illusoire.[4] En posant le carac-

---

[1] Voir *ibid.*, p. 13, n. 1.
[2] D. Snow, « The Early Critical Reception of the 1794 *Wissenschaftslehre* », p. 232. Sur ce point, voir aussi E. Fuchs (éd.), GR, I, p. 339.
[3] Voir Fichte, SW, I, p. 506/GA, I, 4, p. 258/trad. T, p. 303 : « *Le moi pur*, que certains se disent incapables de penser (...) ». Voir aussi Fichte, SW, I, p. 504/GA, I, 4, p. 257/trad. T, p. 504-505.
[4] C'est ce qu'on appelle communément, d'après une expression de Hegel, l'« *idéalisme subjectif* » de Fichte. Pour ma part, cependant, je préfère éviter cette expression et parler plutôt d'*idéalisme solipsiste*. Comme j'aurai l'occasion de l'expliquer un peu plus loin de façon plus détaillée, la manière dont Hegel caractérise ce qu'il appelle l'*idéalisme subjectif* de Fichte a

tère absolu de la réalité du moi, Fichte affirmerait l'absoluité de la pensée ou de l'intelligence pour faire du monde matériel une représentation sans objet. J'ai le sentiment de ma propre limitation, poserait Fichte en vertu de cette interprétation, j'ai l'impression qu'il existe une multitude d'objets et d'individus extérieurs à moi, mais en fait cette altérité apparente est une production arbitraire de ma pensée, elle constitue pour ainsi dire le fruit de mon imagination, et n'a par suite aucune réalité effective. Bref, la doctrine fichtéenne dans cette optique n'est rien d'autre qu'un *spiritualisme romantique*[5], qui m'invite à concevoir toute réalité finie ou déterminée, aussi bien celle du monde que celle d'autrui, comme la production purement esthétique d'une faculté créatrice infinie.

Cette interprétation de la doctrine fichtéenne étant admise, toutefois, une importante objection se présente rapidement. En effet, soit l'absolu, sans aucune limite, sans caractéristiques précises. Cet absolu fait maintenant retour sur soi et cherche à se penser lui-même. Mais dans ce mouvement de retour sur soi, il ne trouve rien à penser, car il ne saisit rien de précis. Un moi absolu, sans individualité, est donc une aberration. C'est une conscience sans objet déterminé, qui ne pense rien de clair et de spécifique. C'est donc une conscience consciente de rien, c'est-à-dire une conscience qui n'en est pas une ; c'est un *X*, lui-même dépourvu de moïté, et ne pouvant être pensé par aucune moïté. Bref, c'est une *chose en soi*, extérieure à toute expérience possible. Ainsi, la doctrine fichtéenne est absurde, parce qu'elle pose de la sorte la réalité absolue de ce dont l'existence ne peut être objet de conscience. À cet égard, elle doit être qualifiée d'*idéalisme dogmatique*, puisque c'est sans

---

peu à voir avec la doctrine qu'on lui attribue traditionnellement selon laquelle le non-moi relèverait de l'illusion.

[5] La théorie du premier romantisme est en grande partie inspirée de la doctrine de la science de Fichte comprise comme un spiritualisme de ce genre, niant la réalité effective du monde fini. La notion d'*ironie romantique*, par exemple, telle que développée par Friedrich Schlegel, n'est rien d'autre que le concept de la disposition esthétique-poétique supposée être celle de l'esprit accompli, qui se donne lui-même sans cesse de nouvelles représentations de la réalité qu'il prend chaque fois plaisir – un peu comme le faisait Socrate – à détruire ou à réfuter en faisant ressortir leur absence de fondement, afin de démontrer que l'esprit est libre de se représenter la réalité comme il l'entend (l'esprit produit arbitrairement la représentation). À ce propos, voir par exemple R. Bubner, « Von Fichte zu Schlegel », p. 35-49.

preuve et sans fondement qu'elle érige la spiritualité en absolu et nie la réalité du monde fini.

Comme le note Christian Klotz dans son ouvrage *Selbstbewußtsein und praktische Identität*[6], c'est là d'ailleurs en substance le sens de l'objection autour de laquelle s'est cristallisée dès le départ la critique de la première doctrine de la science : le moi de Fichte, précisément en tant qu'absolu, exclut toute détermination particulière ; il n'est donc rien de précis, de sorte qu'il ne saurait faire l'objet d'une représentation et encore moins d'une expérience. En d'autres termes : *il s'agit d'un principe transcendant*. Il s'ensuit que la doctrine de la science est contraire à l'esprit de la philosophie critique kantienne, dont le principe réside précisément dans l'affirmation de l'impossibilité de connaître ce qui échappe à l'expérience. La doctrine de la science constitue donc le produit d'une rechute dans la métaphysique dogmatique.

Un collègue de Fichte à l'Université de Iéna, le professeur Schmid, exprima publiquement le jugement qui, sur ce point, semble avoir été, du moins en très grande partie, celui du public cultivé de l'époque. Christian Klotz résume :

> *K. C. E. Schmid, un collègue de Fichte à l'Université de Iéna, exprima cette accusation de transcendance en affirmant, dans une remarque visant clairement la doctrine de la science, qu'une philosophie ayant pour objet « l'esprit humain considéré selon des qualités qui ne nous sont pas connues par une conscience immédiate », est « absolument transcendante et, par conséquent, vide et sans fondement, rien de plus qu'un tissu de balivernes absolument stériles ».*[7]

Klotz, dans son livre, soutient d'ailleurs – à juste titre me semble-t-il – que les principales différences qui existent entre la seconde exposition de la doctrine de la science, l'exposition dite *nova methodo*, et la première, la *Grundlage*, sont déterminées par la volonté d'échapper à cette critique. Celle-ci, selon son expression la plus originaire, est généralement attribuée à Hölderlin[8], qui

---

[6] C. Klotz, *Selbstbewußtsein und praktische Identität*, p. 10.
[7] *Ibid.*, p. 11-12.
[8] Sur ce point, voir par exemple *ibid.*, p. 11. Hölderlin tenait peut-être cet argument de

en 1794-95, alors que la *Grundlage* n'était encore publiée que sous forme de feuillets distribués aux étudiants à titre de notes de cours, assistait à Iéna aux premières leçons de Fichte sur la doctrine de la science. Hölderlin, dans sa fameuse lettre du 26 janvier 1795 à Hegel, écrit en effet à ce propos :

> *Les feuilles spéculatives de Fichte* – Grundlage der gesammten Wissenschaftslehre –, *de même que ses leçons imprimées concernant la destination du savant, t'intéresseront beaucoup. Au début, je le soupçonnais fort de dogmatisme ; il semble, pour autant qu'il me soit permis d'en juger, qu'il se soit vraiment trouvé, ou qu'il se trouve encore, à la croisée des chemins. Un grand nombre de ses déclarations révèlent qu'il voudrait dépasser le fait de la conscience théoriquement, et cela est aussi certainement et encore plus évidemment transcendant que lorsque les métaphysiciens antérieurs voulaient dépasser l'existence du monde. Son moi absolu (= la substance de Spinoza) contient toute la réalité ; il est tout, et en dehors de lui il n'y a rien ; pour ce moi absolu il n'y a donc pas d'objet, car autrement toute réalité ne serait pas contenue en lui ; mais une conscience sans objet n'est guère concevable, et si je suis moi-même cet objet, je suis, en tant que tel, nécessairement limité, ne serait-ce que dans le temps, donc, je ne suis pas absolu ; dans le moi absolu la conscience n'est donc pas concevable, en tant que moi absolu je n'ai pas de conscience, et, dans la mesure où je n'ai pas de conscience, je ne suis (pour moi) rien, par conséquent le moi absolu n'est (pour moi) rien.*[9]

Cet argument de Hölderlin est bien connu : toute conscience doit avoir un objet ; or elle est pour elle-même, dans cette mesure, nécessairement finie ; par conséquent, le moi absolu n'est pour lui-même absolument rien, autrement dit : le moi absolu ne saurait correspondre à quoi que ce soit dans l'expérience du moi, il s'agit donc d'un principe transcendant, c'est-à-dire d'une chimère relevant de la métaphysique dogmatique.

Réitéré depuis sous diverses formes un nombre incalculable de fois, l'argu-

---

E. Niethammer (voir note suivante).
[9] Hölderlin, SA, VI, 1, p. 155/trad. Y, p. 340-341. Cette critique de Hölderlin s'inspire probablement de celle de E. Niethammer, que Fichte connaissait et auquel il réagit très mal. Sur ce point, voir Jürgen Stolzenberg, *Fichtes Begriff des praktischen Selbstbewußtseins*, p. 75-76.

ment visant à mettre en évidence le caractère transcendant du moi de Fichte se retrouve encore sous la plume de penseurs aussi importants que Jacobi, Kant, Kierkegaard ou Feuerbach. Jürgen Stolzenberg, dans son article intitulé *Fichtes Begriff des praktischen Selbstbewußtseins*, résume bien la critique des trois premiers :

> *Friedrich Heinrich Jacobi, lui aussi, dénonça la vacuité du moi de Fichte. Il tourna en dérision ce « moi vide et pur, simple et nu », qui lui apparaissait comme un « spectre », comme un « néant de réalité ». Et à Kant également, c'est bien connu, le moi fichtéen semblait « une sorte de spectre » : « lorsqu'on croit l'avoir attrapé, on ne trouve devant soi aucun objet, mais toujours uniquement soi-même, et même plus précisément seulement la main avec laquelle on croyait l'avoir attrapé. – La simple conscience de soi », ainsi Kant résume-t-il son sentiment, « considérée de la sorte, selon la seule forme de la pensée, sans contenu, et par conséquent sans que la réflexion dont elle constitue l'objet ait quelque chose devant soi à quoi elle puisse s'appliquer (...), laisse une drôle d'impression sur le lecteur. »*[10]

Kant, dans sa *Déclaration concernant la doctrine de la science de Fichte*, développe d'ailleurs un argument qui rappelle la lettre à Tieftrunk citée ici par Stolzenberg. Il écrit :

> *Par la présente, je déclare (...) solennellement : que je considère la* doctrine de la science de Fichte *comme un système tout à fait insoutenable. En effet, une pure doctrine de la science n'est ni plus ni moins qu'une* simple *logique qui, dans la mesure où elle ne s'écarte pas de ses principes, ne cherche pas à s'élever indûment jusqu'aux matériaux de la connaissance, mais, en tant que logique pure, fait bien plutôt abstraction de son contenu ; chercher à tirer de la logique pure un objet réel est un travail absolument vain qui, pour cette raison, n'a jamais été tenté, sinon là où, du moins si les conclusions de la philosophie transcendantale sont exactes,*

---

[10] *Ibid.*, p. 76. Stolzenberg cite ici la fameuse *Lettre à Fichte* de Jacobi (*Jacobi an Fichte*, p. 213 et 220), et la lettre de Kant à Tieftrunk du 5 avril 1798 (Kant, Ak, XII, p. 240-241).

l'on a méconnu ses limites et sombré dans la métaphysique.[11]

Fichte, suggère Kant dans l'extrait cité, part dans la *Grundlage* du principe logique d'identité A = A pour démontrer la validité du jugement *je suis*, c'est-à-dire la validité d'un jugement concernant la réalité du moi. Il s'agit là toutefois d'un procédé contraire à la raison, puisque la logique, par définition, consiste en propositions formelles, c'est-à-dire essentiellement abstraites et dépourvues de tout contenu, de sorte qu'il est impossible, à partir de telles propositions, de prouver la réalité de quoi que ce soit. En d'autres termes, le moi de Fichte ne correspond à rien dans l'expérience ou dans l'intuition, c'est-à-dire qu'il s'agit d'un principe purement formel, absolument transcendant.

En ce qui concerne Feuerbach, sa critique de l'idéalisme fichtéen, en définitive, vise surtout le caractère pour ainsi dire *désocialisé* du moi tel que le conçoit Fichte. Aucun moi, fait valoir Feuerbach, n'est concevable sinon en relation à un *toi*. Or le moi tel que le conçoit Fichte exclut toute altérité. Par conséquent, ce moi n'est absolument pas un moi, mais c'est une abstraction vide qui ne correspond à rien de réel. Voici ce qu'il écrit à ce propos :

> *J'affirme (...) que le moi dont part l'idéaliste, le moi qui exclut l'existence des choses sensibles, n'a lui-même aucune existence, sinon une existence dans la pensée, et ne constitue pas le moi réel. Le moi réel est uniquement le moi face auquel se trouve un toi, et qui existe à son tour, pour un autre moi, en tant que toi, en tant qu'objet. (...) Je suis essentiellement individu.*[12]

Kierkegaard, avec le talent d'écrivain qu'on lui connaît, exprime lui aussi son insatisfaction à l'égard du moi de Fichte, si abstrait et si éloigné de toute humanité concrète qu'il n'en est plus guère, tout au plus, comme le suggèrent Kant et Jacobi, que l'ombre ou le spectre. Voici ce qu'il écrit :

> *Le moi qui, dans le* criticisme, *s'abandonna toujours plus à la contemplation du moi, fondait au fur et à mesure et, finalement, se retrouva fantôme immortel comme le mari d'Aurore. Il en alla du moi comme du*

---

[11] Kant, Ak, XII, p. 370/trad. AA, III, p. 1211.
[12] Feuerbach, *Über Spiritualismus und Materialismus*, p. 171-172.

corbeau qui, charmé par les flatteries du renard sur sa personne, laissa tomber le fromage. Tandis que la réflexion réfléchissait constamment sur la réflexion, le raisonnement se détourna du bon chemin, chaque pas en avant l'éloignant naturellement un peu plus de tout contenu.[13]

Chez les commentateurs proprement dits, cette compréhension du moi absolu de Fichte comme principe transcendant, pendant longtemps, fut largement admise. Jusqu'à la fin des années 1960, on s'en est tenu, plus souvent qu'autrement, au jugement déjà exprimé par le professeur Schmid en 1795 : le moi absolu de Fichte n'est rien, pour la simple et bonne raison qu'il ne saurait correspondre à quoi que ce soit dans l'expérience, qui par définition est celle d'une conscience, pour laquelle il ne peut exister que des objets définis et limités. En France, tel que le rapporte Alexis Philonenko[14], elle fut en grande partie véhiculée par Victor Cousin qui écrit par exemple dans son *Introduction à l'histoire de la philosophie* :

> *Qui se flattera, en fait d'idéalisme, d'aller au-delà du système de Fichte ? L'idéalisme, faible encore chez les sages mais timides philosophes de l'Écosse, déjà manifeste dans la philosophie trop subjective de Kant, est arrivé à son terme dans la subjectivité absolue du moi de Fichte.*[15]

Et comment fallait-il se représenter le terme de l'idéalisme, selon M. Cousin ? Sous forme d'une doctrine qui, en réduisant la totalité de la réalité à son moi, s'enferme dans un principe qui l'empêche de rendre compte de l'expérience la plus banale, à savoir *qu'il y a pour nous des objets*. Aussi voit-on parfois Victor Cousin ironiser à propos de la philosophie de Fichte : « *L'idéalisme de*

---

[13] Kierkegaard, *Le concept d'ironie constamment rapporté à Socrate*, p. 246. La suite du texte cité permet d'affirmer hors de tout doute possible que le moi fantomatique du criticisme dont il est ici question est avant tout le moi fichtéen. Kierkegaard fait ici allusion à l'histoire d'Aurore (ou Éôs), tirée de la mythologie grecque : « *Lorsque Zeus lui enleva Ganymède, Éôs lui demanda de conférer l'immortalité à Tithonos, ce à quoi il consentit. Mais elle oublia de demander pour lui la jeunesse éternelle (...), et Tithonos devint de jour en jour plus vieux, plus grisonnant, et plus ridé ; sa voix se fit chevrotante et Éôs, fatiguée de s'occuper de lui comme d'un enfant, l'enferma dans sa chambre à coucher où il devint cigale.* » (R. Graves, *Les mythes grecs*, p. 245-246)
[14] Voir A. Philonenko, « Fichte en France », p. 13-17.
[15] V. Cousin, *Cours de philosophie*, p. 324.

Berkeley et de Fichte », écrit-il par exemple dans cet esprit, « *n'est pas l'écueil de notre siècle. Les hommes de notre temps ne sont guère tentés de ne pas croire à leurs sens et aux objets de ces sens.*[16] »

En Allemagne, une interprétation semblable, là encore accompagnée le plus souvent de remarques ironiques, se retrouve également chez de nombreux lecteurs et commentateurs. C'est ainsi que Ernst Bergmann, par exemple, dans son ouvrage pourtant fort élogieux par ailleurs à l'égard de Fichte, s'exprime à ce propos de la manière suivante :

Aucun homme réfléchissant de façon pondérée ne peut prendre au sérieux, d'un point de vue philosophique, la doctrine fichtéenne du moi de la période de Iéna. (...) La proposition : « Sans moi, pas de non-moi » doit être complètement retournée afin d'être vraie. Sans non-moi, pas de moi. Si, comme le veut Fichte, le moi flottait dans une telle « splendide isolation », dans une solitude aussi prométhéenne, aussi divine, jamais la conscience et le sentiment de soi ne seraient apparus dans la conscience.[17]

Cette interprétation faisant de la doctrine fichtéenne un idéalisme dogmatique, ou comme on l'a suggéré très souvent : un *solipsisme*, ce qu'on pourrait appeler un *individualisme spéculatif* – interprétation selon laquelle la doctrine de la science, en dernière analyse, serait ni plus ni moins qu'une invitation à renoncer à la réalité du monde et des hommes, à refouler le sentiment de réalité qui se rapporte au monde et à la communauté humaine, et à admettre que la réalité finie est un produit arbitraire de l'esprit, qu'il peut faire, défaire et transformer à loisir –, cette interprétation, dis-je, comme l'ont noté plusieurs commentateurs, fut désastreuse pour la réception de l'œuvre de Fichte jusqu'à la fin des années 1960. Pendant plus de 150 ans, l'œuvre spéculative de Fichte fut tenue pour une extravagance incompréhensible, et en tant que telle fut l'objet de moqueries.[18] Comme l'écrit Marek Siemek :

---

[16] V. Cousin, *Fragments et souvenirs*, p. 178.
[17] E. Bergmann, *J. G. Fichte der Erzieher*, p. 93/trad. X, p. 62, n. 47. À ce propos, voir aussi *ibid.*, p. 104-106.
[18] À ce sujet, voir par exemple Gœthe, *Tag- und Jahres-Hefte*, p. 46 : « *Fichte, qui se proposait de donner des leçons le dimanche et cherchait à se libérer des entraves imposées de toutes parts à son activité, se heurta pour son plus grand déplaisir à l'opposition de ses collègues, jusqu'à ce qu'une bande d'étudiants ose finalement s'attrouper devant chez lui et lui brise une fenêtre :*

> [On considéra] *la philosophie de Fichte – et tout particulièrement sa philosophie théorique, la doctrine de la science – comme une étrange aberration de la raison qui, par sa prétention à déduire toute réalité objective de l'immanence consciente d'elle-même du « moi absolu », devait nécessairement s'enfoncer irrémédiablement dans l'impasse d'une (...) mythologie conceptuelle solipsiste.*[19]

Or cette interprétation, outre celui d'avoir été clairement rejetée par Fichte[20], a l'inconvénient non négligeable de rendre la philosophie et l'attitude pratiques de Fichte absolument incompréhensibles. Fichte, c'est bien connu, dès les tout débuts de sa carrière à l'Université de Iéna, pose l'aboutissement naturel de sa doctrine dans l'action éthique et politique. Il suffit de rappeler à cet égard la conclusion du cycle des *Conférences sur la destination du savant* de 1794 :

> *Agir ! Agir ! Voilà pourquoi nous existons. Voudrions-nous nous fâcher de ce que tous ne soient pas aussi parfaits que nous, à supposer que nous soyons véritablement plus parfaits ? Cette plus grande perfection n'est-elle pas justement l'appel parvenu jusqu'à nous, qui nous engage à travailler au perfectionnement des autres ? Réjouissons-nous au spectacle du vaste champ que nous avons à travailler ! Réjouissons-nous de sentir en nous la force et que notre tâche soit infinie !*[21]

Aussi oppose-t-on depuis toujours, comme l'écrit Alexis Philonenko, « *l'idéalisme théorique de Fichte à son réalisme pratique*[22] ». En effet, comment comprendre qu'une doctrine dont tout le propos soit précisément d'affirmer le

---

la manière la plus désagréable, sans doute, de se voir persuader de l'existence d'un non-moi. » Dans ce dernier passage, Gœthe laisse entendre que Fichte ne reconnaissait pas la réalité du non-moi.
[19] M. J. Siemek, « Fichtes und Husserls Konzept der Transzendentalphilosophie », p. 98.
[20] À ce propos, voir Fichte, GA, IV, 3, p. 323/trad. D, p. 62 : « *Tous les êtres raisonnables (y compris l'idéaliste égoïste lorsqu'il ne monte pas en chaire) reconnaissent constamment qu'il existe un monde effectif.* » Sur le même sujet, voir aussi Fichte, GA, IV, 3, p. 338/trad. D, p. 82 ; Fichte, SW, I, p. 516-517/GA, I, 4, p. 267/trad. T, p. 311 ; et Fichte, SW, XI, p. 385/GA, II, 5, p. 503/trad. E, p. 184.
[21] Fichte, SW, VI, p. 345-346/GA, I, 3, p. 67-68/trad. J, p. 90-91.
[22] A. Philonenko, *La liberté humaine*, p. 25.

caractère illusoire de la réalité sensible puisse culminer dans un éloge sans précédent de l'agir moral et politique qui, bien entendu, va de pair avec l'affirmation de l'importance et de la réalité du monde et de la communauté humaine dans lesquels il s'agit précisément d'agir et de produire des résultats ? Martial Guéroult exprime clairement cette interrogation. Il écrit :

> *Chez Fichte, le point de vue théorique ou génétique, non seulement ne démontre pas la réalité des éléments qu'il appartient à la philosophie pratique d'affirmer, mais, loin de leur ménager une place, elle* [la raison spéculative] *apporte une démonstration directe de leur non-réalité. Par là, elle rend radicalement impossible un certain nombre d'affirmations pratiques. Dans ce cas, de deux choses l'une : ou la genèse doit valoir absolument et ces affirmations pratiques sont sans valeur ; ou bien les affirmations pratiques doivent être conservées, alors la genèse et illusoire. Le pratique et le théorique ne se complètent plus, ils se contredisent (...). C'est la faillite de la W.-L. comme genèse.*[23]

---

[23] M. Guéroult, *L'évolution et la structure de la Doctrine de la science*, I, p. 342, n. 4.

II. La lecture phénoménaliste

Plusieurs commentateurs l'ont reconnu et noté, c'est à Alexis Philonenko que l'on doit l'exploit d'avoir véritablement ébranlé cette lecture selon laquelle la doctrine fichtéenne de la science aboutirait à la négation de la réalité finie. Dans son remarquable ouvrage sur *La liberté humaine dans la philosophie de Fichte*, Alexis Philonenko fait ressortir que Fichte, bien loin d'affirmer le caractère illusoire de la réalité finie, démontre plutôt que la conscience de soi va de pair avec la reconnaissance d'une réalité extérieure à elle, et qu'elle n'est absolument pas possible indépendamment de cette reconnaissance. Fichte écrit d'ailleurs lui-même à ce propos : « *L'affirmation fondamentale du philosophe, en tant que tel, est la suivante : aussi nécessairement que le moi n'est que pour lui-même, aussi nécessairement surgit pour lui par le fait même un être en dehors de lui.*[24] » En d'autres termes, tout moi fait nécessairement l'expérience d'une altérité. Ainsi, conclut Philonenko, Fichte dans la doctrine de la science démontrerait non pas le caractère absolu de la réalité du moi, comme on le croit communément, mais au contraire que toute conscience est pour elle-même nécessairement finie ou limitée par une altérité. Aucun moi selon Fichte ne pourrait se penser lui-même comme absolu. C'est alors l'idée même de moi pur ou absolu qui relèverait du fantasme ou de l'imagination – ou à tout le moins, de l'idéalité – selon Fichte, et non pas l'idée de l'altérité, correspondant pour sa part bel et bien à une réalité effective. D'où la thèse, ayant fait de nombreux adeptes, selon laquelle Fichte partirait dans la doctrine de la science du moi absolu ou inconditionné de la conscience de soi comme de *l'illusion transcendantale* dont parle Kant dans le paralogisme de la substantialité de la *Critique de la raison pure*[25], illusion qu'il

---

[24] Fichte, SW, I, p. 457/GA, I, 4, p. 212/trad. T, p. 268.
[25] Voir Kant, Ak, IV, p. 220-221/trad. Z, p. 364-366.

s'agirait précisément pour lui de déconstruire. En déduisant les conditions de possibilité de la conscience de soi, Fichte démontrerait que le concept de moi absolu est un concept radicalement contradictoire, que le moi n'est pensable que dans un rapport de détermination réciproque avec quelque chose d'étranger à l'intelligence (un *non-moi*), et que le moi conçu comme absolu ne saurait par suite avoir aucune réalité.

Philonenko lit ainsi les trois premiers principes de la *Grundlage* de la manière suivante :

Le moi se pose d'abord comme libre absolument, comme étant possible de manière inconditionnée (§1). Il réalise ensuite cependant que, pour se penser comme libre, il doit se penser comme déterminé, et donc admettre la réalité d'un non-moi qui ne saurait être sa propre production (puisqu'il pense sa propre réalité comme étant au contraire conditionnée par celle du non-moi) (§2). Enfin, ces deux affirmations doivent être conciliées, et ne peuvent l'être que dans la mesure où le moi et le non-moi sont pensés comme divisibles, c'est-à-dire comme se déterminant dans une certaine mesure l'un l'autre : si le moi est originairement déterminé et limité par le non-moi, il peut néanmoins à son tour agir sur lui de manière à repousser en partie (sans jamais pouvoir l'éliminer complètement) la limite qu'il lui impose (§3). La doctrine fichtéenne aboutit ainsi à un *idéalisme transcendantal* compris comme *idéalisme pratique*, au sens où le moi, tout en étant posé comme *effectivement* limité par quelque chose d'extérieur à lui, est posé comme étant pratiquement, ou ce qui est la même chose : *idéalement*, sans aucune limite. Le concept de moi absolu dont il est question chez Fichte, à l'issue de la doctrine de la science, apparaît ainsi comme une simple idée, réalisable asymptotiquement. Le moi absolu, pour reprendre la distinction de Kant, serait certes un principe, non pas *constitutif* cependant, mais *régulateur*. Comme l'écrit Philonenko :

Le Moi absolu n'est pas un être déterminant la totalité de ce qui est en posant son être. Le Moi absolu ou pur n'est que l'Idéal vers lequel tend la conscience finie opposée et liée au monde.[26]

En d'autres termes, Philonenko fait de Fichte, à quelques détails près, un

---

[26] A. Philonenko, *La liberté humaine*, p. 336.

kantien de stricte obédience au sens où on l'entend communément, c'est-à-dire un *réaliste phénoménaliste* doublé d'un *moraliste*. Le moi humain selon Fichte n'aurait pas d'autre choix que de se penser comme une entité finie, limitée et conditionnée par une *réalité effective* extérieure à elle. Par conséquent, il devrait nécessairement penser son activité intellectuelle comme étant, à tout le moins en partie, déterminée de l'extérieur, et donc comme le *phénomène* de l'altérité à laquelle il n'accède jamais directement (la réalité de l'objet ne se laisse pas ramener à la pensée de ce dernier, mais il est encore quelque chose par soi-même).[27] En revanche, la conscience qu'il a de sa finitude l'amènerait à espérer pouvoir atténuer infiniment l'action déterminante et pour ainsi dire aliénante que le non-moi exerce sur lui. La souffrance actuelle de l'homme serait donc tempérée par la croyance en la possibilité d'un monde sinon parfait, du moins infiniment meilleur.

Bref, Philonenko reprend intégralement l'interprétation hégélienne de Fichte qu'il prétend pourtant réfuter. Lorsque Philonenko parle de l'interprétation hégélienne, ce n'est pas de la lecture de Fichte présentée par Hegel dans l'écrit *Sur la différence des systèmes philosophiques de Fichte et de Schelling* ou dans *Foi et savoir* qu'il s'agit, mais plutôt de l'interprétation romantique ou solipsiste que j'ai caractérisée un peu plus haut comme *traditionnelle*. Et s'il est possible de qualifier cette interprétation d'*hégélienne* en ce sens qu'elle fait de la doctrine fichtéenne un idéalisme semblable à l'idéalisme que constitue le système hégélien lui-même – mais ce point même est contestable –, il ne faut pas la confondre avec la compréhension hégélienne de Fichte, qui est bien loin selon Hegel d'avoir soutenu la même doctrine que lui. Hegel, faut-il le rappeler, malgré toute l'estime et l'admiration qu'il avait pour Fichte, fut extrêmement critique à l'égard de sa philosophie, qu'il considérait non pas comme un idéalisme accompli à la manière de son propre système, mais comme un « *idéalisme subjectif* ». Ce que signifie cette expression sous la plume de Hegel, me semble-t-il, est suffisamment clair : Hegel veut dire par là que le moi posé par Fichte au principe de sa doctrine de la science est d'ordre essentiellement *subjectif*, c'est-à-dire qu'il s'agit d'une simple idée, d'un idéal inac-

---

[27] Voir *ibid.*, p. 25, où Philonenko rejette sur ce point la lecture de Guéroult selon laquelle Fichte réduirait l'objet à la représentation.

cessible qui ne possède ni ne peut posséder aucune réalité *objective*.[28] Comme le rappelle Jean-Louis Vieillard-Baron, « *toute la critique hégélienne* » tient à ceci que l'idée d'infini, chez Fichte, selon les propres mots de Hegel, « *doit rester une idée au sens kantien, à savoir au sens où elle est absolument opposée à l'intuition*[29] ». Fichte, selon Hegel, ne connaît que le *mauvais infini*, comme il l'appelle, à savoir celui qui n'est jamais fini, et par conséquent jamais *donné*; il prive ainsi l'infini de tout contenu effectif. Comme l'écrit George Seidel :

> *C'est le « je suis moi » du moi absolu posé absolument devenant un « je dois être moi » – « moi » absolu qui ne sera jamais effectivement – qui est mis au pilori par Hegel en tant qu'infini mauvais ou négatif. En effet, du point de vue de Hegel, ce moi n'est* jamais *effectivement, pas [même] lorsque Fichte parvient au troisième principe fondamental concernant la réciprocité du moi fini et du non-moi fini. Par rapport au moi fini, le moi infini ou idéal est comme un cheveu rebelle suivant la trajectoire d'une tangente.*[30]

La critique hégélienne concerne essentiellement le caractère purement formel, privé de contenu et donc absolument transcendant de l'absolu tel que le conçoit Fichte. C'est parce qu'il considère le système de Fichte comme un système fondé sur un principe formel et transcendant que Hegel juge que ce système est appelé à être dépassé par un autre système, fondé celui-là non seulement sur un principe formel, mais sur un absolu présent (non pas simplement pensé, mais également intuitionné). Bien loin d'affirmer que Fichte pose toute la réalité dans le moi pour nier celle du monde empirique, Hegel voit dans le moi fichtéen un simple principe régulateur dépourvu de toute réalité proprement dite. Il argumente d'ailleurs à ce propos sensiblement de

---

[28] Sur ce point, voir par exemple Hegel, GW, IV, p. 37/trad. BB, p. 112 : « *Le moi = moi est le principe absolu de la spéculation, mais le système ne montre pas cette identité ; le moi objectif ne devient pas identique au moi subjectif ; ils demeurent absolument opposés l'un à l'autre ; le moi ne se trouve pas en sa manifestation, ou en son acte de position ; pour se trouver comme moi, il lui faut anéantir sa manifestation ; l'essence du moi et son acte de position ne coïncident pas ;* le moi ne devient pas objectif pour lui-même. »
[29] J.-L. Vieillard-Baron, « Remarques sur la critique hégélienne de Fichte », p. 321. Vieillard-Baron rapporte ici les propos de Hegel, GW, IV, p. 46/trad. BB, p. 121.
[30] G. Seidel, « Hegel's Early Reaction to the *Wissenschaftslehre* », p. 245.

la même façon que Philonenko. D'après ses explications, Fichte au premier paragraphe de la *Grundlage* paraîtrait poser la réalité effective de l'identité de la conscience; après le §2, cependant, où se trouve affirmée la réalité d'un opposé de la conscience (un non-moi), Fichte serait amené à clarifier la nature de la réalité du moi admise au §1, qui ne se laisserait concilier avec celle du non-moi qu'en tant que simple idéalité, à jamais inaccessible. Hegel écrit par exemple à ce propos :

> *Le moi* [de Fichte] *ne saurait, au moyen d'une activité productrice dépourvue de conscience, se poser comme moi = moi ou se saisir intuitivement comme sujet = objet ; ainsi, l'exigence pratique demeure, selon laquelle le moi doit se produire lui-même comme identité, comme sujet = objet ; c'està-dire selon laquelle le moi doit se métamorphoser lui-même en l'objet. Cette exigence suprême, dans le système de Fichte, demeure une exigence ; non seulement elle n'est pas résolue dans une véritable synthèse, mais elle est fixée comme exigence, de sorte que l'idéal se trouve absolument opposé au réel, et que l'auto-intuition suprême du moi en tant que sujet = objet devient impossible.*[31]

L'argument de Hegel ici, me semble-t-il, apparaît clairement : puisque le moi ne peut s'apercevoir comme identique d'un point de vue théorique, ce qui reviendrait à abandonner la conscience conditionnant cette aperception – ou dans les mots de Hegel : puisque le moi ne peut s'apercevoir comme identique « *au moyen d'une activité productrice dépourvue de conscience* » –, il tend pratiquement vers cet objectif qui demeure cependant idéal. Cet argument est très semblable à celui de Philonenko, qui écrit dans le même esprit :

> *Si le Moi possédait une causalité telle qu'il poserait le Moi, « le Non-Moi cesserait d'être Non-Moi (d'être opposé au Moi) et serait lui-même Moi ». (...) Aussi bien le déplacement de la thèse, que nous avons si souvent évoqué ici, est définitivement accompli : le Moi absolu n'est pas un être déterminant la totalité de ce qui est en posant son être. (...) Le moi pur est le terme infini de l'effort comme négation de la négation. L'effort lui-même indique l'invincible tendance de la conscience humaine à devenir Dieu.*

---

[31] Hegel, GW, IV, p. 45/trad. BB, p. 120.

> *Et par conséquent ce qui apparaît premier en la conscience c'est l'effort pour réaliser l'idéal.*[32]

Ainsi, la différence entre l'interprétation de Hegel et celle de Philonenko réside surtout en ceci que, tandis que Hegel déplore le caractère formel et purement idéal du moi de Fichte, Philonenko en fait l'éloge. De ce point de vue, me semble-t-il, il serait presque possible de parler indifféremment de l'interprétation de l'un ou de l'autre. Cependant, puisqu'on suppose communément que Hegel propose une lecture idéaliste de Fichte d'une part, et que Philonenko sur le plan historique fut le premier à ébranler véritablement la compréhension traditionnelle de la doctrine de Fichte comme idéalisme solipsiste d'autre part, c'est surtout la lecture de Philonenko que je considérerai dans la suite du texte, afin d'éviter toute confusion inutile, comme opposée à l'interprétation solipsiste.

---

[32] A. Philonenko, *La liberté humaine*, p. 335-336.

III. L'exigence d'une voie réconciliatrice

L'interprétation de Philonenko et de son école, sans doute à l'heure actuelle encore la plus englobante concernant l'œuvre de Fichte et la plus satisfaisante du point de vue de la cohérence interne – cette interprétation, dis-je, pour tentante qu'elle soit, se heurte cependant, lors d'un examen attentif des textes, à des obstacles considérables et, à mon sens, insurmontables dans le cadre de cette interprétation.

Les travaux de Philonenko, certes, mettent en lumière le fait suivant, incontestable : tout moi, selon Fichte, pose nécessairement, en même temps que sa propre réalité, la réalité de quelque chose qui lui est extérieur. Ce qui paraît beaucoup plus contestable en revanche, c'est la conclusion qu'en tire Philonenko quant à l'affirmation fichtéenne de l'absoluité du moi. Puisque Fichte reconnaît que tout moi pense sa propre possibilité comme impliquant la réalité d'un non-moi, argumente Philonenko, aucun moi ne peut selon lui poser raisonnablement le caractère absolu de sa propre réalité, mais doit se poser au contraire comme radicalement limité ou fini. Ennemi complet de la doctrine égoïste qu'on lui attribue traditionnellement, Fichte nierait l'absoluité du moi. Sa doctrine de la science, ironiquement (en regard de la première réception de son œuvre), ne serait rien d'autre qu'une démonstration de ceci qu'il n'existe rien d'autre que la réalité finie.

Tout d'abord, en supposant qu'elle soit défendable dans le cas des écrits de la première période (1794-98), cette lecture, force est de l'admettre, pose de graves problèmes quant à son application aux écrits compris dans la partie de l'œuvre initiée en 1798 par l'article *Sur le fondement de notre croyance en une divine providence* ayant déclenché la *Querelle de l'athéisme*. En effet, il semble indéniable que Fichte, à partir de cet écrit controversé, pose non seulement que l'absolu peut être objet de conscience (ou de connaissance), mais que la possibilité de la conscience empirique, de la conscience de l'existence du monde fini, est *conditionnée* par une telle conscience (plus ou moins claire) de l'existence d'un absolu. Aussi certainement qu'il y a pour nous un monde sensible, déclare Fichte à partir de 1798, aussi certainement nous admettons (sans forcément y être attentifs) une réalité suprasensible et infinie, c'est-à-dire un absolu, ou ce qui est encore la même chose : Dieu. Ainsi, en dépit des protestations de Philonenko, l'interprétation de ce dernier – en supposant encore une fois qu'elle soit valable pour les écrits de la période de Iéna[33] – contraint le commentateur à admettre dans la pensée de Fichte une évolution que Fichte lui-même a toujours vigoureusement niée.[34] J'aurai l'occasion de revenir abondamment sur ce point vers la fin de l'ouvrage (voir conclusion), alors que j'aborderai la question de l'unité de l'œuvre de Fichte.

Ce problème que pose la thèse de Philonenko relativement à l'unité de l'œuvre de Fichte n'est pas toutefois la seule raison pour laquelle celle-ci doit être jugée insuffisante. Car plusieurs commentateurs l'ont noté, l'hypothèse de Philonenko, selon laquelle Fichte aurait pour but de réfuter l'idéalisme, quand bien même on ne tiendrait compte que des textes d'avant 1798, voire de la seule *Grundlage*, comme prétend le faire Philonenko dans son ouvrage sur *La liberté humaine dans la philosophie de Fichte*[35], tient difficilement. Parmi ces commentateurs, comptons Robert Lamblin qui, dans un excellent article intitulé *Sur la nouvelle interprétation de la philosophie de Fichte*, développe à partir des écrits de Fichte antérieurs à 1798 toute une série d'arguments d'après lesquels la thèse de Philonenko sur ce point apparaît insoutenable.[36] D'une manière générale, cet argument vise à faire ressortir que l'in-

---

[33] En réalité, Fichte, dès 1797, dans les deux *Introductions à la doctrine de la science*, pose clairement que la conscience de soi comme réalité absolue conditionne la possibilité de la conscience empirique, ou ce qui est la même chose : la conscience de notre finitude. Voir par exemple Fichte, SW, I, p. 476-477/GA, I, 4, p. 229/trad. T, p. 282 : « *Selon Kant, la possibilité du moi ou de la pure conscience de soi conditionnerait la possibilité de toute conscience, exactement comme dans la doctrine de la science.* »
[34] Voir par exemple Fichte, SW, V, p. 399/GA, I, 9, p. 47/trad. V, p. 97.
[35] Voir A. Philonenko, « Fichte en France », p. 26-27. Cette affirmation de Philonenko, me semble-t-il, est toutefois sujette à caution, puisque ce dernier dans son ouvrage fait constamment appel à d'autre textes afin de soutenir son argument.
[36] Philonenko, dans son article *Fichte en France*, reconnaît avoir pris connaissance des objections de Robert Lamblin. Sans se donner la peine d'y répondre, cependant, il rejette tout simplement du revers de la main l'argumentaire de Lamblin, qu'il se contente de déclarer « *dépourvu de toute rigueur philosophique* » (*ibid.*, p. 15-16).

terprétation de Philonenko est tout simplement incompatible avec certaines affirmations de Fichte, et en particulier avec certaines affirmations de Fichte contenues dans le texte même de la *Grundlage*. Comme l'écrit fort à propos M. Lamblin :

> *Le lecteur naïf qui ferait confiance à une telle interprétation* [celle de Philonenko] *serait en vérité bien embarrassé en lisant le texte fichtéen* [la *Grundlage*], *car du début à la fin de l'exposé des principes fondamentaux jusqu'à l'achèvement de la déduction, il aurait à se demander si Fichte ne s'est pas ingénié à mystifier son lecteur ou bien si, au contraire, la mystification ne serait pas du côté de ses géniaux commentateurs* [Philonenko et son école].[37]

Il est inutile de reprendre ici dans son intégralité le propos d'un texte on ne peut plus clair en lui-même. Je retiendrai cependant un argument qui me paraît décisif dans l'article de M. Lamblin. Il concerne le fait que Fichte, dans la *Grundlage*, pose le premier principe à titre de fondement de la catégorie de réalité :

> *Ajoutons enfin, pour confirmer le caractère apodictique et tout à fait effectif du premier principe, qu'il est le fondement de la catégorie de réalité, qui, même si elle devra être conciliée synthétiquement avec celle de la négation dans le troisième principe, doit nécessairement être autre chose qu'une abstraction vide dépourvue de toute vérité.*[38]

Est réel, démontre Fichte au §1 de la *Grundlage*, *tout ce qui est posé dans le moi* (ou ce qui est la même chose : tout ce qui est posé = moi)[39] ; un point sur lequel Fichte ne revient à aucun moment dans la suite du texte, mais sur lequel il s'appuie sans cesse au contraire dans chacun de ses raisonnements.

---

[37] R. Lamblin, « Sur la nouvelle interprétation de la philosophie de Fichte », p. 67.
[38] *Ibid.*, p. 69.
[39] Sur ce point, voir par exemple Fichte, SW, I, p. 94/GA, I, 2, p. 257/trad. T, p. 19 : « *Si A est posé* dans le moi, *alors il est posé ; ou – alors il* est. » ; ou encore un peu plus loin dans le même texte Fichte, SW, I, p. 99/GA, I, 2, p. 261/trad. T, p. 22 : « *Tout ce à quoi la proposition A = A est applicable possède*, dans la mesure où cette proposition peut lui être appliquée, *une réalité. Ce qui est posé, par la simple position d'une chose quelconque (d'un être posé dans le moi), est en celle-ci réel et constitue son être.* »

D'où il suit que Fichte pose non seulement le moi comme réel, mais comme constituant en quelque sorte la substance dont toute réalité possible par ailleurs n'est qu'un simple accident – à ceci près que cette substance, comme on le verra, n'est pas une chose, mais un acte, et ne doit pas être réifiée.

Afin de compléter sur ce point l'argument de M. Lamblin, qu'il me soit permis d'ajouter à ce propos la remarque suivante. Fichte, dans la *Grundlage*, commence par faire ressortir que tout moi pose le caractère absolu de sa propre réalité (§1), pour noter ensuite que le moi reconnaît également la réalité d'une altérité (§2). La question est alors la suivante : comment ces deux affirmations du moi sont-elles conciliables ? C'est la possibilité de la coexistence du moi et du non-moi qu'il s'agit d'expliquer. Si donc le moi n'était pas tout d'abord, et une fois pour toutes, caractérisé comme absolu, il ne pourrait pas même y avoir de doctrine de la science en tant qu'entreprise de résolution de ce paradoxe. Mais dans ces conditions, comment la contradiction soulevée serait-elle selon lui résolue moyennant la négation pure et simple de l'une des deux propositions qui la constituent ? Comme l'écrit John Lachs : la doctrine de la science ne peut pas conclure au caractère illusoire du *je suis*, « *parce qu'elle ne peut pas même commencer sans admettre préalablement la réalité indépendante et originaire du moi absolu (...).* »[40]

L'interprétation de Philonenko, à l'égard du statut qu'il accorde (ou refuse d'accorder) au moi absolu dans la pensée de Fichte, apparaît donc boiteuse, de sorte que les premiers lecteurs et commentateurs de Fichte, qui voyaient dans la doctrine de la science un idéalisme affirmant la réalité absolue du moi, risquent fort de ne pas avoir eu aussi complètement tort qu'on a pris l'habitude de le dire depuis quelques décennies. Sans doute est-il possible d'ironiser concernant l'interprétation idéaliste de Fichte. Certains ne s'en sont pas privés.[41] Mais en dernière analyse, me semble-t-il, on est tout

---

[40] J. Lachs, « Is There an Absolute Self ? », p. 176.
[41] Voir par exemple A. Philonenko, « Fichte en France », p. 16 : « *M. Alexis Philonenko avait fait les réserves les plus extrêmes sur les interprétations françaises existantes, ne comprenant pas comment un philosophe attaché à l'histoire concrète (...) pouvait être un "idéaliste subjectif". Il savait bien qu'en une prison anglaise aux alentours de 1735, un aliéné "croyait que le monde était dans sa tête" ; cela ne l'encourageait pas beaucoup à regarder l'idéalisme subjectif comme position philosophique tenable,* [d'ailleurs] *aussi peu fichtéenne que possible, puisque le maître, lorsqu'il travaillait, exigeait le silence le plus absolu.* »

de même forcé d'admettre que Fichte, *à tout le moins en un certain sens*, pose effectivement le caractère absolu de la réalité du moi. Si donc il est nécessaire de s'affranchir de l'interprétation traditionnelle selon laquelle Fichte nierait la réalité du monde empirique, il paraît néanmoins tout aussi nécessaire de découvrir une façon de concilier le réalisme de Fichte avec l'affirmation de la réalité effective, et non simplement idéale, du moi absolu dont il fait le premier principe de la doctrine de la science. À cet égard, la présente étude prend donc le contrepied de la thèse soutenue par plusieurs commentateurs tels que A. J. Mandt[42] ou Wayne M. Martin[43] qui, à l'instar de Philonenko, considèrent la lecture traditionnelle de Fichte, la lecture idéaliste, comme totalement erronée, et nient tout simplement que Fichte ait posé la totalité de la réalité dans son fameux moi absolu.

La tâche qui s'impose à l'interprète de Fichte est ainsi clairement déterminée. D'une part, Philonenko montre de manière irréfutable que le moi ou la conscience de soi, selon Fichte, doit nécessairement se penser comme étant en rapport avec une altérité. D'autre part, le moi ou la conscience de soi qui se pose de la sorte en rapport avec l'altérité se pose également et tout aussi nécessairement, toujours selon Fichte, comme réalité absolue. Par conséquent, il doit y avoir une troisième voie permettant de réconcilier les deux écoles qui se sont affrontées jusqu'à maintenant, de manière à maintenir à la fois les deux grandes définitions du projet fichtéen ayant été proposées à ce jour, à savoir : comme projet visant à démontrer la réalité absolue du moi d'une part, et comme projet visant à faire ressortir la nécessité du rapport de la conscience à l'altérité (de manière à fonder la nécessité de l'action morale et politique) d'autre part. Ou pour l'exprimer de façon plus concise, cette troisième voie doit réconcilier la compréhension traditionnelle de la doctrine fichtéenne comme *idéalisme théorique* ou *spéculatif* d'une part, et la compréhension de la doctrine fichtéenne s'étant imposée plus récemment comme *réalisme pratique* de l'autre. Une interprétation satisfaisante de Fichte doit produire le point de vue à partir duquel Fichte peut à la fois affirmer, à tout le moins en un certain sens, la réalité absolue du moi et admettre, à

---

[42] Voir A. J. Mandt, « Fichte's Idealism in Theory and Practice », p. 127.
[43] Voir W. M. Martin, *Idealism and Objectivity*, p. 2-3.

tout le moins en un certain sens également, la réalité du non-moi. Découvrir cette voie réconciliatrice, mettre au jour une nouvelle manière d'envisager le projet fichtéen permettant de concilier les deux interprétations dominantes, voilà donc l'objectif de la présente étude. À l'issue de celle-ci, la doctrine de la science devrait donc apparaître non plus simplement comme un idéalisme opposé au réalisme ou comme un réalisme phénoménaliste opposé à l'idéalisme, mais pour reprendre l'expression de Fichte lui-même comme un « *idéalisme critique, que l'on pourrait aussi qualifier d'idéalisme réaliste ou de réalisme idéaliste*[44] ». Cela signifie que la doctrine de la science, comme le dit Fichte on ne peut plus clairement, reconnaît qu'il est absolument nécessaire que nous posions une réalité absolue hors de nous, tout en parvenant à la conclusion que cette réalité n'est que pour nous.[45]

Dans cette optique, il est permis d'affirmer que le seul tort d'Alexis Philonenko, à qui revient le grand mérite d'avoir ébranlé l'interprétation traditionnelle selon laquelle Fichte nierait la réalité du monde empirique, fut précisément d'être demeuré, dans une certaine mesure, prisonnier de l'interprétation qu'il décriait. En effet, l'interprétation traditionnelle de Fichte voulant que doctrine de la science soit l'expression d'un idéalisme égoïste affirmant la réalité absolue de la moïté, s'accompagne le plus souvent comme on l'a vu (voir point I. de la présente introduction) d'un jugement concernant le caractère indéfendable et contradictoire d'un tel système de pensée. Or Philonenko, bien loin de nier le caractère chimérique du moi caractérisé par Fichte au §1 de la *Grundlage*, cherche simplement à montrer que ce moi est précisément ce dont Fichte reconnaît et démontre l'impossibilité. Isabelle Thomas-Fogiel pose à ce propos le même diagnostic. Elle écrit :

> *Plus étonnant encore, et sans doute est-ce là ce qui rend ce débat sur le Moi fichtéen si étrangement difficile, ceux-là mêmes qui, commentateurs de Fichte soucieux de lui redonner la place qui lui revient dans l'histoire de la philosophie, entendent critiquer ce point de vue, en partagent,* de facto, *le présupposé fondamental : le premier principe « Moi = Moi » est évidemment faux, stigmatisation de l'impossible sujet inconditionné*

---

[44] Fichte, SW, I, p. 281/GA, I, 2, p. 412/trad. T, p. 146.
[45] Voir *ibid*.

et absolu que Fichte entend réduire à néant par une subtile dialectique. Aussi étonnant que cela puisse initialement sembler, il apparaît que, sur ce point, la lecture de A. Philonenko ne diffère pas, au niveau du contenu, *de celle des philosophes qui critiquent Fichte. La différence entre ces interprétations est simplement de statut. Pour les uns (les heideggériens, les kantiens orthodoxes de l'époque de Fichte, les Anglo-Saxons), c'est aveuglément que Fichte fait ainsi du sujet fini un sujet absolu; pour les autres (A. Philonenko et ses disciples), c'est de manière consciente que Fichte pose le premier principe comme Moi absolu, pour mieux en démontrer, par la déconstruction dialectique, l'indéniable inanité. Mais le contenu est clair pour tout le monde: le premier principe comme Moi absolu, c'est l'oubli de la finitude, soit pour un esprit contemporain le comble de l'*ubris *philosophique.*[46]

Parce qu'il demeure prisonnier du jugement habituel concernant l'incompatibilité de l'idéalisme théorique et du réalisme pratique, Philonenko ne voit pas d'autre issue, afin d'expliquer le réalisme pratique de Fichte, que de nier son idéalisme théorique ou spéculatif. J'entends pour ma part contester ici la légitimité de cette opposition.

Philonenko identifie correctement le problème qui se pose à l'interprète de Fichte: une interprétation juste de la doctrine de la science ne peut être qu'une interprétation compatible avec ce que l'on pourrait appeler l'humanisme de ce dernier, qui se manifeste dans sa philosophie pratique par une invitation à s'investir dans l'action éthique et politique. Comme Martial Guéroult, cependant, Philonenko part du principe que l'idéalisme est inconciliable avec un tel humanisme, et cherche en conséquence à placer le lecteur devant l'obligation de choisir entre les deux. Et bien entendu, tout lecteur ayant tant soit peu de sensibilité morale, placé devant ce choix, se sentira contraint d'opter en faveur de l'humanisme au détriment de l'idéalisme. Pour ma part, toutefois, je souhaite soutenir ici la thèse inverse: idéalisme et humanisme sont conciliables et vont de pair, selon Fichte. Et j'irai même plus loin, en soutenant que, dans la perspective fichtéenne, ce que l'on pourrait appeler le «préjugé moral» nous invite à trancher bien plutôt en faveur

---

[46] I. Thomas-Fogiel, « Présentation », *in* trad. G, p. 35-36.

de l'idéalisme que du réalisme. À l'instar de certains penseurs du XXe siècle comme Günther Anders, Philonenko semble poser dans le rationalisme idéaliste tel qu'il trouve son aboutissement chez Hegel la source de tout le mal moderne, et en particulier la source d'une certaine dégénérescence morale et du désengagement politique. Or, comme je tâcherai de le démontrer, c'est très précisément l'inverse qui est vrai selon Fichte : l'idéalisme est selon lui la condition *sine qua non* d'une régénérescence des mœurs. Car seul l'idéalisme, en posant les limites humaines comme n'ayant aucune réalité en soi, fait de l'homme un être libre et l'empêche ainsi d'échapper à l'impératif moral en se réfugiant dans la faiblesse à laquelle le condamnerait une finitude radicale. Comme le dit Fichte, l'impératif moral exige précisément de moi que je me pense comme agissant d'une manière absolument libre. Or en tant que je me pense comme absolument libre, je pense le non-moi comme n'ayant aucune réalité en soi et je me pense comme absolu. C'est pourquoi je dois partir du moi absolu dans la spéculation, et c'est aussi la raison pour laquelle l'idéalisme est la seule façon de penser morale en philosophie :

> *Ainsi l'idéalisme transcendantal apparaît en même temps comme le seul mode de pensée qui, en matière de philosophie, soit conforme au devoir, comme ce mode de pensée où la spéculation et la loi morale s'unissent étroitement. Je dois, dans ma réflexion, partir du moi pur et penser ce dernier comme étant absolument autonome, non point comme déterminé par les choses, mais comme déterminant ces dernières.*[47]

Fichte, à plusieurs reprises, établit un lien très clair entre l'idéalisme et ce qu'il appelle le « *moralisme* », c'est-à-dire que la seule doctrine philosophique susceptible d'admettre la possibilité de l'agir moral est selon lui l'idéalisme :

> *La sphère de notre connaissance est délimitée par notre cœur ; c'est seulement à travers nos aspirations que nous déterminons ce qui, pour nous, pourra jamais faire partie de la réalité. Chez certains, l'entendement s'arrête à l'être sensible, parce que celui-ci contente leur cœur. Ils ne connaissent rien qui soit au-delà de l'être sensible parce que leur pulsion*

---

[47] Fichte, SW, I, p. 467/GA, I, 4, p. 219-220/trad. T, p. 275.

ne va pas au-delà. Puisqu'ils sont eudémonistes en matière d'éthique, il leur faut bien sûr être dogmatiques en matière de spéculation. Pour peu que l'on soit conséquent, l'eudémonisme et le dogmatisme vont nécessairement de pair, tout comme le moralisme et l'idéalisme.[48]

Il ne fait d'ailleurs, sur ce point, que reprendre l'explication de Kant présentée dans la troisième section de l'*Antinomie de la raison pure*.[49] Kant y expose les intérêts en jeu dans le conflit de l'idéalisme et de l'empirisme afin d'examiner de quel côté le philosophe devrait se tourner au cas où il se trouverait forcé de choisir entre ces deux systèmes.[50] Au cours de son examen, il détermine l'intérêt dont est animé l'idéaliste (qui pose la réalité des objets métaphysiques et, entre autres, la réalité du sujet) comme *pratique*, et détermine l'intérêt dont est animé l'empiriste (qui rejette la réalité des objets métaphysiques, dont la réalité du sujet) comme *spéculatif* ou *théorique*. Puis, au terme de son examen, Kant conclut sur ces mots :

> *Si un homme pouvait s'arracher à tout intérêt et ne prendre en considération les affirmations de la raison, en se montrant indifférent à toutes conséquences, que d'après la consistance de leurs fondements, un tel homme, à supposer qu'il ne connût pas d'autre issue, pour sortir de son embarras, que de se rallier à l'une ou à l'autre des doctrines qui s'affrontent, se trouverait dans un état d'oscillation perpétuelle. Aujourd'hui, il parviendrait à se convaincre que la volonté humaine est* libre *; demain, considérant la chaîne indissoluble de la nature, il tiendrait pour acquis que la liberté n'est rien de plus que l'objet d'une croyance illusoire, et que tout n'est que* nature. *Mais, dès lors qu'il s'agirait de faire et d'agir, ce jeu de la raison purement spéculative se dissiperait comme les images fantomatiques d'un rêve, et il choisirait ses principes en fonction du seul intérêt pratique.*[51]

Si l'homme peut, sur le plan théorique, soutenir aussi bien la position idéaliste que la position empiriste et admettre aussi bien la réalité du sujet que la

---

[48] Fichte, SW, V, p. 217/GA, I, 5, p. 435/trad. K, p. 58.
[49] Kant, Ak, III, p. 322-330/trad. Z, p. 454-462.
[50] Voir Kant, Ak, III, p. 323/trad. Z, p. 455.
[51] Kant, Ak, III, p. 329-330/trad. Z, p. 461-462.

nier, il tranche nécessairement cependant selon Kant, au moment d'agir, en faveur de la doctrine idéaliste affirmant la liberté qui fonde la possibilité de l'agir moral.

Bref, le but de la présente étude serait de produire une interprétation idéaliste de la doctrine de la science qui, en résolvant les apories auxquelles se heurte une telle interprétation, puisse rivaliser avec l'interprétation phénoménaliste de Fichte que plusieurs considèrent aujourd'hui comme « *définitive*[52] » (bien que, parmi ceux-ci, certains ne la considèrent valable que pour le Fichte d'avant 1798 ou, selon les interprétations, d'avant 1800). Aussi se présente-t-elle en grande partie comme un dialogue avec Philonenko et ses continuateurs, qui, me semble-t-il, ont su identifier ces apories d'une manière particulièrement efficace. À cet égard, la présente étude, après avoir démontré que la doctrine de la science, dès 1794, n'est rien d'autre qu'un *idéalisme égoïste* ou *moïque*[53], c'est-à-dire une doctrine enseignant la réalité absolue de l'activité réflexive de l'intelligence (ou du moi), devrait expliquer en quel sens un tel idéalisme est conciliable, dans l'esprit de Fichte, avec le réalisme qui sous-tend la totalité de sa philosophie pratique. Le premier moment de cet objectif est traité dans la première partie de l'ouvrage ; le second dans la deuxième. En ce qui concerne cette seconde partie, elle comprend elle-même deux sous-parties : la première (chapitre 8) explique dans quelle mesure ou en quel sens l'idéalisme égoïste est conciliable avec le réalisme et l'attitude pratique se rapportant à la nature ; la deuxième (chapitre 9) dans quelle mesure ou en quel sens il est conciliable avec le réalisme et l'attitude pratique se rapportant à la communauté humaine. Quant à la conclusion, en plus de remplir sa fonction habituelle de récapitulatif et d'exposition synthétique des résultats de la recherche, elle constitue pour ainsi dire un supplément visant à renforcer les conclusions des deux premières parties de l'ouvrage. En effet, elle fait ressortir, brièvement et à titre indicatif, en vue de possibles travaux ultérieurs, la manière dont la lecture idéaliste, sur un certain nombre d'aspects et de questions importantes, rend l'œuvre de

---

[52] A. Renaut, *Le système du droit*, p. 14.
[53] J'emprunte cette appellation à Fichte lui-même, qui l'emploie à quelques reprises pour caractériser son propre système. Voir par exemple Fichte, SW, VI, p. 303/GA, I, 3, p. 35/ trad. J, p. 45.

Fichte éminemment compréhensible alors que la lecture phénoménaliste la fait apparaître obscure et contradictoire : la question du rapport qui existe selon Fichte entre la réalité et l'idéalité ; celle du rapport qui existe entre la philosophie spéculative et la philosophie pratique de Fichte ; et enfin la question de l'unité de l'œuvre, qui constitue l'une des questions les plus controversées dans le milieu des études fichtéennes.

PREMIÈRE PARTIE

L'intention de la doctrine de la science

Chapitre 1

La philosophie accomplie

Parmi nos contemporains, la plupart des commentateurs reconnaissent le caractère abscons du corpus fichtéen dans son ensemble. Robert B. Pippin parle du « *style hermétique*[1] » de Fichte, Frederick Neuhouser de l'« *obscurité souvent déroutante*[2] » de sa pensée, et John Lachs du « *formidable défi*[3] » qu'elle présente pour l'interprète. Pierre-Philippe Druet, quant à lui, n'hésite pas à décerner à Fichte « *la palme de l'étrangeté et de l'obscurité*[4] ». Selon A. J. Mandt, Fichte constitue pour les philosophes « *un des maîtres à penser les plus difficiles*[5] ».

Ce jugement relatif à l'obscurité de Fichte, s'il vaut pour l'œuvre entière, concerne toutefois plus particulièrement l'œuvre proprement spéculative, comprenant les différentes expositions de la doctrine de la science, « *dont le caractère abstrait, pour ne pas dire abstrus* », comme l'affirme Claudio Cesa, « *est devenu presque proverbial*[6] ». En effet, quel que soit l'horizon dont ils proviennent, tous ceux qui se sont mesurés à Fichte, semble-t-il, ont considéré son œuvre spéculative comme la plus difficile qui soit. Je rappellerai simplement, sur ce point, le jugement d'Alexis Philonenko, qui va jusqu'à affirmer que « *le* Parménide *de Platon et l'*Éthique *de Spinoza apparaissent comme des jeux d'enfant à côté de ces textes extraordinaires*[7] ».

---

[1] R. B. Pippin, « Fichte's Contribution », p. 74.
[2] F. Neuhouser, *Fichte's Theory of Subjectivity*, p. 6.
[3] J. Lachs, « Is There an Absolute Self ? », p. 169.
[4] P.-P. Druet, *Fichte*, p. 11.
[5] A. J. Mandt, « The Nature of Philosophy », p. 222.
[6] C. Cesa, « De la *Philosophie élémentaire* à la *Doctrine de la science* », p. 12.
[7] A. Philonenko, *L'œuvre de Fichte*, p. 116. Sur l'extrême difficulté de la doctrine de la science, voir également *ibid.*, p. 212 ; G. Zöller, *Fichte's Transcendental Philosophy*, p. 2 ;

Mais ce n'est pas tout. À propos de sa doctrine de la science, Fichte répétait volontiers qu'elle était susceptible d'une infinité d'expressions diverses.[8] Il n'épargna d'ailleurs lui-même aucun effort pour l'exposer le plus diversement possible[9], si bien que, jusqu'à maintenant, pas moins de seize expositions différentes de la doctrine fichtéenne de la science ont été répertoriées.[10] Or parmi celles-ci, le texte dont la compréhension est principalement visée par la présente étude, la *Grundlage der gesammten Wissenschaftslehre*, qui constitue la première version complète de cette doctrine et la seule à avoir été publiée du vivant de Fichte, fut de surcroît jugée la plus obscure de toutes. Alexis Philonenko qualifie le degré de difficulté de la *Grundlage* de « *presque extraordinaire*[11] ». Luc Ferry affirme pour sa part que la compréhension, relativement à la *Grundlage*, se heurte à des difficultés « *quasiment insurmontables*[12] ».

Le public savant contemporain de Fichte était-il mieux préparé à la lecture de cette œuvre ? Il semble que non. Parmi les contemporains de Fichte, l'incompréhension, souvent publiquement avouée, la plupart du temps sous forme de reproches relatifs à l'obscurité du texte, était généralisée. Forberg, collègue de Fichte à l'Université de Iéna, écrit par exemple à ce propos dans une lettre de janvier 1795 : « *On s'est plaint de l'obscurité de la philosophie kantienne : en ce qui concerne la philosophie de Fichte, c'est de ténèbres qu'il faudra parler.*[13] » C'est d'ailleurs ce qui apparaît à la lecture de l'œuvre de Fichte

---

M. Vetö, *Fichte. De l'action à l'image*, p. 12 ; J.-Ch. Goddard, « Le moi et la liberté », p. 1 ; R. Lauth, *Hegel critique de la Doctrine de la science de Fichte*, p. 9 ; D. Henrich, *Selbstverhältnisse*, p. 66 ; I. Thomas-Fogiel, « Présentation », *in* trad. G, p. 7.
[8] Voir Fichte, GA, III, 2, p. 343.
[9] Fichte, dès les débuts de sa carrière à Iéna, manifeste clairement son intention de ne pas s'en tenir à une seule exposition de sa doctrine. À ce sujet, voir par exemple Fichte, SW, I, p. 87/GA, I, 2, p. 252/trad. T, p. 14 ; et Fichte, SW, I, p. 36/GA, I, 2, p. 163/trad. P, p. 26.
[10] Voir T. Rockmore, « Introduction », *in* D. Breazeale et T. Rockmore (éd.), *New Essays in Fichte's Foundation of the Entire Doctrine of Scientific Knowledge*, p. 7.
[11] Voir A. Philonenko, *La liberté humaine*, p. 176.
[12] L. Ferry, *Philosophie politique I*, p. 109, n. 1. Concernant la difficulté de la *Grundlage* en particulier, voir aussi O. Marquard, *Theodizeemotive in Fichtes früher Wissenschaftslehre*, p. 228-229.
[13] E. Fuchs (éd.), FG, I, p. 240). Sur ce point, voir aussi D. Snow, *The Early Critical Reception of the 1794* Wissenschaftslehre, p. 232 ; et M. Vetö, *Fichte. De l'action à l'image*, p. 12.

elle-même, qui à maintes reprises, comme le fait remarquer Helmut Seidel[14], fait écho à ces aveux et reproches. C'est ainsi que Fichte écrit, par exemple, en 1795, dans la préface à la première édition proprement dite de la *Grundlage*, dont le public cultivé avait obtenu certains extraits dès 1794, pour une part par Fichte lui-même, mais aussi par l'entremise d'amis, de connaissances et d'étudiants de Fichte auxquels ce dernier l'avait distribuée sous forme de feuillets :

> *J'ai entendu bien des protestations relatives à l'obscurité et à l'incompréhensibilité de la partie de ce livre* [à savoir la *Grundlage*] *jusqu'ici connue par le public, ainsi qu'à propos de l'écrit:* Sur le concept de doctrine de la science.[15]

De même, en 1797, dans l'avant-propos aux deux *Introductions à la doctrine de la science* :

> *Le public a également pris connaissance de cet écrit* [la *Grundlage*] *et, parmi les savants, on s'en fait diverses idées. Mais je n'ai pu lire aucun jugement fondé sur quelque raison, et je n'en ai pas non plus entendu, sauf de la part de mes auditeurs; quant aux moqueries et aux injures, en revanche, elles n'ont pas manquées. L'opinion générale est que le cœur répugne à cette doctrine et qu'on ne la comprend pas.*[16]

Se pose alors la question suivante : pourquoi le système de Fichte et, plus particulièrement, le système de Fichte tel qu'il se trouve exposé dans la *Grundlage*, est-il à ce point demeuré fermé aux lecteurs de son époque, et pourquoi le demeure-t-il pour nous encore aujourd'hui ? Dans un fragment jamais publié de son vivant, Fichte identifie la cause de l'incompréhension de ses contemporains : si personne ne me comprend, explique-t-il, c'est tout simplement « *parce que personne, jusqu'à présent, n'a encore saisi* quel était mon objectif[17] ». De nos jours, plusieurs commentateurs, comme c'est le cas de Daniel Breazeale, se disent convaincus « *que cette complainte vieille de*

---

[14] H. Seidel, *Fichte zur Einführung*, p. 7.
[15] Fichte, SW, I, p. 88/GA, I, 2, p. 252/trad. T, p. 14.
[16] Fichte, SW, I, p. 420/GA, I, 4, p. 184/trad. T, p. 241-242.
[17] Fichte, GA, II, 5, p. 438.

deux cents ans ne demeure malheureusement que trop actuelle.[18] » Wayne M. Martin, en des termes qui rappellent clairement ceux de Fichte, pose le même diagnostic : « *Nous n'avons (...) pas compris le système de Fichte en grande partie parce que nous n'avons pas compris ce que Fichte cherchait à accomplir.*[19] » Ce jugement est également réitéré par Claude Piché qui, dans le compte-rendu qu'il a produit de l'ouvrage de Wayne M. Martin, affirme que « *l'un des principaux obstacles qui obstruent l'accès à l'œuvre de Fichte tient à l'absence de clarté quant aux intentions véritables de la doctrine de la science.*[20] » John Lachs, dans le même esprit, relève l'absence de consensus dans le milieu des études fichtéennes à propos des intentions de Fichte. Il écrit : « *Étonnamment, si l'on en croit les commentateurs les plus récents, même la nature de son projet philosophique* [celui de Fichte] *demeure incertaine.*[21] » Isabelle Thomas-Fogiel fait elle aussi un constat semblable.[22] Dans ces conditions, le premier souci de l'interprète de la doctrine de la science, me semble-t-il, doit être de déterminer avec précision la nature et le but de la doctrine fichtéenne de la science.

À cet égard, sans doute, la correspondance est fort précieuse, qui nous fournit déjà nombre d'indications quant à la manière dont Fichte lui-même conçoit sa propre entreprise, alors qu'il travaille à ce qui deviendra quelque temps plus tard la première exposition de la doctrine de la science. Or ces indications nous offrent le portrait d'un penseur convaincu d'être sur le point d'*achever* ou d'*accomplir* la philosophie. Fichte croit avoir trouvé le moyen d'élever la philosophie au statut de *science*. Cette ambition, d'après les documents dont nous disposons, apparaît explicitement pour la première fois chez Fichte à la suite de la lecture qu'il fit de l'*Énésidème* de Schulze. Vers novembre 1793, quelque temps après avoir pris connaissance de ce texte, il écrit dans le brouillon d'une lettre destinée à son ami Flatt :

Énésidème, que je compte parmi les produits les plus remarquables de notre décennie, m'a convaincu de ce que je soupçonnais déjà, à savoir que,

---

[18] D. Breazeale, « Inference, Intuition and Imagination », p. 19.
[19] W. M. Martin, *Idealism and Objectivity*, p. 4.
[20] C. Piché, *Compte-rendu de W. M. Martin, Idealism and Objectivity*, p. 196.
[21] J. Lachs, « Is There an Absolute Self ? », p. 169.
[22] I. Thomas-Fogiel, « Présentation », *in* trad. G, p. 13.

même après les travaux de Kant et de Reinhold, la philosophie n'est pas encore parvenue à l'état de science ; il a ébranlé les fondations de mon propre système, et m'a contraint, puisqu'il ne fait pas bon vivre à ciel ouvert, à en construire un nouveau.

J'en suis maintenant persuadé : la philosophie est destinée à devenir aussi évidente que la géométrie ; cependant, elle ne peut devenir science sans être développée à partir d'un unique principe ; un tel principe existe, mais ce dernier reste à établir : je crois l'avoir découvert et, aussi loin que j'aie poussé jusqu'à maintenant mon investigation, j'ai trouvé qu'il se vérifiait.[23]

Par la suite, cette idée revient à la manière d'un *leitmotiv* dans la correspondance, à tout le moins jusqu'au moment où Fichte commence à enseigner à Iéna, en mai 1794. Le 6 décembre 1793, par exemple, Fichte écrit à son ami Niethammer :

Il n'existe originairement qu'un seul fait de l'esprit humain, lequel fonde la philosophie dans son ensemble relativement à ses deux branches, la philosophie théorique et la philosophie pratique : Kant le connaît très certainement, mais il ne le révèle nulle part ; celui qui le découvrira exposera la philosophie comme science.[24]

Puis, dans une lettre à Stephani rédigée vers la mi-décembre 1793 : « *D'ici quelques années, je crois, nous disposerons d'une philosophie dont le degré d'évidence n'aura rien à envier à celui de la géométrie.*[25] » Puis encore, dans une lettre à Böttiger du 8 janvier 1794, Fichte raconte avoir découvert le principe à partir duquel la philosophie se laisse développer scientifiquement vers la « *fin de l'automne 1793*[26] ». Et encore un peu plus tard, dans une lettre à F. V. Reinhard le 15 janvier de la même année 1794 :

Énésidème a achevé de me convaincre que la philosophie, dans son état

---

[23] Fichte, GA, III, 2, p. 18.
[24] *Ibid.*, p. 21.
[25] *Ibid.*, p. 28.
[26] *Ibid.*, p. 32 : « *Une découverte que j'ai faite vers la fin de l'automne* [il s'agit selon toute vraisemblance de la découverte du principe premier de la philosophie] *me conduisit à ne rien souhaiter plus ardemment que quelques années de loisir complet.* »

actuel, était encore loin d'être une science; mais il a également renforcé mon autre conviction selon laquelle elle pourrait devenir science et le deviendra effectivement bientôt. (...) Ou bien on peut fonder une philosophie en tant que science universellement valable, ou bien c'est impossible. Si c'est impossible, cette impossibilité doit être démontrable (...): mais si c'est possible, alors on doit vraiment pouvoir la réaliser.[27]

Puis dans le brouillon d'une lettre destinée à Voigt, il écrit également le 15 janvier 1794:

En faisant quelques pas sur la voie de la pensée autonome, je me persuadai toujours davantage que la philosophie, sous l'impulsion de la critique et des efforts déployés par les penseurs du criticisme, (...) s'était grandement approchée de son sublime objectif de produire une science certaine, mais qu'elle ne l'avait pourtant pas encore atteint.[28]

Enfin, le 4 février 1794, Fichte écrit à Böttiger:

Je vous l'avoue très volontiers, le désir d'entrer en chaire bien outillé, et après avoir montré au public tout entier que je ne le méritais pas qu'à moitié – ce désir, dis-je, pourrait m'amener à remettre mon entrée à plus tard, jusqu'à ce que mon projet soit réalisé; un projet où il ne s'agit de rien de moins que d'une philosophie scientifique aussi certaine que les mathématiques elles-mêmes – un projet dont je crois la réussite déjà pratiquement assurée.[29]

La correspondance d'ailleurs n'est pas la seule à témoigner, avant mai 1794, des prétentions scientifiques de Fichte. La *Recension de l'Énésidème*, parue alors que ce dernier travaille activement à la première ébauche de son système, nous présente elle aussi un Fichte essentiellement soucieux d'élever la philosophie au statut de science. Voici la toute première phrase de ce compte-rendu critique:

S'il est indéniable que la raison philosophante doit les progrès importants

---

[27] *Ibid.*, p. 39.
[28] *Ibid.*, p. 42.
[29] *Ibid.*, p. 55.

qu'elle a accompli de tout temps aux remarques du scepticisme concernant la précarité des fondements adoptés par les divers systèmes consécutifs ; si le grand inventeur de son usage critique [à savoir Kant] reconnaît lui-même cette dette à propos des derniers progrès remarquables accomplis par elle grâce à cet usage critique ; si néanmoins le spectacle incessant des dissensions qui séparent toujours davantage à mesure qu'ils progressent dans leurs recherches les amis de la philosophie nouvelle eux-mêmes, donne à penser, même à un observateur non spécialiste, qu'à l'heure actuelle, la raison n'a probablement pas encore atteint sa grande fin consistant à réaliser la philosophie comme science, aussi près d'ailleurs qu'elle s'en soit approchée ; s'il en est bien ainsi, alors rien n'était plus souhaitable que de voir le scepticisme achever son œuvre et conduire la raison dans ses recherches jusqu'à sa fin sublime.[30]

Une chose apparaît donc certaine à la lumière des écrits de Fichte antérieurs à la période de Iéna : ce dernier, au point de départ, ne vise rien de moins que l'accomplissement de la philosophie, son achèvement. Il veut faire de la philosophie une science certaine. Et si on l'en croit, il réalisa effectivement ce projet et produisit effectivement une philosophie scientifique, à laquelle il donna le nom de *doctrine de la science*. Dans l'œuvre proprement dite, d'ailleurs, Fichte présentera la doctrine de la science de cette manière. L'idée selon laquelle la doctrine de la science constituerait la philosophie accomplie, élevée au statut de science assurée, constitue sans doute l'un des motifs les plus récurrents et les plus constants sous la plume de Fichte. Son œuvre contient une quantité impressionnante d'affirmations et d'allusions à ce propos. À partir de 1794, cette idée se trouve réaffirmée dans pratiquement chacun des textes de Fichte. Dans tous ses écrits, Fichte affirme avoir achevé la philosophie ; dans tous ses écrits, il présente son système, la doctrine de la science, en tant que philosophie accomplie. Dès 1794, dans l'écrit *Sur le concept de doctrine de la science*, il s'exprime à ce propos avec toute la clarté voulue. Il écrit dans la préface :

La lecture de nouveaux sceptiques, et tout particulièrement de l'Énésidè-

---
[30] Fichte, SW, I, p. 3/GA, I, 2, p. 41/trad. H, p. 129.

> me *et des excellents écrits de Maimon, ont pleinement convaincu l'auteur de cet essai* [Fichte] *de ce qui lui avait déjà paru auparavant extrêmement vraisemblable, à savoir que la philosophie, même à travers les plus récents efforts des hommes les plus pénétrants, n'a pas encore été élevée au rang d'une science évidente. Il crut en avoir trouvé la raison et avoir découvert une voie aisée pour satisfaire complètement à toutes les exigences véritablement très fondées des sceptiques à l'égard de la philosophie critique.*[31]

La *Grundlage* elle-même contient un certain nombre d'allusions selon lesquelles la doctrine de la science serait la philosophie comme science, la philosophie achevée. C'est ainsi que Fichte, en 1795, écrit au début de la préface de la première édition de la *Grundlage* :

> *Je croyais, et je crois encore, avoir découvert le chemin par lequel la philosophie est destinée à s'élever au rang d'une science évidente. Je l'annonçai modestement, j'exposai comment j'eusse travaillé suivant cette idée, puis, après un changement de situation, comment je devrais désormais effectivement travailler selon celle-ci, et je commençai à mettre le plan en œuvre.*
>
> (...)
>
> *Dans ce livre et si l'on y joint le* Précis de ce qui est propre à la doctrine de la science au point de vue de la faculté théorique, *je crois avoir développé mon système suffisamment pour que tout spécialiste puisse apercevoir parfaitement son fondement, sa sphère, ainsi que la méthode qui lui permettra d'en poursuivre la construction.*[32]

D'après cet extrait, la *Grundlage*, si l'on y joint le *Précis de ce qui est propre à la doctrine de la science* [33], datant de 1795 également, constitue un aperçu synoptique de la philosophie accomplie, c'est-à-dire de la philosophie comme science.

Dans les écrits ultérieurs à la *Grundlage*, cette prétention de Fichte à avoir

---

[31] Fichte, SW, I, p. 29/GA, I, 2, p. 109/trad. P, p. 19.
[32] Fichte, SW, I, p. 86-87/GA, I, 2, p. 251-252/trad. T, p. 13.
[33] Fichte, SW, I, p. 329-411/GA, I, 3, p. 129-208/trad. T, p. 181-238.

achevé la philosophie, à avoir produit la seule philosophie possible ou, ce qui est encore la même chose : à avoir produit *la* philosophie elle-même – cette prétention, dis-je, loin d'être démentie, sera toujours réaffirmée avec vigueur. En 1801, par exemple, Fichte publie un écrit, le *Rapport clair comme le jour*, qu'il présente dans les termes suivants :

> *Un exposé concernant les derniers efforts fournis afin d'élever la philosophie au rang de science, destiné au vaste public dont l'occupation ordinaire n'est pas l'étude de la philosophie, est nécessaire et approprié pour une multitude de raisons.*[34]

En faveur de l'idée selon laquelle Fichte, avec la doctrine de la science, aurait essentiellement visé la production d'une philosophie scientifique achevée, on peut également faire appel au témoignage de certains contemporains de Fichte. Steffens, un étudiant proche de Fichte dans les premières années de sa carrière, écrit par exemple à ce propos :

> *Dans les annonces de librairies relatives à cet ouvrage* [à savoir la *Grundlage*], *on déclarait que la doctrine de la science serait à la philosophie ce qu'*Euclide *était aux mathématiques. Je ne croyais pas alors que cette affirmation avait été répandue suite à ses propres déclarations* [celles de Fichte] *: après avoir entendu cette histoire de la naissance de sa philosophie*[35] *cependant, je fus persuadé que cette idée exprimée dans les annonces venait de lui, et qu'elle exprimait très exactement ses propres espérances.*[36]

Bref, les prétentions scientifiques de Fichte à l'égard de la philosophie sont exprimées de manière tellement explicite, et ce à un si grand nombre de reprises, les témoignages à cet égard sont si unanimes et si affirmatifs, que l'interprète, à ce qu'il semble, n'a d'autre choix que de le reconnaître : la doctrine de la science, dans l'esprit de Fichte, constitue bel et bien la philosophie

---

[34] Fichte, SW, II, p. 323-324/GA, I, 7, p. 185/trad. H, p. 15.
[35] Henrik Steffens, dans son *Was ich erlebte*, rapporte également le récit de Fichte concernant l'illumination qui fut à l'origine de la doctrine de la science. On trouvera ce rapport très instructif *in* E. Fuchs (éd.), FG, I, p. 63-64.
[36] E. Fuchs (éd.), FG, I, p. 243/trad. W, I, p. 377.

scientifique dont ses prédécesseurs n'avaient fait que rêver. Fichte croit avoir mis fin à la quête philosophique. Si donc nous voulons comprendre la nature du projet fichtéen, c'est d'abord la nature ou le sens de cette prétention que nous devons comprendre.

Or cette prétention, me semble-t-il, ne peut être comprise que de la manière suivante : Fichte croit avoir élevé la philosophie au statut de science, c'est-à-dire qu'il existe selon lui une question proprement philosophique, un problème ou un paradoxe que la philosophie cherche à résoudre, et auquel il croit avoir fourni une solution définitive, dont le degré d'évidence soit absolu, et comparable à celui des démonstrations de type mathématique.

Quelle que soit la force avec laquelle cette lecture paraît s'imposer, cependant, un survol rapide de la littérature actuelle concernant Fichte suffit à nous apprendre qu'elle est on ne peut plus contestée. Bien entendu, aucun commentateur, du moins à ma connaissance, n'est allé jusqu'à nier que les intentions de Fichte aient été d'achever scientifiquement la philosophie. Les prétentions scientifiques de Fichte en matière de philosophie sont reconnues de tous.[37] S'ils s'accordent pour reconnaître qu'il s'agit là à tout le moins d'une des dimensions essentielles du projet fichtéen cependant, les commentateurs ne s'accordent pas quant au sens à donner à cette prétention d'avoir élevé la philosophie au statut de science. À la lecture proposée – lecture qui constitue sur ce point la lecture traditionnelle, s'étant imposée aux premiers étudiants et lecteurs de Fichte, tels que Schelling[38] ou Novalis[39] – plusieurs commentateurs opposent aujourd'hui l'interprétation contraire : bien loin de résoudre scientifiquement le problème proprement philosophique, la doctrine de la science constituerait la démonstration scientifique de l'impossibilité de résoudre scientifiquement cette question. En d'autres termes, la doctrine de la science signerait l'arrêt de mort de la philosophie, elle signifierait

---

[37] À ce propos, voir exemple D. Julia, « *Le savoir absolu chez Fichte et le problème de la philosophie* », p. 346 ; J.-P. Mittmann, *Das Prinzip der Selbstgewißheit*, p. 75 ; J.-F. Goubet, *Fichte et la philosophie transcendantale comme science*, p. 34-38 ; *ibid.*, p. 367 ; et Werner Stelzner, « Selbstzuschreibung und Identität », p. 118.

[38] Voir à ce propos la fameuse lettre à Hegel du 6 janvier 1795 *in* Schelling, BuD, II, p. 57-60/ trad. W, I, p. 396.

[39] À propos de la manière dont Novalis comprit Fichte, voir par exemple Xavier Léon, *Fichte et son temps*, I, p. 461.

sa fin et sa destruction, en démontrant l'impossibilité de la philosophie ou de la métaphysique comme science. Il s'agit là bien entendu de l'interprétation de Philonenko, qui s'exprime à ce propos de la manière suivante :

> *Fichte nous est apparu comme un philosophe essentiellement soucieux, en sa première philosophie, d'établir contre la spéculation philosophique la vérité de la conscience commune ; les malentendus sont nés de la forme spécifique de la démarche fichtéenne : c'est en dominant la spéculation elle-même que Fichte a prétendu la vaincre – de là l'extraordinaire complexité de son système, qui a pu passer pour un sommet de la philosophie spéculative, dans la mesure même où rien ne ressemble plus à celle-ci que sa réfutation systématique (...).*[40]

Cette interprétation, reprise par un grand nombre de commentateurs, est aujourd'hui extrêmement répandue, surtout chez les Français et les Anglo-Saxons. Alain Renaut, par exemple, prend clairement parti pour cette interprétation, lorsqu'il affirme que...

> *...la première* Doctrine de la science [c'est-à-dire la *Grundlage*] *accomplit une véritable et, je crois, complète déconstruction de la métaphysique, qui démontre l'incapacité de la philosophie spéculative à donner une réponse satisfaisante à son unique question (...).*[41]

Tom Rockmore, qui n'hésite pas à parler de la « *nature anticartésienne*[42] » de l'approche fichtéenne, déclare dans le même esprit :

> *Comme l'a montré Philonenko dans un contexte différent, Fichte en un certain sens, s'il a raison, non seulement met fin au mouvement philosophique initié par Descartes ; mais il met en outre un terme à la tradition platonicienne, qui depuis son origine a toujours cherché à sauvegarder ce que Descartes n'appela « apodicticité » que bien plus tard.*[43]

Rockmore bien entendu veut dire par là que l'argument développé par

---

[40] A. Philonenko, *La liberté humaine*, p. 27.
[41] A. Renaut, « Fichte aujourd'hui », p. 291.
[42] T. Rockmore, « Fichtean Epistemology and Contemporary Philosophy », p. 157.
[43] *Ibid.*

Fichte dans la doctrine de la science – du moins telle que Fichte la conçoit en 1794-95[44] – conclut à la nécessité de renoncer à la distinction entre le savoir et la croyance ou l'opinion qui, depuis Platon à tout le moins, se trouve au fondement de l'enquête philosophique.

J'aurai l'occasion, au cours des prochains chapitres, d'examiner en détail les arguments qui peuvent être invoqués en faveur de cette lecture de Fichte selon laquelle la doctrine de la science démontrerait ou viserait à démontrer l'impossibilité d'une philosophie pleinement rationnelle ou scientifique – lecture que l'on peut caractériser pour cette raison comme *antirationaliste* ou *sceptique* – et d'exposer les raisons pour lesquelles ces arguments, pour intéressants qu'ils soient, ne m'apparaissent pas concluants. Cependant, il est déjà possible, sur la base des extraits de la correspondance déjà cités, de développer certaines objections décisives contre cette lecture.

Considérons pour commencer de nouveau le premier extrait cité, le brouillon de la lettre à Flatt datant de novembre ou décembre 1793 :

> *Énésidème, que je compte parmi les produits les plus remarquables de notre décennie, m'a convaincu de ce que je soupçonnais déjà, à savoir que, même après les travaux de Kant et de Reinhold, la philosophie n'est pas encore parvenue à l'état de science ; il a ébranlé les fondations de mon propre système, et m'a contraint, puisqu'il ne fait pas bon vivre à ciel ouvert, à en construire un nouveau.*
>
> *J'en suis maintenant persuadé : la philosophie est destinée à devenir aussi évidente que la géométrie ; cependant, elle ne peut devenir science sans être développée à partir d'un unique principe ; un tel principe existe, mais ce dernier reste à établir : je crois l'avoir découvert et, aussi loin que j'aie poussé jusqu'à maintenant mon investigation, j'ai trouvé qu'il se vérifiait.*[45]

Cet extrait, qui à quelques précisions près contient tous ceux qui ont été cités plus haut concernant les prétentions scientifiques de Fichte, est extrêmement riche d'enseignements concernant la disposition intérieure et les intentions

---

[44] Rockmore admet en effet une évolution sur ce point dans la pensée de Fichte, qui à partir de 1797 deviendrait « *pratiquement cartésien* ». Voir *ibid.*, p. 163.
[45] Fichte, GA, III, 2, p. 18.

de ce dernier au moment où il entreprend l'écriture de ce qui deviendra bientôt la première exposition de la doctrine de la science. Tout d'abord, il apparaît clairement dans cet extrait que Fichte comprend son propre projet comme un simple prolongement du projet kantien. Kant ne se proposait selon lui rien de moins que d'élever la philosophie « *à l'état de science* », et Fichte se présente ici comme son héritier spirituel. Sans doute a-t-il en tête la célèbre préface de la seconde édition de la *Critique de la raison pure* dans laquelle Kant fait remarquer que, en ce qui concerne la métaphysique, le destin ne lui a pas encore permis d'emprunter la voie sûre de la science.[46] C'est d'ailleurs l'avis de certains des commentateurs les plus réputés, tels que Rüdiger Bubner, qui écrit par exemple à ce propos :

> *À travers son entreprise d'une* Critique de la raison, *c'est-à-dire d'une autocritique radicale de la raison concernant ses propres possibilités et ses propres limites, il* [Kant] *entendait, comme l'indique le titre bien connu des prolégomènes qu'il rédigea ultérieurement afin d'expliquer son maître ouvrage réputé obscur, paver la voie à « toute métaphysique susceptible de se présenter comme science ». Le « destin de la métaphysique, depuis toujours malheureux », devait enfin tourner. C'est ce projet que Fichte, dans sa doctrine de la science, reprend à son compte.*[47]

Il est notoire que Fichte, tout au long de sa carrière philosophique, s'est réclamé de Kant. La référence à Kant, directe ou indirecte, revient constamment au fil de l'œuvre. Fichte, il est important de le noter, persistera dans l'opinion selon laquelle la doctrine de la science est fidèle à l'esprit du criticisme kantien malgré les protestations de ses opposants comme de ses disciples ; et même malgré les protestations de Kant lui-même. Fichte fait souvent allusion à ces protestations[48] et il y répond chaque fois de la même façon : bien que la question de savoir si sa philosophie s'accorde ou non avec celle de Kant soit finalement sans aucune importance[49], il est pour sa part dans

---

[46] Kant, Ak, III, p. 11/trad. Z, p. 76-77.
[47] R. Bubner, « Von Fichte zu Schlegel », p. 37.
[48] Voir Fichte, SW, I, p. 468-469/GA, I, 4, p. 221-222/trad. T, p. 276.
[49] Sur ce point, voir aussi Fichte, SW, I, p. 89-90/GA, I, 2, p. 254/trad. T, p. 15-16 : « *Quant à savoir ce qu'est dans les faits mon système, et à quelle classe il appartient ; qu'il s'agisse, comme*

l'obligation, afin de dire la vérité et de ne pas s'attribuer un mérite qui ne lui revient pas, d'affirmer que c'est bien selon lui le cas.[50] Quant au jugement de Kant lui-même, selon lequel la doctrine fichtéenne serait dans son essence tout à fait différente de son propre système, il est bien loin d'ébranler Fichte dans sa conviction.[51] Ce jugement, explique Fichte dans la *Seconde introduction à la doctrine de la science* de 1797[52], est fort compréhensible, du moment que Kant a probablement jugé la doctrine de la science d'après les infâmes comptes-rendus qu'on en a donnés (ce qui, semble-t-il, fut d'ailleurs le cas[53]). En supposant même que Kant ait lu la *Grundlage*, cependant, poursuit-il, il serait d'ailleurs très compréhensible que le sens de cet écrit lui ait échappé, étant donné que la doctrine de la science présente les résultats du criticisme selon une méthode entièrement nouvelle. Elle est en cela très éloignée du kantisme et Fichte est bien loin d'attendre du « *vénérable vieillard*[54] » qu'il se donne la peine de la comprendre.

L'insistance avec laquelle Fichte se réclame de Kant exige ici une attention particulière. En effet, elle constitue sans doute l'un des principaux et des meilleurs arguments en faveur de la lecture sceptique de Fichte.[55] Selon l'interprétation courante, les intentions de Kant non seulement n'étaient pas de produire une philosophie scientifique, mais au contraire de démontrer que la philosophie comme science était impossible, ceci afin de mettre un terme à la spéculation métaphysique et de permettre à la foi de retrouver sa légitimité. Kant, dans la *Critique de la raison pure*, croit-on le plus souvent, soutient que les catégories à partir desquelles nous réfléchissons ou pensons

---

je *le crois, d'un criticisme authentique et achevé, ou qu'on veuille lui attribuer quelque autre appellation,* – *cela n'a aucune importance.* »

[50] Voir Fichte, SW, I, p. 420/GA, I, 4, p. 184/trad. T, p. 242. À ce propos, voir aussi Fichte, SW, I, p. 468-471/GA, I, 4, p. 221-224/trad. T, p. 275-277.

[51] Au sujet de la manière dont Fichte réagit à la déclaration de Kant sur la doctrine de la science, voir D. Snow, « The Early Critical Reception of the 1794 *Wissenschaftslehre* », p. 233-234.

[52] Voir Fichte, SW, I, p. 469, n. **/GA, I, 4, p. 222, n. **/trad. T, p. 276-277, n. 4.

[53] Sur ce point, voir la lettre à Tieftrunk du 5 avril 1798 *in* Kant, Ak, XII, p. 241, où Kant avoue ne pas avoir lu la *Grundlage*. Voir aussi à ce propos les commentaires de A. Philonenko, *in* trad. T, p. 277, n. i, et A. Philonenko, *La liberté humaine*, p. 106.

[54] Fichte, SW, I, p. 469, n. **/GA, I, 4, p. 222, n. **/trad. T, p. 276, n. 4.

[55] C'est par exemple l'argument de Wayne M. Martin, *Idealism and Objectivity*, p. 2-3.

ne valent que pour les objets de l'intuition empirique, c'est-à-dire pour les objets de l'expérience sensible ; ce qui explique pourquoi la raison, lorsqu'elle cherche à déterminer ce qu'il en est du monde suprasensible, comme c'est le cas dans la spéculation philosophique ou métaphysique, se heurte à des contradictions insurmontables, parce qu'elle outrepasse alors les limites à l'intérieur desquelles son jugement demeure valable. À cet égard, on invoque souvent le fameux mot de Kant : « *Il me fallait donc mettre de côté le savoir afin de ménager une place pour la croyance.*[56] » Kant voudrait signifier par là que le suprasensible, d'après les conclusions auxquelles il est parvenu, ne peut pas faire l'objet d'une *connaissance*, mais seulement d'une *croyance*, qu'on peut librement choisir d'embrasser ou de rejeter. Cette interprétation, qui de nos jours rencontre un énorme consensus parmi les commentateurs[57], prévalait déjà très largement dès l'époque de Kant et de Fichte.[58] Or c'est en grande partie sur cette interprétation que repose la lecture sceptique ou anti-rationaliste de Fichte. À cet égard, on peut reconstruire le raisonnement qui sous-tend cette lecture de la manière suivante : le criticisme kantien conclut à l'impossibilité de la métaphysique rationaliste ; or Fichte se réclame de Kant, et ce à l'encontre du jugement de ses propres partisans et de Kant lui-même, qui font une lecture rationaliste de la doctrine de la science ; par conséquent, la lecture rationaliste de Fichte est erronée, et la doctrine de la science doit constituer, comme le criticisme kantien, une démonstration systématique de l'impossibilité de la métaphysique. Cet argument est suggéré par exemple par Alexis Philonenko, qui commence par demander : « *Est-il nécessaire de souligner que Fichte a prétendu "achever" la construction de la philosophie critique de Kant ?*[59] », pour en conclure un peu plus loin que la doctrine de la science vise à « *définir les limites de la connaissance*[60] » et que Fichte a philosophé

---

[56] Kant, Ak, III, p. 19/trad. Z, p. 85.
[57] Voir par exemple Copleston, *A History of Philosophy*, p. 3 : « [Kant est] *un penseur dont le nom est à jamais associé au scepticisme à l'égard de la prétention de la métaphysique de nous fournir un savoir théorique concernant la réalité en tant que tout, ou même en dernière analyse à propos de quoi que ce soit d'autre que les structures* a priori *du savoir humain et de l'expérience.* »
[58] Voir Fichte, SW, I, p. 429-430, n. */GA, I, 4, p. 191-192, n. */trad. T, p. 250, n. 2.
[59] A. Philonenko, *La liberté humaine*, p. 24.
[60] *Ibid.*

« *contre la spéculation philosophique*[61] ».

Or si la lecture antirationaliste ou sceptique de Kant peut apparaître pertinente, il est douteux qu'elle ait été celle de Fichte. Un examen attentif des textes, me semble-t-il, oblige le lecteur à convenir que Kant, aux yeux de Fichte, était bien loin d'être un simple sceptique de plus, comme il y en avait tant depuis l'avènement de la philosophie des Lumières[62], n'ayant d'autre but que d'argumenter encore une fois contre la pertinence ou la possibilité de la métaphysique (on pense immédiatement à Locke, Hume, d'Holbach ou La Mettrie).

Tout d'abord, Fichte, au plus grand scandale des lecteurs de son époque d'ailleurs[63], déclare à plusieurs reprises qu'il est le seul à avoir compris Kant correctement. Dans ses propres mots :

> *Une légère connaissance de la littérature philosophique parue depuis la publication des Critiques de Kant a très vite convaincu l'auteur de la doctrine de la science que le projet de ce grand homme, visant à renverser le mode de pensée de son époque en matière de philosophie et, par là, en matière de science d'une manière générale, a totalement échoué ; en effet, parmi ses nombreux successeurs, il n'en est pas un seul qui ait vu ce dont il était véritablement question. C'est là ce que l'auteur pense savoir ; aussi a-t-il décidé de consacrer sa vie à une exposition de cette grande découverte, de façon entièrement indépendante de Kant, et il n'abandonnera pas ce projet.*[64]

Et non seulement on n'a pas compris Kant correctement, selon Fichte, mais

---

[61] *Ibid.*, p. 27.

[62] Comme l'affirme Jean Grondin dans son *Kant zur Einführung*, p. 17-18 : considéré comme philosophe sceptique, Kant perd pratiquement toute originalité. Sur ce point, voir aussi I. Thomas-Fogiel, *Fichte*, p. 20 *sq*. Mme Thomas-Fogiel démontre dans ces pages que la philosophie allemande, depuis la *Frühaufklärung* de C. Thomasius, s'est essentiellement développée en tant qu'empirisme sceptique admettant « *que la connaissance humaine est limitée et la connaissance métaphysique impossible.* » (p. 21).

[63] Voir Fichte, SW, XI, p. 251-252/GA, II, 9, p. 422/trad. R, p. 117-118.

[64] Fichte, SW, I, p. 419/GA, I, 4, p. 183/trad. T, p. 241. Sur ce point, voir aussi Fichte, SW, I, p. 421/GA, I, 4, p. 185/trad. T, p. 243 ; et Fichte, SW, XI, p. 251/GA, II, 9, p. 422/trad. R, p. 117.

on lui a de surcroît prêté très exactement le système contraire de celui qu'il cherche à démontrer. Il écrit par exemple à ce propos :

> *Jusqu'à présent, parmi cette foule de savants estimables qui ont consacré leur temps et appliqué leurs facultés à l'interprétation d'un certain livre, il n'en est pas un qui ait compris ce livre, si ce n'est* complètement à l'envers : *dans le système exposé ils ont trouvé le système qui lui est opposé ; le dogmatisme à la place de l'idéalisme transcendantal ;* je suis le seul à comprendre ce livre correctement.[65]

De ces seules déclarations de Fichte, il s'ensuit immédiatement que Kant, dans l'esprit de ce dernier, ne saurait être un sceptique concluant à l'impossibilité de la métaphysique, et qu'il est au contraire selon lui le premier à indiquer clairement la solution scientifique au problème proprement philosophique. En effet, il serait facile de démontrer que la lecture dominante de Kant, dès la fin du XVIIIe siècle, fut précisément la lecture sceptique. Kant fut compris, de manière pratiquement unanime, comme le penseur démontrant de manière absolument irréfutable qu'aucune connaissance n'était possible indépendamment de l'intuition sensible, et que seuls les objets de l'expérience étaient susceptibles de connaissance, enfonçant ainsi le dernier clou dans le cercueil de la métaphysique. En déclarant que tous ont compris, à la lecture de Kant, exactement le contraire de ce qu'il veut dire, Fichte exprime donc déjà clairement l'esprit de sa propre lecture : il est faux, selon lui, de dire que Kant réduit l'étendue de notre connaissance à l'expérience empirique. Et c'est très précisément ce qu'il dit lui-même dans la *Première introduction à la doctrine de la science* de 1797 :

> *L'expansion rapide de la philosophie kantienne, comprise comme elle l'a été, n'est pas une preuve de la profondeur, mais de la superficialité de ce siècle. Sous cette forme, d'une part, elle est le plus effroyable rejeton que l'imagination humaine ait jamais produit, et elle n'honore nullement l'intelligence de ses adeptes puisqu'ils ne le voient pas ; d'autre part il serait facile de démontrer qu'elle ne s'est recommandée que parce que l'on a cru qu'elle congédiait toute spéculation sérieuse et que l'on s'est cru*

---

[65] Fichte, SW, I, p. 481/GA, I, 4, p. 234-235/trad. T, p. 285.

muni d'une lettre de majesté pour continuer à cultiver plus longtemps le cher empirisme superficiel.[66]

Le criticisme kantien, remarque Fichte, a été reçu par son époque en tant que confirmation du mode de pensée empiriste, à savoir comme doctrine réduisant la totalité de la connaissance à l'expérience sensible. Fichte lui-même, cependant, comme il ressort également de cet extrait, est bien loin d'être d'accord avec cette interprétation. Ainsi, Kant, du point de vue de Fichte, n'était rien d'autre qu'un philosophe rationaliste, c'est-à-dire un philosophe croyant en la possibilité de la connaissance métaphysique. Selon Fichte, Kant expose dans son œuvre critique les prémisses d'une solution scientifique du problème de la philosophie. Il répond scientifiquement à la question de la philosophie. Il en résulte que la périodicité de la référence à Kant dans l'œuvre de Fichte ne prouve rien en faveur de la lecture antirationaliste ou sceptique de la doctrine de la science.

Revenons maintenant à l'extrait du brouillon de lettre dont il est actuellement question et poursuivons notre examen. Nous découvrirons, me semble-t-il, au tout début de cet extrait, un deuxième argument de poids contre la lecture antirationaliste de Fichte. Le début de cet extrait, je le rappelle, se lit comme suit :

Énésidème (...) m'a convaincu de ce que je soupçonnais déjà, à savoir que, même après les travaux de Kant et de Reinhold, la philosophie n'est pas encore parvenue à l'état de science.[67]

Remarquons que la référence à Kant, dans cet extrait, s'accompagne d'une référence à Reinhold. Il ne s'agit pas là d'un cas isolé. Le nom de Kant, sous la plume de Fichte, surtout dans les premières années, apparaît souvent flanqué du nom de Reinhold, pratiquement comme s'il s'agissait là d'une seule entité : *Kant et Reinhold*. Et c'est de ce double patronage que se réclame Fichte, et non simplement de celui de Kant. Reinhold, dans l'esprit de Fichte, est très clairement le continuateur et l'héritier légitime de Kant, comme il ressort par exemple du passage suivant :

---

[66] Fichte, SW, I, p. 430, n. */GA, I, 4, p. 191-192, n. */trad. T, p. 250, n. 2.
[67] Fichte, GA, III, 2, p. 18.

> *Et, après Kant, Reinhold s'acquit le mérite immortel d'avoir attirer l'attention de la raison philosophante (qui sans lui aurait peut-être commenté Kant encore longtemps, et l'aurait toujours commenté de nouveau, sans jamais saisir le caractère propre de ce système, car nul ne peut le saisir sans l'avoir découvert par lui-même en traçant sa propre voie) sur le fait que la philosophie tout entière devait être ramenée à un principe unique et qu'on ne découvrirait pas le système des modes d'action immuables de l'esprit avant d'en avoir découvert la clé de voûte.*[68]

Or si l'interprétation antirationaliste ou sceptique de Kant apparaît défendable, les ambitions scientifiques de Reinhold, comme on le reconnaît d'ailleurs généralement, sont des plus évidentes. Reinhold, c'est bien connu, souhaitait non pas montrer que la philosophie comme science était impossible, mais produire la véritable philosophie scientifique dont il prévoyait qu'elle aurait des conséquences bénéfiques sur toutes les autres disciplines. Il écrit par exemple à ce propos :

> *Il serait absurde de supposer que la philosophie puisse exercer une influence effective et décisive sur la théologie positive, la jurisprudence, la théorie politique, l'esthétique – etc., ou en d'autres termes : qu'elle puisse opérer une bienfaisante* révolution *dans toutes les autres sciences, avant d'être elle-même effectivement devenue science. Or qu'elle n'ait encore ni la forme ni le caractère de la science, cela est tout aussi indéniable qu'il est impossible d'affirmer qu'elle ne pourra jamais les avoir.*[69]

Ainsi, il apparaît encore une fois que Fichte, en composant la doctrine de la science, n'avait nullement l'intention de mettre un terme à l'entreprise philosophique en démontrant son impossibilité, mais au contraire, à l'instar de son maître à penser Reinhold[70], de produire la solution scientifique

---

[68] Fichte, SW, I, p. 20/GA, I, 2, p. 62/trad. H, p. 144. Dans le même esprit, voir Fichte, SW, I, p. 30-31/GA, I, 2, p. 110/trad. P, p. 20-21.
[69] Reinhold, *Über das Fundament des philosophischen Wissens/Über die Möglichkeit der Philosophie als strenge Wissenschaft*, p. XIII. Voir aussi à ce propos *ibid.*, p. 141 *sq*.
[70] Selon Isabelle Thomas-Fogiel, Fichte avait commencé à étudier Reinhold dès 1792 (voir I. Thomas-Fogiel, *Critique de la représentation*, p. 19). Au sujet du rapport des pensées de Fichte et de Reinhold en général, et concernant l'influence de Reinhold sur l'évolution de la

effective du problème proprement philosophique. Ce nouvel argument en faveur de la lecture rationaliste de Fichte, il est intéressant de le noter, vient d'ailleurs renforcer le premier argument concernant la compréhension fichtéenne du criticisme kantien comme rationalisme. En effet, Fichte, d'après ce qui précède, conçoit Reinhold comme l'héritier légitime du projet kantien. Or Reinhold est de toute évidence un philosophe rationaliste ayant pour objectif de produire une métaphysique scientifique. Par conséquent, Kant, aux yeux de Fichte, poursuivait nécessairement le même objectif.

Considérons maintenant la seconde partie de l'extrait du brouillon de lettre faisant l'objet du présent examen. Cette seconde partie se lit comme suit :

> *J'en suis maintenant persuadé : la philosophie est destinée à devenir aussi évidente que la géométrie ; cependant, elle ne peut devenir science sans être développée à partir d'un unique principe ; un tel principe existe, mais ce dernier reste à établir : je crois l'avoir découvert et, aussi loin que j'aie poussé jusqu'à maintenant mon investigation, j'ai trouvé qu'il se vérifiait.*[71]

Je laisse pour l'instant de côté la question du premier principe de la philosophie, sur laquelle j'aurai l'occasion de revenir dans les chapitres ultérieurs (principalement chapitres 4 et 5), pour concentrer mon examen sur l'*évidence géométrique* du système philosophique visé par Fichte.

Fichte le répète à plusieurs reprises : il veut produire une philosophie aussi certaine que les mathématiques, c'est-à-dire aussi certaine que l'*arithmétique* ou la *géométrie*. Il est bien entendu que les mathématiques sont une science exacte et, à cet égard, le choix de cette comparaison apparaît immédiatement compréhensible. Mais cette analyse en épuise-t-elle le sens ? D'autres disciplines à l'époque de Fichte avaient déjà la réputation d'avoir emprunté, selon l'expression de Kant, *la voie sûre de la science*. La logique et la physique, que Kant lui-même, dans la seconde préface de la *Critique de la raison pure*, range avec les mathématiques parmi les sciences accomplies, auraient pu elles aussi être citées par Fichte à titre d'exemples à suivre pour la philosophie. Se

---

pensée de Fichte, voir *ibid.*, p. 19-33.
[71] Fichte, GA, III, 2, p. 18.

pose alors la question : pourquoi les mathématiques ? Pourquoi avoir choisi ce point de comparaison en particulier ? Certes, on pourrait soutenir que cela s'explique tout simplement du fait qu'il s'agit là du point de comparaison traditionnel ; que les mathématiques, au moins depuis Descartes, constituent l'archétype de la science exacte sur lequel les philosophes ont projeté leurs fantasmes et dans lequel ils ont voulu voir un idéal. Et sans doute ne serait-ce pas inexact. Fichte, comme il le dit lui-même – j'aurai l'occasion de développer ce point en détail au chapitre suivant – ne vise rien d'autre que l'accomplissement de l'idéal philosophique au sens traditionnel du terme. Cependant, il est peut-être possible de voir davantage encore dans cette comparaison.

À l'occasion de la publication en 1795 de la première édition de la *Grundlage*, l'éditeur de Fichte fit paraître une annonce dans laquelle Fichte était présenté comme l'Euclide de la philosophie. La fin de cette annonce se lisait comme suit :

> *Cependant, une étude rapide de l'ouvrage* [la *Grundlage*] *est déjà suffisante pour permettre à tout lecteur averti d'acquérir la conviction que, si jamais mortel fut destiné à devenir pour la philosophie ce qu'Euclide a été pour les mathématiques, c'est bien à M. Fichte que ce destin est échu.*[72]

Cette annonce d'ailleurs n'était pas passée inaperçue. Nicolai, écrivain reconnu de l'époque aujourd'hui pratiquement tombé dans l'oubli, s'était plaint de cette annonce dans les termes suivants[73] :

> *Dans une sorte d'annonce de son éditeur que M. Fichte (...) a fait imprimer à la fin de ses* Leçons sur la destination du savant, *on peut lire ceci : « (...) Si jamais mortel fut destiné à devenir pour la philosophie ce qu'*Euclide *a été pour les mathématiques, c'est bien à M. Fichte que ce destin est échu ! » C'est tout de même un peu fort, quand bien même il s'agirait d'un éloge rédigé par l'éditeur et non par l'auteur lui-même pour son propre compte ! Or il ne peut s'agir d'un éloge rédigé par l'éditeur ; en*

---

[72] E. Fuchs (éd.), FG, I, p. 209-210, n. 1/trad. W, I, p. 377-378.
[73] Anecdote rapportée par Xavier Léon in *Fichte et son temps*, I, p. 412-413.

effet, qu'est-ce que l'éditeur peut bien connaître à Euclide ![74]

Quelque temps plus tard, dans son lapidaire article intitulé *Annales du ton philosophique*, Fichte, qui selon le témoignage de Forberg, collègue de Fichte à l'université de Iéna, ne faisait nul mystère d'avoir annoncé lui-même et d'avoir fait annoncer par son éditeur qu'il voulait être l'Euclide de la philosophie[75], avait ridiculisé et réduit à néant cette adresse de Nicolai par l'explication suivante :

> *Notre siècle possède ses propres concepts de l'honneur et du déshonneur, qui diffèrent d'ailleurs radicalement de ceux de toutes les époques antérieures. Se proposer un but élevé est chez nous un crime qui ruine d'emblée tout honneur et toute renommée. – Il a lui-même affirmé qu'il voulait devenir l'Euclide de la philosophie et l'élever au rang de science, dit l'un. – Oh non, répond l'autre généreusement, cet homme a ses ennemis ; on lui aura sans doute inventé cette prétention de toutes pièces, je n'y crois pas. – Mais regarde donc toi-même, c'est imprimé ici noir sur blanc. – En effet, c'est ce qui est écrit. J'ai peine à en croire mes yeux. Quel impudent ! Quel monstre ! Je ne veux plus rien avoir à faire avec lui.*[76]

Or quel était donc le sens de cette annonce si mal reçue ? Pourquoi Fichte se faisait-il un point d'honneur de se présenter comme l'Euclide de la philosophie ? À ce propos, le témoignage de Forberg encore une fois nous est précieux. Cette annonce, explique-t-il, faisait écho à Kant. Fichte voulait être l'Euclide de la philosophie, à savoir précisément « *celui dont Kant, dans ses* Prolégomènes, *avait dit que la philosophie l'attendait encore*[77] ». En effet, Kant, dans ses *Prolégomènes*, s'était exprimé de la sorte :

> *Or, en ce cas* [dans le cas de la métaphysique], *la raison humaine n'a pas eu une pareille chance. On ne peut exhiber un seul livre, comme par exemple on présente un* Euclide, *et dire : voici la métaphysique, vous trouverez*

---

[74] E. Fuchs (éd.), FG, I, p. 323-325, texte et note/trad. W, I, p. 378 (traduction partielle).
[75] Voir *ibid.*, p. 242 : « *Fichte cependant ne se cache pas d'être effectivement décidé à devenir l'Euclide de la philosophie.* »
[76] Fichte, SW, II, p. 462-463/GA, I, 4, p. 295-296.
[77] Cité par Xavier Léon in *Fichte et son temps*, I, p. 377-378, n. 1.

ici la fin la plus élevée de cette science, la connaissance d'un être suprême et d'un monde futur, démontrées par des principes de la raison pure.[78]

À la lumière de ces indications, le sens de la comparaison devient clair : elle signifie tout simplement que la doctrine de la science, dans l'esprit de Fichte, est à la philosophie ce que les *Éléments* d'Euclide sont aux mathématiques ; elle signifie que la *Grundlage* est précisément ce livre dont on pourra dire : voilà la métaphysique. Ainsi, lorsque Fichte se prétend en mesure de produire une philosophie pouvant rivaliser, eu égard au caractère scientifique, avec la géométrie, c'est aux *Éléments* d'Euclide qu'il pense. Or dans cette optique, me semble-t-il, la lecture antirationaliste selon laquelle Fichte aurait prétendu réfuter scientifiquement la possibilité d'une philosophie scientifique perd toute crédibilité. En effet, si cette lecture était juste, l'audace avec laquelle Fichte persiste à comparer la doctrine de la science aux *Éléments* d'Euclide n'aurait pas le moindre sens. Car il s'agit bien entendu pour Euclide de *poser* les fondements de la géométrie, et non de saper la possibilité de sa fondation. De sorte qu'il faut supposer que la doctrine de la science, comme le suggère d'ailleurs le titre de la première exposition du système fichtéen : *Grundlage der gesammten Wissenschaftslehre – Fondement de l'ensemble de la doctrine de la science –*, bien loin de la réfuter, *fonde* la possibilité de la philosophie comme science.

Ainsi, une première conclusion paraît s'imposer : la doctrine de la science, selon Fichte, achève la philosophie et l'élève au statut de science en ce sens qu'elle constitue la présentation de la vérité à laquelle le philosophe ne faisait jusque-là qu'aspirer. Fichte croit avoir découvert la voie permettant au philosophe, de simple *amoureux de la sagesse* en quête de savoir qu'il était jusqu'alors, d'accéder au statut de *savant*. C'est d'ailleurs pourquoi Fichte caractérise la plupart du temps son système non pas comme *philosophie*, mais comme *doctrine de la science*. En effet, la philosophie par essence n'est rien d'autre que l'amour de la sagesse ou de la vérité, c'est-à-dire action de rechercher la sagesse dont on se trouve actuellement privé. Par conséquent, le philosophe, en tant qu'il atteint l'objectif qu'il se propose, quitte la voie proprement philosophique pour entrer sur le territoire de la science. Ainsi, une

---

[78] Voir Kant, Ak, IV, p. 271/trad. AA, II, p. 36.

philosophie accomplie pourrait s'appeler tout simplement *la science* ou, en tant que doctrine se proposant de présenter ou d'enseigner la science : *la doctrine de la science*, et c'est précisément la raison pour laquelle Fichte a choisi cette appellation.[79] Il écrit à ce propos :

> *Et ensuite cette science, une fois devenue telle, abandonnerait à juste titre un nom qu'elle a porté jusqu'ici par une modestie qui n'était pas excessive – le nom d'un amateurisme, d'un prédilection, d'un dilettantisme. La nation qui découvrira cette science mériterait bien de lui donner un nom tiré de sa langue, et elle pourrait alors la nommer tout simplement* la science, *ou* la doctrine de la science.[80]

Dans cette optique, le projet de Fichte, comme le note R. Bubner[81], entretient un rapport étroit avec celui de Hegel. En effet, Hegel, dans la célèbre introduction de sa *Phénoménologie de l'esprit*, explique lui aussi qu'il souhaite voir la philosophie abandonner l'appellation d'*amour de la sagesse* pour celui de science.[82]

On parle souvent, depuis quelques décennies, de la manière dont le succès de Hegel aurait empêché la postérité d'emprunter, en matière de philosophie, la voie tracée par Fichte.[83] Cependant, il ressort de ce qui précède – et ces conclusions, dans la suite du texte, ne feront que se renforcer – que s'il est possible d'affirmer que Hegel a mal compris Fichte et qu'il se soit trompé en croyant l'avoir dépassé, il est tout à fait juste en revanche de comprendre son projet comme une reprise ou un prolongement de celui de Fichte.

---

[79] Sur ce point, voir I. Thomas-Fogiel, *Fichte*, p. 58 : « *Faire accéder la philosophie au rang de science, tel est donc le moteur qui explique la substitution au terme* philosophie *de l'expression* doctrine de la science. »
[80] Fichte, SW, I, p. 44-45/GA, I, 2, p. 117-118/trad. P, p. 35-36.
[81] Sur ce point, voir R. Bubner, « Von Fichte zu Schlegel », p. 38.
[82] Voir Hegel, GW, IX, p. 11 : « *La vérité ne peut exister véritablement qu'en tant qu'elle se trouve présentée sous la forme d'un système scientifique. Travailler à faire en sorte que la philosophie s'approche de la forme de la science, – à savoir de cet objectif consistant à pouvoir déposer son titre d'amour du savoir pour devenir savoir effectif –, est ce que je me propose.* »
[83] Sur ce point, voir par exemple D. Henrich, *Selbstverhältnisse*, p. 60 et 80 ; Reinhard Lauth, *La position spéculative de Hegel*, seconde partie, p. 346 ; Wayne M. Martin, *Idealism and Objectivity*, p. 11 ; et Tom Rockmore, *Fichte's Antifoundationalism*, p. 80.

Chapitre 2

L'héritage des Anciens

D'après les explications fournies au chapitre précédent, la doctrine de la science achève la philosophie, au sens où elle ne fait rien d'autre que résoudre scientifiquement le problème ou la question proprement philosophique. Un tel constat, me semble-t-il, s'impose hors de tout doute possible. La définition recherchée, celle du but de la doctrine fichtéenne de la science, se trouve ainsi déterminée dans une certaine mesure. Non pas suffisamment cependant, puisqu'elle demeure en grande partie ambiguë. Comment concevoir en effet le projet philosophique soi-disant achevé par Fichte, c'est-à-dire : comment Fichte lui-même envisageait-il le projet philosophique, en quoi la philosophie selon lui consistait-elle, quelle question ou quel problème cherchait-elle à résoudre ? C'est ce qu'il nous faut maintenant comprendre.

Or sur ce point, Fichte est formel : le projet philosophique dont la doctrine de la science constitue l'accomplissement n'est nul autre que le projet philosophique tel qu'il a toujours été envisagé par les grands philosophes de la tradition. C'est ainsi qu'il écrit, par exemple, dans un court texte de 1795, après avoir énoncé la question à laquelle il cherche à répondre dans la doctrine de la science : « *Depuis l'origine jusqu'aujourd'hui, toute philosophie s'est proposée comme ultime but de répondre à* cette *question* (...).[84] » Selon la déclaration explicite de Fichte donc, la question que la doctrine de la science prétend résoudre est très précisément celle qui occupe la philosophie depuis toujours. Il s'agit là d'ailleurs d'une déclaration réitérée par Fichte à maintes reprises en plusieurs endroits fort distincts de son œuvre. Dans la *Première introduction à la doctrine de la science* de 1797, encore une fois après avoir

---

[84] Fichte, SW, II, p. 434/GA, I, 3, p. 247.

défini explicitement la tâche de la philosophie, Fichte s'exprime à ce propos dans les termes suivants :

> *Enfin, on pourrait rejeter le nom que nous donnons à notre recherche et prétendre que la philosophie ou bien est tout autre chose, ou bien est quelque chose de plus encore que ce qui a été défini comme tel. Il serait facile de montrer que, depuis toujours, tous les spécialistes ont compris par philosophie ce que l'on a défini et que tout ce que le contradicteur voudrait faire passer pour la philosophie porte déjà d'autres noms (...).*[85]

La même déclaration apparaît dans l'exposition *nova methodo* de la doctrine de la science. Fichte ici procède de la même façon : après avoir déterminé la tâche de la philosophie telle qu'il la conçoit, il affirme :

> *Une telle science est-elle possible ? Cela pour l'instant reste incertain ; ce qui est certain, cependant, c'est le fait que de nombreux efforts aient été déployés pour répondre à cette question, car cela constitue depuis toujours la tâche de la philosophie.*[86]

Plus tard, dans l'exposition de 1804, Fichte l'affirmera de nouveau :

> *Or cette tâche, la doctrine de la science l'a en commun avec toute philosophie. C'est là* [à savoir l'objet de la philosophie tel que défini par Fichte] *ce que toutes ont voulu confusément ou expressément (...).*[87]

On ne saurait donc en douter : le problème de la philosophie, d'après Fichte, fut le même de tout temps. Fichte, il est vrai, paraît convaincu que la doctrine de la science soit la seule « *vraie philosophie*[88] », qu'elle est *la* philosophie elle-même et que, avant la doctrine de la science, par conséquent, la philosophie proprement dite n'avait jamais existé (sauf sous la forme du système kantien, que l'on a cependant selon Fichte mal compris[89]). Cela toutefois n'implique aucunement que Fichte se considère comme étant en

---

[85] Fichte, SW, I, p. 424/GA, I, 4, p. 187/trad. T, p. 246.
[86] Fichte, GA, IV, 3, p. 324/trad. D, p. 62.
[87] Fichte, SW, X, p. 93/GA, II, 8, p. 8/trad. U, p. 24.
[88] Sur ce point, voir par exemple Fichte, SW, IX, p. 391-392/GA, II, 14, p. 393 ; et Fichte, SW, II, p. 443/GA, I, 3, p. 254.
[89] Voir Fichte, SW, I, p. 421/GA, I, 4, p. 185/trad. T, p. 243.

rupture radicale par rapport à la tradition philosophique. Au contraire, il affirme lui-même que le seul avantage qu'il possède sur ses prédécesseurs fut précisément d'avoir pu profiter du fruit de leurs réflexions et recherches. Il se voit pour ainsi dire comme un nain sur les épaules des géants qui, comme Kant et Reinhold, l'ont précédé.[90] Aux yeux de Fichte, la doctrine de la science est destinée à remplacer tous les systèmes philosophiques antérieurs, non pas comme s'il s'agissait de métamorphoser la philosophie telle qu'elle avait été conçue jusque-là en quelque chose d'autre, mais tout simplement en tant qu'ensemble des tentatives plus ou moins infructueuses de résoudre le problème qu'elle résout elle-même scientifiquement. Il écrit à ce propos :

> *L'auteur de la doctrine de la science (…)* [est] *en outre personnellement convaincu qu'il n'y a qu'une seule philosophie, comme il n'y a qu'une seule science des mathématiques, et que cette philosophie, l'unique possible, une fois trouvée et reconnue, aucune autre philosophie nouvelle ne pourra surgir, mais qu'au contraire les anciennes prétendues philosophies n'auront plus désormais de valeur qu'à titre d'essais et de travaux préliminaires.*[91]

Ainsi, la doctrine de la science ne ferait rien d'autre que de proposer une réponse scientifique au problème de la philosophie tel qu'il se posait déjà chez les Grecs. Fichte, il est vrai, dans la *Seconde introduction à la doctrine de la science*, fait une déclaration qui paraît contredire cette conclusion. Il écrit en effet : « *Je ne parle pas des Anciens. Il est même douteux qu'ils se soient posés clairement la vraie question de la philosophie.*[92] » Hegel, dans son écrit sur la *Différence des systèmes de Fichte et de Schelling*, relève d'ailleurs cette déclaration de Fichte, qu'il juge exorbitante.[93] Sans trancher la question de savoir lequel, de Fichte ou de Hegel, a raison sur ce point, je souhaite simplement souligner le fait que Fichte ici n'attribue pas aux Anciens une autre conception de la philosophie que la sienne. Il affirme simplement que, du moment que la question de la philosophie telle qu'il la détermine lui-même

---

[90] Voir Fichte, SW, I, p. 30-31/GA, I, 2, p. 110-111/trad. P, p. 20-21.
[91] Fichte, SW, II, p. 323-324/GA, I, 7, p. 185/trad. H, p. 15.
[92] Fichte, SW, I, p. 513/GA, I, 4, p. 264/trad. T, p. 308.
[93] Sur ce point, voir Hegel, GW, IV, p. 11/trad. BB, p. 85.

ne se trouve pas chez les Anciens formulée explicitement, il est permis de se demander si ceux-ci avaient clairement conscience du problème général qu'ils cherchaient à résoudre à travers la réflexion qu'ils nous proposent. Différents textes de Fichte comportent d'ailleurs certaines remarques tendant à confirmer cette lecture. En voici quelques unes :

> *Il y a longtemps déjà que l'on a commencé à philosopher, mais de manière confuse ; on ne se fondait sur aucun concept clair.*[94]

> *Nous* [Fichte et ses adeptes] *sommes les véritables successeurs des Anciens, sauf que nous voyons clairement ce qui restait obscur pour eux.*[95]

> *Aussi bien tous les vrais philosophes ont-ils de tout temps philosophé de ce point de vue, mais seulement sans le savoir clairement.*[96]

J'en conclus que comprendre correctement la nature de l'entreprise fichtéenne, c'est comprendre en quel sens cette entreprise peut être considérée comme s'enracinant directement dans le projet philosophique tel qu'il fut traditionnellement conçu depuis les Grecs.

---

[94] Fichte, GA, IV, 3, p. 325/trad. D, p. 63.
[95] Fichte, SW, V, p. 425/GA, I, 9, p. 74/trad. V, p. 125.
[96] Fichte, SW, III, p. 2/GA, I, 3, p. 314/trad. Q, p. 18.

Chapitre 3

L'amour du savoir

D'après ce qui précède, Fichte conçoit la doctrine de la science en tant que philosophie accomplie, comme accomplissement du projet philosophique tel que tous les philosophes proprement dits l'ont conçu avec plus ou moins de clarté depuis l'Antiquité grecque. Afin d'atteindre le premier objectif que nous nous sommes fixés dans la présente étude – déterminer l'intention de la doctrine de la science – c'est donc à la question de savoir comment fut traditionnellement conçue la philosophie qu'il nous faut maintenant répondre.

Or la philosophie depuis son origine, comme son nom l'indique, est *amour de la sagesse*. Au sens classique et traditionnel du terme, philosopher, être philosophe, c'est être *ami de la connaissance*, du savoir et de la vérité. Le philosophe, par définition, aime et veut la connaissance et la vérité. Mais nul n'aime à proprement parler que ce qui possède en soi-même une valeur, que ce qui est absolument bon, non pas en vue d'autre chose, mais en soi, bref : comme l'enseigne déjà Platon [97], seul le bien lui-même est objet d'amour véritable. Or le bien par essence est *un*, non pas multiple. En tant qu'il possède une valeur en lui-même, le bien doit nécessairement être unique en son genre, et nul ne connaît l'amour qui n'aime exclusivement. En effet, s'il y avait plusieurs biens, ces différents biens, précisément en tant que distincts les uns des autres, seraient extérieurs et opposés les uns aux autres, de sorte que la possession de l'un exclurait la possibilité de la posséder l'autre. En tant que biens, cependant, c'est-à-dire : en tant qu'ayant une valeur en eux-mêmes, chacun de ces biens serait voulu au même titre, de sorte qu'il serait impossible de se décider en faveur de l'un au détriment de l'autre. Possédant l'un, on

---
[97] Voir Platon, *Banquet*, 205d-206a.

n'en aspirerait pas moins à l'autre, en vue de l'acquisition duquel le premier deviendrait simple monnaie d'échange. Aucun de ces biens ne constituerait par suite une fin en soi, c'est-à-dire qu'aucun de ces biens ne serait ce qu'il convient d'appeler le *bien* au sens fort du terme. Dans la mesure où j'aime plusieurs choses également, je n'en aime aucune, puisque chacune de ces choses aimées, considérée relativement aux autres, m'est indifférente. Ainsi, dans la mesure où l'amour authentique est possible, il n'est qu'un seul bien, une seule chose qui puisse être véritablement aimée. Aimer quelque chose, c'est la désirer à l'exclusion de toute autre. D'où il résulte que la philosophie comme amour de la sagesse doit être conçue en tant qu'intérêt absolument exclusif pour la connaissance et la vérité. Le philosophe, par définition, veut la vérité et il ne veut que la vérité.

Par suite, si notre hypothèse est juste, la philosophie aux yeux de Fichte n'est philosophie qu'en ce sens bien précis, et la question *soulevée* et, si l'on en croit ce dernier, *résolue* par la doctrine de la science n'est autre que la question pour ainsi dire inhérente à la conscience philosophique comme conscience intéressée exclusivement par le savoir et la vérité. En d'autres termes, philosopher au sens des Anciens, aimer la vérité, c'est se trouver nécessairement confronté à une certaine question ou à un problème précis, dont Fichte, si on l'en croit, fut le premier, sinon à découvrir[98], du moins à exposer scientifiquement la solution à laquelle il aurait donné le nom de *doctrine de la science*.

Ainsi, la possibilité de la philosophie comme science suppose selon Fichte une véritable *passion* pour la vérité. Il ne s'agit pas simplement, selon lui, dans l'acte de philosopher, d'appliquer froidement la faculté de connaître à certaines questions données d'avance, de l'extérieur. Mais l'amour de la vérité, la recherche de la vérité, doit précéder le questionnement, qui surgit lui-même au contraire de cet amour. Au principe de toute philosophie ou système philosophique, en tant que réponse à la question soulevée par le philosophe, se

---

[98] Fichte, à tort ou à raison – il ne m'appartient pas d'en décider ici –, supposait que Kant était en possession de cette solution, mais qu'il l'aurait exposée partiellement et de manière quelque peu sibylline afin de ménager ses contemporains et d'éviter le scandale. Sur ce point, voir par exemple Fichte, SW, I, p. 478/GA, I, 4, p. 230-231/trad. T, p. 283-284. Sur le même thème, voir aussi Fichte, SW, I, p. 186, n. */GA, I, 2, p. 335, n. */trad. T, p. 82, n. 3 ; ou encore Fichte, GA, IV, 3, p. 485/trad. D, p. 283.

trouve donc un *intérêt*. D'où le mot bien connu de Fichte : « *Ce que l'on choisit comme philosophie dépend ainsi de l'homme que l'on est*[99] ». En effet, explique-t-il dans sa *Première introduction à la doctrine de la science*, un tel choix s'enracine dans l'intérêt qui guide notre vie tout entière. En l'occurrence, la seule véritable philosophie, la seule philosophie digne de ce nom, se fonde dans l'intérêt pour la vérité.

Boris Jakowenko, un commentateur aujourd'hui tombé dans l'oubli, voyait dans cette formule devenue célèbre une clef importante en vue de la compréhension de l'œuvre spéculative de Fichte, d'un abord si difficile. En découvrant l'homme Fichte, supposait-il à la lumière de cette formule, on découvrirait du même coup ce qu'il appelait « *l'idée fondamentale de la philosophie théorique de Fichte*[100] ». Il écrit à ce propos : « *L'homme Fichte, dans notre tentative de pénétrer et de comprendre la philosophie fichtéenne, peut et doit servir de point de départ et de figure exemplaire.*[101] » L'idée de ce procédé (également suggéré par Ernst Bergmann[102]) peut être reprise en vue de déterminer l'intention de la doctrine de la science. Car s'il est vrai que la philosophie, selon Fichte, doive s'enraciner dans l'intérêt suprême constituant le fondement de tous les intérêts guidant notre vie, alors la détermination de l'intérêt fondamental dont l'homme Fichte était animé doit permettre de déterminer par la même occasion ce qui constitue selon ce dernier l'origine du questionnement et de la discipline philosophique en général. Immanuel Hermann Fichte, le fils de Fichte, dans la préface de l'ouvrage qu'il consacre à la vie de son père, exprime à ce propos un point de vue semblable :

> *Sa doctrine* [celle de Fichte] *n'est pleinement compréhensible qu'à la lumière de son caractère personnel, car elle n'est rien d'autre que l'expression accomplie et la conséquence de ce dernier.*[103]

La question est donc la suivante : qui était l'homme Fichte, de quel intérêt était-il animé ? Cette question, du moins si l'on en croit son propre témoi-

---

[99] Fichte, SW, I, p. 434/GA, I, 4, p. 195/trad. T, p. 253.
[100] B. Jakowenko, *Die Grundidee der theoretischen Philosophie J. G. Fichtes*, p. 1.
[101] *Ibid.*, p. 2.
[102] Voir E. Bergmann, *J. G. Fichte der Erzieher*, p. 3-32.
[103] I. H. Fichte, *Fichtes Leben und literarischer Briefwechsel*, I, p. VIII.

gnage ainsi que le témoignage de ceux qui l'ont connu, ne peut recevoir que la réponse suivante : Fichte était un philosophe au sens classique et traditionnel du terme, c'était un amoureux de la sagesse, entièrement mobilisé par le désir de connaître et de voir la vérité apparaître comme vérité ; il ne connaissait pas d'autre bien que le savoir en général. Le savoir *en général*, dis-je, quel qu'il soit et quel qu'en soit le dépositaire. Non pas dans le savoir d'un seul ou de quelques uns, mais dans le savoir de tout un chacun, dans le savoir de tout être capable de connaissance. Fichte était un *Aufklärer* au sens propre du terme, un *agent de la lumière* : il n'avait d'autre but que l'*acquisition* d'abord, puis la *diffusion universelle* du savoir ou de la vérité. Il n'était pas homme à penser que le savoir, au sens fort du terme, c'est-à-dire un savoir véritablement fondé, absolument sûr, puisse être en certaines circonstances une mauvaise chose, puisse nuire ou être utilisé à mauvais escient.

Une multitude de déclarations de Fichte, un nombre impressionnant d'arguments, d'anecdotes historiques et de témoignages de contemporains peuvent être produits sur ce point. Ayant pris connaissance de ces déclarations et témoignages, Xavier Léon, dans *Fichte et son temps*, résume :

> *Sa droiture, sa haute probité, son bon cœur faisaient de son amitié un don inestimable ; sa fidélité était à toute épreuve. Ses amis avaient beau lui témoigner leur mauvaise humeur, le contredire en particulier ou en public, il supportait tout de leur part, à condition toutefois qu'il fût sûr de la sincérité de leurs sentiments, car il ne mettait rien au-dessus de la vérité : lutter pour elle, n'était-ce pas tout l'effort de sa vie ? Penseur, il cherchait les principes premiers et certains ; homme, il haïssait à mort le mensonge, il était incapable de s'y faire ; il disait à chacun ses vérités à la figure, mais il les disait sans fiel, sans ostentation, à l'heure qui convenait le mieux.*[104]

Examinons tout d'abord les déclarations de Fichte lui-même à ce propos. Fichte, à travers son œuvre, se présente à d'innombrables reprises comme un amoureux du savoir et de la vérité. Ses écrits de jeunesse l'expriment déjà avec beaucoup de force. « *J'aime la vérité*[105] », écrit-il déjà tout bonnement dans

---

[104] X. Léon, *Fichte et son temps*, I, p. 275-276.
[105] Fichte, SW, VIII, p. 241/GA, I, 1, p. 424.

son essai de 1791 concernant la propriété intellectuelle. Rien ne le pousse à prendre la plume que le pur « *amour de la vérité*[106] », déclare-t-il en 1792 dans un écrit qu'il ne confia jamais lui-même aux presses. Au fil des années, d'ailleurs, il s'exprime sur ce point avec une vigueur sans cesse accrue. Voici ce qu'il déclare par exemple en 1794, dans ses *Conférences sur la destination du savant* :

> *Je suis un prêtre de la vérité ; je suis à sa solde ; j'ai pris l'engagement formel de tout faire, tout oser et tout souffrir pour elle. Si à cause d'elle je devais être poursuivi et haï, si je devais même mourir à son service – que ferais-je là d'extraordinaire, que ferais-je là de plus que ce qu'il fallait tout simplement que je fasse ? –* [107]

Ainsi, Fichte affirme être prêt à tout sacrifier pour la vérité. En 1795, dans la préface à la première édition complète de la *Grundlage*, il le redira :

> *Je ne pense nullement à ma propre personne : mais je suis saisis d'une brûlante ardeur pour la vérité, et je dirai toujours aussi fortement et aussi nettement que je le pourrai ce que je tiens pour vrai.*[108]

Plusieurs années plus tard, en 1799, dans la *Réponse juridique à l'accusation d'athéisme*, Fichte professe toujours le même amour. Après avoir supposé que le fondement de l'accusation d'athéisme dont il fait l'objet est en réalité de nature *politique* – on le croit révolutionnaire –, Fichte réfute cette accusation en expliquant qu'aucun savant digne de ce nom, comme il croit lui-même en être un, ne saurait souhaiter la révolution. Il s'exprime à ce propos en ces termes :

> *Ces hommes politiques me permettront de leur fournir un critère infaillible pour déterminer quels individus* n'appartiennent *pas à cette classe* [celle des savants susceptibles de souhaiter une révolution]. Ce sont ceux qui aiment leur science, et qui font la preuve que celle-ci s'est emparée de tout leur esprit. *L'amour de la science, et tout particulièrement*

---

[106] Fichte, GA, II, 2, p. 185-197. Résumé par Xavier Léon in *Fichte et son temps*, I, p. 119-121.
[107] Fichte, SW, VI, p. 333-334/GA, I, 3, p. 58/trad. J, p. 78.
[108] Fichte, SW, I, p. 87/GA, I, 2, p. 252/trad. T, p. 14.

> *l'amour de la spéculation, lorsqu'il s'est emparé d'un homme, le tient à ce point qu'il ne conserve aucun autre vœu hormis celui de s'occuper tranquillement de spéculation. De ce qui est extérieur à la spéculation, il n'exige que la tranquillité, et c'est pourquoi les temps révolutionnaires sont directement opposés à son vœu ; il porte en lui-même la paix intérieure.*
>
> *Ceux qui connaissent ma manière de vivre et les usages de mon époque jugeront si je puis prétendre à bon droit prendre place parmi les savants de la seconde classe* [celle des savants qui ne souhaitent pas la révolution].[109]

Fichte à quelques reprises va jusqu'à se présenter comme étant si amoureux de la vérité qu'il n'hésiterait pas le moins du monde à rejeter tout à fait n'importe laquelle de ses idées ou de ses opinions, voire la totalité de son système philosophique, si un argument valable lui était opposé. Voici ce qu'il écrit par exemple à ce propos dans une lettre à Reinhold, datée du 2 juillet 1795 :

> *Bien que disposer d'une philosophie qui met l'accord entre mon cœur et ma tête ne soit pas un maigre avantage pour moi, je n'hésiterais pourtant pas le moins du monde, si on me démontrait sa fausseté, à l'abandonner et à adopter une doctrine réduisant cet accord à néant, et je croirais en outre ne rien faire de plus par là que mon devoir. L'article* Sur la stimulation et l'accroissement du pur intérêt pour la vérité *(...) décrit assez bien ma façon de penser sur ce point, ainsi que la façon dont je crois agir. Je philosophe, pour autant que je me connaissance moi-même, sans intérêt pour quoi que ce soit d'autre que la philosophie.*[110]

C'est d'ailleurs dans cet esprit, sans doute, qu'il invite tous ses opposants, s'ils le peuvent, à renverser sa doctrine :

> *Si intimement convaincu que je sois du caractère inébranlable des principes sur lesquels repose ce système tout entier, et si fortement que j'aie exprimé, comme j'étais en droit de le faire, ici et là cette conviction, il pourrait néanmoins y avoir une possibilité, bien entendu actuellement impensable pour moi, de renverser ces principes. Cela aussi me serait agréable, parce*

---

[109] Fichte, SW, V, p. 292/GA, I, 6, p. 77-78/trad. K, p. 127.
[110] Fichte, GA, III, 2, p. 343.

que, ce faisant, la vérité y gagnerait. Que l'on s'applique donc à ces principes et que l'on tente de les renverser.[111]

Si on l'en croit, Fichte était comme le Socrate que Platon nous présente dans son œuvre : ami de la vérité plus que de toute autre chose, il aimait autant réfuter qu'être réfuté.[112] On sait d'ailleurs que Fichte, qui à l'origine adhérait au matérialisme déterministe, renonça pleinement à son système de pensée à la suite de sa lecture de Kant, et en particulier à la suite de sa lecture des deux dernières *Critiques*.[113]

Fichte insiste encore à plusieurs reprises sur le fait que nul intérêt et nulle inclination contraire à l'amour de la vérité n'a de part dans son œuvre. Voici ce qu'il écrit par exemple à ce propos dans la *Première introduction* de 1797 :

Je dois encore quelques explications aux lecteurs. J'ai dit depuis le début, et je le répète encore, que mon système n'était autre que le système kantien ; en d'autres termes : bien qu'il soit, selon sa méthode, absolument indépendant de l'exposé kantien, il expose la même conception de la réalité. Je n'ai pas dit cela pour m'abriter sous une puissante autorité, ni parce que ma doctrine avait besoin de trouver un appui en dehors d'elle-même ; mais uniquement afin de dire la vérité et d'être juste.[114]

En 1794, dans ses *Conférences sur la destination du savant*, alors qu'il s'apprête, dans la quatrième conférence, à découvrir, dans la destination de ceux qui ont le privilège d'occuper la fonction de savant, une destination plus sublime que toutes les autres, Fichte s'exprimera de la sorte eu égard à l'embarras dans lequel doit nécessairement se trouver celui qui, comme lui, se trouve dans l'obligation de faire son propre éloge :

Je parle en tant que philosophe à qui il incombe de déterminer avec acuité chaque concept. Que puis-je contre le fait que ce concept déterminé occupe une place dans le système ? Il m'est interdit de rien dissimuler de la vérité

---

[111] Fichte, SW, I, p. 89/GA, I, 2, p. 254/trad. T, p. 15.
[112] Voir Platon, *Gorgias*, 458a.
[113] Concernant l'importance de la seconde *Critique* dans le parcours de Fichte, voir Fichte, GA, III, 1, p. 167. À propos de l'importance de la *Critique de la faculté de juger*, voir *ibid.*, GA, III, 1, p. 222 ; et *ibid.*, p. 190.
[114] Fichte, SW, I, p. 420/GA, I, 4, p. 184/trad. T, p. 242.

> *que j'ai reconnue. Elle est et sera toujours vérité, et même la modestie lui est subordonnée, qui devient fausse dès qu'elle porte préjudice à la vérité.*[115]

En dehors des déclarations de ce genre, qui sont l'expression directe de l'amour éprouvé par Fichte à l'égard du savoir et de la vérité, l'œuvre de ce dernier comprend une grande variété de déclarations ou de propositions, voire d'articles et d'écrits tout entiers, susceptibles d'être compris comme étant l'expression plus ou moins directe d'un tel amour. La *Revendication pour la liberté de penser* de 1793, par exemple, peut facilement passer pour un plaidoyer en faveur de l'expansion et de la diffusion de la science comme source de tout bien, ou ce qui est la même chose : comme unique bien, comme unique chose dont l'homme en dernière analyse ait véritablement besoin et, par conséquent, comme unique chose aussi qu'il ait le *droit* de rechercher et de communiquer sans qu'on lui fasse obstacle.

Fichte juge d'ailleurs la vérité si précieuse, il la place tellement au-dessus de tout, que la vertu elle-même lui est selon lui subordonnée. En effet, la seule véritable vertu selon lui s'enracine tout entière dans l'amour du savoir ; l'amour du savoir dispose fondamentalement à la vertu quiconque en est pénétré. Voici ce qu'il écrit à ce propos dès 1793 : « *L'amour libre et désintéressé de la vérité théorique*, parce qu'*elle est vérité, est la préparation la plus fructueuse à la pureté morale des intentions.*[116] » Puis dans un autre texte datant de la même année :

> *Tant que tu ne cultiveras pas cet amour de la vérité pour elle-même, tu ne nous seras bon à rien ; car il constitue la première préparation en vue de l'amour de la justice pour elle-même ; il est le premier pas vers la vertu : ne te vante pas de le posséder tant que tu n'as pas fait ce pas.*[117]

Et si l'amour de la vérité dispose à la moralité et la justice, ajoute-t-il en 1795 dans son article *Sur la stimulation et l'accroissement de l'amour de la vérité*, c'est qu'il s'agit d'une « *force spirituelle* » en elle-même « *morale*[118] » :

---

[115] Fichte, SW, VI, p. 323-324/GA, I, 3, p. 51/trad. J, p. 67.
[116] Fichte, SW, VI, p. 14/GA, I, 1, p. 175/trad. C, p. 90.
[117] Fichte, SW, VI, p. 42/GA, I, 1, p. 205/trad. S, p. 81.
[118] Fichte, SW, VIII, p. 352/GA, I, 3, p. 90/trad. H, p. 158.

> *Cette force spirituelle renforce en même temps le pouvoir moral, et elle est elle-même morale. Ces derniers sont attachés l'un à l'autre et ils agissent réciproquement l'un sur l'autre. L'amour de la vérité prépare à la bonté morale et est en soi une sorte de bonté morale. (...) Celui qui, dans la recherche de la vérité, méprise tout ce qui est hors de lui, apprendra aussi à le dédaigner dans toute son action. La résolution dans la pensée mène nécessairement à la bonté morale et à la force morale.*[119]

Dans le *Système de l'éthique* de 1798, d'ailleurs, Fichte pose clairement dans la valeur suprême accordée au savoir la racine du devoir en général. En effet, déclare-t-il, la « *pulsion morale* » n'est rien d'autre qu'une « *pulsion de connaissance déterminée*[120] ». Aussi la plupart des devoirs immédiats et médiats identifiés par Fichte se laissent-ils facilement dériver de l'amour du savoir. En tant qu'amoureux du savoir en général – je ne dis pas : de mon propre savoir, mais du savoir comme activité de la faculté de connaître ou de la raison en général, qu'elle soit mienne ou étrangère –, je souhaite nécessairement favoriser chez tout être raisonnable le développement de l'activité de connaître et l'acquisition du savoir.

> *D'une manière générale, toutes les actions de l'homme moralement bon, et en particulier de toutes celles qui sont dirigées vers l'extérieur, ont une fin dernière qui peut être exprimée de la manière suivante :* il veut que la raison et elle seule domine dans le monde sensible. *Toute force physique doit être subordonnée à celle de la raison.*[121]

De cet impératif posant clairement dans le savoir, comme activité essentielle de la raison, la fin à viser, c'est-à-dire le seul et unique bien, découlent tous les devoirs identifiés par Fichte. À commencer par le devoir négatif interdisant la tromperie et le mensonge. Fichte est formel sur ce point : nul ne doit mentir, en aucun cas et sous aucun prétexte. Il écrit à ce propos :

> *Si l'on considère* négativement *cette disposition de la loi morale, il en résulte l'interdiction absolue d'induire l'autre en erreur, de lui mentir ou

---

[119] *Ibid.*
[120] Fichte, SW, IV, p. 166/GA, I, 5, p. 155/trad. O, p. 160.
[121] Fichte, SW, IV, p. 275/GA, I, 5, p. 246/trad. O, p. 261.

de le tromper, soit directement, en affirmant catégoriquement ce que moi-même je ne crois pas vrai, soit par de façon détournée, en lui faisant un compte-rendu équivoque qui, d'après mon intention, doit le tromper. (...) Bref, je suis absolument obligé envers chacun à une droiture et à une véracité absolue ; il m'est interdit de dire quoi que ce soit contre la vérité.[122]

Dans son article *Sur le fondement de notre croyance en une divine Providence*, ce fameux article à l'occasion de la publication duquel fut déclenchée en 1798 ce qu'il est convenu d'appeler la *Querelle de l'athéisme*, Fichte réitère cette interdiction de mentir de manière plus vigoureuse encore. Il écrit : « *Tu ne dois pas mentir, quand bien même il s'ensuivrait de ton honnêteté que le monde doive s'écrouler.*[123] »

À quel point Fichte prenait l'interdit de mentir au sérieux, c'est d'ailleurs ce que Steffens eut l'occasion d'expérimenter, qui à ce propos rapporte une anecdote saisissante. Il écrit dans son autobiographie :

Lorsque je l'entendis [Fichte] *énoncer cette proposition : qu'à aucune condition on n'a le droit de dire quelque chose de faux, j'osai lui opposer le cas suivant : « Une femme qui vient d'accoucher est gravement malade ; l'enfant, mourant, se trouve dans une autre chambre ; les médecins ont déclaré catégoriquement que toute émotion coûterait la vie à la mère. L'enfant meurt – je suis assis près du lit de douleur de ma femme, elle me demande comment va l'enfant qui vient de mourir : la vérité la tuerait ; dois-je la lui dire ? – Sa question doit être écartée, répondit Fichte. – C'est lui dire, répliquai-je, de la manière la plus précise : votre enfant est mort. Je mentirais, m'écriai-je résolument, et les larmes me montèrent aux yeux, parce que je me souvenais d'avoir vécu cette scène, et j'appelle ce mensonge une vérité, ma vérité. – Ta vérité, s'écria Fichte indigné, une vérité qui appartienne à un individu particulier, il n'y en a pas ; elle a des ordres à te donner, et non pas toi à elle. Si la vérité tue ta femme, alors elle doit mourir. »*[124]

---

[122] Fichte, SW, IV, p. 283/GA, I, 5, p. 252/trad. O, p. 268.
[123] Fichte, SW, V, p. 185-186/GA, I, 5, p. 354/trad. N, II, p. 205.
[124] E. Fuchs (éd.), FG, II, p. 135-136/trad. W, I, p. 275, n. 6.

Ainsi, l'amour de la vérité n'est pas un simple préalable à la vertu, selon Fichte, mais elle est le début de la vertu et elle entraîne nécessairement la vertu dans son ensemble, elle « *mène nécessairement à la bonté et à la force morales*[125] ».

Il est à noter également que l'expression même de *Wissenschaftslehre* par laquelle Fichte souhaitait remplacer l'appellation de *philosophie*, suggère que Fichte non seulement était animé du désir d'atteindre et d'approfondir personnellement la vérité, mais rêvait aussi de la voir s'imposer partout. Le philosophe accompli, pour Fichte, semble-t-il, ne se contente pas de contempler la vérité, de disposer de la *science* : *Wissenschaft*, mais il se donne également pour objectif de la transmettre par le biais d'une *doctrine de la science* : *Wissenschaftslehre* ; il ne doit pas être un simple *savant*, un *Wissenschaftler*, mais aussi un *enseignant de la science*, un *Wissenschaftslehrer*. Claude Piché, dans son article concernant l'éducation chez Fichte, attire l'attention du lecteur sur le rapport étroit qui existe, dans l'esprit de ce dernier, entre la philosophie telle qu'il la conçoit et l'enseignement. Il insiste entre autres sur la double signification de *théorie* et d'*enseignement* comprise par le mot *doctrine* – ou, en allemand, *Lehre* – chez Fichte. Comme il l'écrit :

> *La théorie et son enseignement sont étroitement reliés dans la doctrine de la science. (...) Nous savons (...) que l'expression* doctrine de la science *est apparue chez Fichte alors qu'il venait d'apprendre qu'on l'avait nommé professeur. (...) Quel sens faut-il alors donner au mot* doctrine *? Fichte s'empresse d'éliminer toute équivoque en paraphrasant* doctrine de la science *de la manière suivante : « science d'une science en général ». La doctrine a donc ici la valeur d'une théorie. (...) Il n'en reste pas moins vrai que le mot* -lehre *dans* Wissenschaftslehre, *tout comme le français* doctrine, *qui conserve la résonance du* docere *latin, maintient pour sa part la référence au verbe* lehren *: enseigner !*[126]

Ces considérations de M. Piché vont dans le sens de l'hypothèse proposée : le philosophe, dans la mesure où il parvient à la connaissance théorique, à l'activité contemplative (la *theoria*, en grec, n'est rien d'autre que la contemplation de la vérité), est par le fait même un *Lehrer* visant la diffusion du

---

[125] Fichte, SW, VIII, p. 352/GA, I, 3, p. 90/trad. H, p. 158.
[126] C. Piché, *La Staatslehre de 1813 et l'éducation chez Fichte*, inédit.

savoir. Alexis Philonenko sur ce point, dans son petit ouvrage intitulé *Qu'est-ce que la philosophie ?*, développe lui aussi une interprétation qui n'est pas sans affinité avec cette hypothèse. Une des différences fondamentales qui existe entre l'œuvre de Kant et celle de Fichte, déclare Philonenko dans cet ouvrage, réside en ceci que, tandis que la première apparaît comme une solution à un problème purement théorique, comme si son contenu n'avait rien à voir avec la vie, la seconde se voulait édifiante et se présente comme une prédication appelant à une conversion des cœurs. C'est pourquoi il faut traduire *Wissenschaftslehre*, dit-il, par « Doctrine de la science, *parce que dans* doctrine *en français il y a l'idée d'*endoctrinement *qui, pris dans le bon sens, réserve l'idée de* prédication.[127] » Je ne sais s'il faut donner raison à Philonenko et admettre le caractère pour ainsi dire purement académique de l'œuvre de Kant. Je retiens cependant l'insistance avec laquelle il souligne la consubstantialité de la théorie et de l'enseignement dans la pensée de Fichte, qui exprime à mon sens excellemment à quel point Fichte se concevait comme un amoureux de la sagesse aspirant par-delà toute chose à l'*Aufklärung* universelle proprement dite.

Autant d'éléments, donc, ne composant qu'un faible échantillon de tous ceux qui pourraient être invoqués en faveur de l'hypothèse selon laquelle Fichte se concevait et, dans une large mesure, était aussi perçu par ses contemporains, comme un philosophe au sens classique et traditionnel du terme, c'est-à-dire comme étant essentiellement mobilisé par l'intérêt visant l'acquisition et la diffusion universelle de la connaissance et de la vérité. Par suite, sa doctrine, s'il est vrai – comme c'est bien le cas selon son propre aveu – qu'elle se soit enracinée dans l'intérêt déterminant la totalité de son existence, ne pouvait traiter que du problème posé par et pour la conscience essentiellement mobilisée par cet intérêt.

---

[127] A. Philonenko, *Qu'est-ce que la philosophie ?*, p. 87, n. 1.

Chapitre 4

La science de la science

D'après ce qui précède, Fichte concevait la philosophie de la même manière que les Anciens, à savoir comme désir d'*Aufklärung* universelle. Le philosophe tel que le conçoit Fichte, il est important de le comprendre, veut acquérir le savoir, non pas pour sa propre personne, comme s'il était possible de se rendre maître du savoir et de s'en servir à d'autres fins ou d'en tirer certains avantages extérieurs au savoir lui-même, mais afin de devenir au contraire dans la totalité de son existence même l'instrument du savoir. Il veut accéder au savoir afin que le savoir pour ainsi dire s'empare de sa vie, et que ce ne soit plus lui, comme individu, qui vive et qui agisse, mais le savoir en lui, cela en vue d'une expansion et d'une diffusion toujours plus grande du savoir lui-même, à travers l'enseignement et l'exemple.[128] Fichte, dans l'*Ascétique comme supplément à la morale*, par exemple, insiste beaucoup sur ce point : l'amour de la connaissance propre au véritable savant n'est pas un simple goût pour la spéculation s'enracinant dans un intérêt égoïste ou personnel, mais un désir de voir la totalité de sa vie guidée par le savoir.[129] C'est probablement ce qu'il veut dire lorsqu'il affirme dans ce texte, en apparente opposition avec ce qu'il dit souvent par ailleurs, que le but du savoir ne doit pas être le savoir lui-même, mais la vie.[130] Non pas au sens où le chercheur devrait viser quelque chose en dehors du savoir lui-même, considéré comme savoir *universel*, mais

---

[128] Fichte accorde beaucoup d'importance à la valeur éducative ou pédagogique de l'exemple. Être exemplaire, c'est-à-dire vivre une vie conforme au savoir que l'on prétend détenir, est selon lui la meilleure façon d'enseigner. Voir par exemple à ce propos Fichte, SW, VI, p. 332-333/GA, I, 3, p. 57/trad. J, p. 76-77.
[129] Voir Fichte, SW, XI p. 139-143/GA II, 5, p. 73-77/trad. M, p. 44-48.
[130] Voir Fichte, SW, XI. p. 141/GA, II, 5, p. 75/trad. M, p. 45-46.

au sens où l'amour de la connaissance dont se trouve animé le vrai chercheur ne le pousse pas simplement à une réflexion personnelle et stérile sur le plan de l'action, mais l'anime au contraire complètement, dans toute sa vie, sans égard aux considérations individuelles, en vue de l'*Aufklärung* généralisée, qui exige une vie et un discours exemplaires totalement modelés par la raison, témoignant autant que possible de l'empire que la savoir est susceptible d'exercer sur l'individu.

Or nous disons maintenant : si notre hypothèse est juste, le philosophe tel que le conçoit Fichte, l'amoureux de la sagesse aspirant à l'*Aufklärung* universelle, doit être, pour ainsi dire de par sa nature même en tant que philosophe, confronté à une certaine question ou à un certain problème, et ce problème est précisément celui que la doctrine de la science, si l'on en croit Fichte, résout scientifiquement. Il s'agit pour nous de l'identifier. Quel peut être ce problème qui mobilise le philosophe tout entier ? C'est la question à laquelle nous devons répondre. Voici ce qu'il en est :

Que le philosophe vise l'*Aufklärung* universelle signifie qu'il voudrait que le savoir, ou ce qui est la même chose : la certitude ou la conviction absolue, règne autant que possible sur le genre humain tout entier. Or le savoir est *un*. Il ne saurait y avoir qu'un savoir comme il n'y a qu'une vérité. En d'autres termes, le savoir, par définition, vaut pour tout un chacun ; ce qui est vrai doit être compréhensible, en principe, par tout être raisonnable. Par suite, si jamais l'*Aufklärung* universelle doit advenir, si jamais les hommes doivent savoir d'un savoir commun, alors ils doivent pouvoir s'entendre concernant ce qui est vrai, ou ce qui est la même chose : concernant ce qui est réel. Par conséquent, il doit exister un critère universel, présent en chacun, auquel chacun puisse en appeler afin de distinguer le vrai du faux et la réalité de l'illusion. Le but suprême du philosophe, donc, s'il est vrai qu'il ne vise rien d'autre que le libre accord des êtres raisonnables dans la connaissance, c'est-à-dire la pacification du monde à travers le savoir[131], serait de mettre ce critère en évidence. Ainsi, la question proprement philosophique, réduite à sa

---

[131] Dans le *Caractère de l'époque actuelle*, Fichte détermine le but de la vie terrestre en tant que *paix*. Or l'avènement de la paix coïncide, explique-t-il, avec l'avènement de la science. Ainsi, le but suprême du philosophe est de réaliser la fin de l'histoire, conçue comme bonne entente de tous les êtres raisonnables grâce au savoir.

plus simple expression, serait tout simplement la suivante : qu'est-ce que le savoir ? Ou ce qui est la même chose : qu'est-ce qui fait du savoir un savoir, qu'est-ce qui fait d'une certitude une certitude, à quelle condition est-il possible d'affirmer que quelque chose est certain ou non ? Et c'est précisément ce que dit Fichte :

> *La doctrine de la science aurait, de ce point de vue, (...) à montrer comment, de quel point de vue, à quelle condition, et peut-être jusqu'à quel point, quelque chose peut-être certain, et en général ce que cela signifie – être certain (...).*[132]

Or, il n'est peut-être pas inutile de le préciser, Fichte emploie souvent le terme de *science* au sens le plus large, comme synonyme de *savoir* ou de *connaissance*. Comme le note Wilhelm Jacobs : « *L'usage fichtéen du mot* science *recouvre le nôtre, mais va bien au-delà, en ce sens que, pour Fichte,* science *peut très bien (...) signifier tout simplement* savoir.[133] » C'est pourquoi la philosophie, en tant qu'elle est accomplie, ne peut être aux yeux de Fichte qu'une *Wissenschaftslehre*, une doctrine de la science : il s'agit d'une théorie du savoir, devant procurer, à celui qui s'élève à sa compréhension, un savoir du savoir en général. Fichte présente d'ailleurs explicitement sa doctrine de la science comme telle. Voici ce qu'il affirme à ce propos dans l'exposition de la doctrine de la science de 1801 :

> *Comme l'indique la composition de l'expression, la doctrine de la science doit être une doctrine, une théorie du savoir, théorie qui sans le moindre doute se fonde sur un savoir du savoir, qu'elle produit, ou en un mot – qu'elle est.*[134]

Il s'agit là d'ailleurs d'une définition de la doctrine de la science réitérée par Fichte à plusieurs reprises. Voici quelques extraits qui me paraissent particulièrement clairs sur ce point :

> *Elle* [à savoir la doctrine de la science] *est tout simplement doctrine, théorie*

---

[132] Fichte, SW, I, p. 47/GA, I, 2, p. 120/trad. P, p. 38.
[133] W. G. Jacobs, *Trieb als sittliches Phänomen*, p. 59.
[134] Fichte, SW, II, p. 7/GA, II, 6, p. 139/trad. N, I, p. 35.

ou tout simplement, d'une manière générale, science, – du savoir.[135]

Délaissant tout savoir particulier et déterminé, la doctrine de la science part du savoir pur et simple, dans son unité, qui se manifeste à elle comme existant ; et elle se pose en premier lieu cette question : comment ce savoir peut-il exister et quel est par conséquent son essence intime et simple ?[136]

Les commentateurs nombreux à avoir vu dans la doctrine fichtéenne de la science une théorie de la connaissance ont donc raison : l'entreprise fichtéenne constitue, en un certain sens à tout le moins, une entreprise épistémologique. C'est le cas de Heinrich Rickert, par exemple, de même que celui d'Emil Lask.[137] Fritz Medicus insiste également sur cet aspect du projet fichtéen avec beaucoup de vigueur.[138] Parmi nos contemporains, plusieurs commentateurs s'accordent sur ce point. Isabelle Thomas-Fogiel, par exemple, est formelle : la « *problématique* » de Fichte, écrit-elle, « *est initialement épistémologique*[139] ». Tom Rockmore pour sa part va même jusqu'à affirmer à ce propos :

*Au sens étymologique du terme, aucun penseur de l'histoire de la philosophie ne peut davantage que Fichte prétendre au statut d'*épistémologue*. En témoignent les efforts incessants qu'il a déployés, durant toute sa carrière, en vue de perfectionner ce qu'il appelait la* doctrine de la science.[140]

Comme l'ont noté plusieurs commentateurs, c'est d'ailleurs à ce titre surtout que Fichte peut de plein droit se réclamer de Kant. En effet, en tant qu'elle répond à la question de savoir en quoi consiste la connaissance, la doctrine de

---

[135] Fichte, SW, X, p. 317/GA, II, 13, p. 43/trad. B, p. 34.
[136] Fichte, SW, II, p. 696/GA, I, 10, p. 336/trad. H, p. 163. Sur ce point, voir aussi Fichte, SW, X, p. 3 : « Dans la mesure où la doctrine de la science se propose de faire du savoir son seul et unique objet, et constitue par conséquent une doctrine du savoir excluant complètement l'être (…), il s'agit aussi d'un idéalisme transcendantal. »
[137] Sur la réception de Fichte par Lask et Rickert, voir par exemple C. Piché, *Kant et ses épigones*, p. 172-182.
[138] Voir par exemple F. Medicus, *Dreizehn Vorlesungen*, p. 9.
[139] I. Thomas-Fogiel, « Présentation », *in* trad. D, p. 8.
[140] T. Rockmore, « Fichtean Epistemology and Contemporary Philosophy », p. 156-157.

la science cerne le connaissable en tant que connaissable et, par conséquent, elle établit la limite entre le connaissable et l'inconnaissable. Comme le dit Fichte : « *Elle apprend, à celui qui travaille à l'élaboration de la science, ce qu'il peut savoir et ce qu'il ne peut pas savoir (...)*[141] ». Or le projet critique kantien, comme on le sait, vise à établir les conditions de possibilité de la connaissance et, par là, à limiter les prétentions de la raison théorique.[142] À cet égard, la doctrine fichtéenne pourrait être définie en tant qu'autodiscipline de la faculté de connaître, au moyen de laquelle celle-ci détermine scientifiquement ses propres limites, les limites de son propre pouvoir de connaître. La doctrine de la science serait cette réflexion de la raison sur elle-même, réflexion par laquelle elle apprend à se connaître elle-même et à s'affirmer comme limitée, dans son activité de connaître, à un certain domaine ou à un certain objet. Elle serait donc essentiellement *critique* au sens kantien du terme, c'est-à-dire qu'elle viserait la délimitation de l'objet de la raison comme faculté de connaître. Fichte, comme le note Alexis Philonenko[143], présente d'ailleurs explicitement la doctrine de la science comme exposition et démonstration scientifique des conclusions de l'entreprise critique kantienne.

Bref, il paraît tout à fait juste d'affirmer que la doctrine de la science cherche à faire ressortir les limites de la connaissance et qu'elle constitue par suite en un certain sens une doctrine de la rationalité finie. De nombreux commentateurs, notamment depuis la publication de la thèse d'Alexis Philonenko, *La liberté humaine dans la philosophie de Fichte*, ont insisté sur cette dimension de l'entreprise fichtéenne. Alexis Philonenko, en attirant l'attention du lectorat sur l'importance de la question de l'altérité dans la pensée de Fichte[144], est parvenu à faire de cette idée, selon laquelle la doctrine de la science devait être comprise comme une doctrine du sujet rationnel fini, la thèse essentielle de toute une nouvelle génération d'interprètes.[145]

J'aurai l'occasion un peu plus loin d'exposer les raisons qui m'obligent à

---

[141] Fichte, SW, II, p. 407/GA, I, 7, p. 256/trad. H, p. 88.
[142] Sur ce point, voir par exemple Kant, Ak, III, p. 43/trad. Z, p. 110.
[143] Sur ce point, voir A. Philonenko, *La liberté humaine*, p. 23-24.
[144] Voir par exemple *ibid.*, p. 23-24.
[145] Parmi les commentateurs ayant repris cette thèse de Philonenko, citons par exemple Miklos Vetö, *Fichte. De l'action à l'image*, p. 29.

prendre mes distances vis-à-vis de l'interprétation proposée ici par Philonenko et ses continuateurs. Je retiens néanmoins comme juste le rapport qu'ils établissent entre la doctrine fichtéenne de la science et le criticisme kantien conçu comme entreprise de déterminations des limites de la connaissance.

Cependant, il convient d'ajouter que, si la conscience philosophique produite par la doctrine de la science est essentiellement conscience des limites inhérentes au savoir, il ne s'ensuit pas pour autant que la doctrine de la science nous conduise à poser la raison humaine comme insuffisante ou trop faible pour connaître la totalité de la réalité ou la totalité de la vérité. La doctrine de la science est une doctrine de la rationalité *finie*, non pas toutefois une doctrine de la rationalité pour ainsi dire *imparfaite* ou *déchue*. Car la doctrine de la science détermine la nature et les limites de la connaissance en tant que connaissance *en général*. Ainsi, ce qu'elle pose comme échappant à la connaissance, la doctrine de la science le pose non pas comme échappant spécialement à notre faculté *trop humaine* de connaître, pour reprendre l'expression de Nietzsche ; mais elle le pose comme échappant à toute connaissance possible, c'est-à-dire qu'elle le pose comme n'étant absolument pas objet de connaissance. Elle reconnaît donc ce qui est extérieur au domaine du connaissable comme *pur inconnaissable*, ou ce qui est la même chose : comme *inconceptualisable* et *incompréhensible*. Ce qui ne veut pas dire qu'elle pose certaines entités dotées de qualités qui doivent nous demeurées à jamais inconnues, mais simplement qu'elle pose quelque chose dont l'unique qualité est précisément d'être inconnaissable ou inconceptualisable : ce qui est ainsi exclu du domaine connaissable est essentiellement ce qui ne fait pas l'objet de la connaissance, ce qui ne peut être saisi au moyen du concept, et par ailleurs rien d'autre. Fichte écrit à ce propos :

> *Sa propre maxime* [celle de la doctrine de la science] *est de n'admettre absolument aucun incompréhensible, et de ne rien laisser incompris ; de même qu'elle consent à ne pas vouloir exister si on lui montre quelque chose qu'elle ne puisse comprendre, puisqu'elle veut ou bien être absolument tout ou bien ne pas être du tout. Même si elle devait concéder, comme je veux l'ajouter tout de suite afin d'éviter tout malentendu, quelque chose d'absolument incompréhensible, elle comprendra cet incompréhensible au moins précisément comme ce qu'il est, en tant qu'absolument incompréhensible et rien de plus ; elle le comprendra donc quand même, et c'est*

d'ailleurs par là précisément qu'elle s'élèvera au comprendre absolu.[146]

Le seul inconnaissable qu'admette la doctrine de la science, donc, est celui dont elle démontre qu'il n'est précisément rien d'autre que l'inconnaissable. Elle montre ainsi que rien n'échappe à la connaissance, pas même l'inconnaissable, dont l'essence est épuisée du moment qu'il est reconnu comme tel. La doctrine de la science, en tant qu'entreprise de délimitation de la connaissance, n'en est donc pas moins pour autant une doctrine du savoir absolu, c'est-à-dire une doctrine épuisant absolument le savoir et épuisant scientifiquement la totalité de la réalité. Comme le propose Isabelle Thomas-Fogiel, il convient d'en finir avec le mythe d'un Fichte déchiré entre la raison et la foi, désireux de limiter l'une pour ménager une place à l'autre.[147] Fichte au contraire cède toute la place à la science. Frederick Copleston a raison de ranger Fichte parmi ces grands penseurs du début du XIXe siècle allemand se caractérisant tout spécialement par la « *superbe confiance* » dont ils témoignent à l'égard du « *pouvoir de la raison humaine*[148] ». Cette précision, je me permets d'y insister, est d'une importance capitale relativement à l'objectif poursuivi par la présente étude. Car elle constitue pour ainsi dire le premier maillon de la chaîne qui permettra d'établir une communication et, éventuellement, je l'espère, une réconciliation entre les deux écoles d'interprétations de la pensée de Fichte, d'une part ; et constitue le premier argument en faveur de l'unité de l'œuvre de Fichte d'autre part. D'après ce qui précède, en effet, on ne doit ni affirmer que Fichte occulte le caractère limité de la connaissance humaine, ni non plus qu'il refuse à l'être humain le savoir absolu (ni même le savoir *de* l'absolu), mais on doit plutôt comprendre que ces deux choses : poser les limites de la connaissance et épuiser la totalité du savoir possible (et par le fait même connaître l'absolu comme absolu, c'est-à-dire comme inconnaissable au sens de la connaissance théorique ou conceptuelle), n'en sont pour Fichte en réalité qu'une seule. De même, on ne saurait parler d'un Fichte d'avant 1798 ou 1800, visant à établir les limites du savoir humain,

---

[146] Fichte, SW, X, p. 104-105/GA, II, 8, p. 32-34 (pages paires) /trad. U, p. 36. Sur ce point, voir aussi Fichte, SW, VII, p. 113/GA, I, 8, p. 282/trad. L, p. 124.
[147] Sur ce point, voir I. Thomas-Fogiel, *Fichte*, p. 31-39. La question de la foi sera abordée plus en détail un peu plus loin dans le texte (chapitre 6).
[148] F. Copleston, *A History of Philosophy*, VII, p. 1.

d'une part, et d'un Fichte d'après 1798 ou 1800 outrepassant les limites de la connaissance qu'il avait lui-même d'abord fixées d'autre part.

Il est un autre point sur lequel il convient de mettre en garde lorsqu'on parle de la dimension essentiellement épistémologique, et plus exactement *critique* de l'entreprise philosophique telle que la comprend Fichte. De même qu'il ne faut pas conclure trop rapidement de l'idée selon laquelle la doctrine de la science viserait à délimiter le pouvoir de la faculté de connaître à l'idée selon laquelle Fichte refuserait à l'homme le savoir absolu et le savoir de l'absolu, de même il convient de ne pas conclure trop rapidement de l'idée selon laquelle la préoccupation essentielle de Fichte serait d'ordre théorique à l'idée selon laquelle la dimension pratique de sa pensée serait secondaire ou, pour ainsi dire, accidentelle. Il me semble d'ailleurs qu'il faut prendre garde, d'une manière générale à ne pas enfermer la doctrine fichtéenne dans des oppositions de ce genre. Fini/infini, théorique/pratique, sujet/objet : ce sont là précisément des oppositions que Fichte vient résoudre.

Ainsi, tout de même qu'il faut donner raison à ceux qui prétendent que Fichte est animé de préoccupations essentiellement épistémologiques ou théoriques, il faut donner raison à ceux qui soutiennent que son intérêt est fondamentalement pratique (moral et politique). Ou plutôt : il faut à tous leur donner tort, dans la mesure où ils croient devoir affirmer l'une des ces deux positions au détriment de l'autre. C'est le cas de Max Wundt, par exemple, qui déclare à ce propos, en parlant de Fichte : « *La simple contemplation de la vérité ne le satisfaisait pas pleinement ; toute l'impétuosité de ses forces était investie dans l'action dirigée vers l'extérieur.*[149] » Wundt ici n'a pas tort d'affirmer la propension de Fichte à l'action, mais il a tort, me semble-t-il, de supposer que cette propension s'oppose chez Fichte à l'intérêt spéculatif ou scientifique. Malheureusement, il sera suivi sur ce point par toute une série de commentateurs, et notamment par Alexis Philonenko et ses nombreux continuateurs, qui vont jusqu'à soutenir que Fichte, lorsqu'il se livre à la spéculation philosophique, le fait contre la spéculation philosophique elle-même, dans le seul et unique but d'en démontrer la vanité, afin de laisser le champs libre à la tendance naturelle de l'homme à s'inscrire dans un rapport

---

[149] M. Wundt, *Johann Gottlieb Fichte*, p. 5.

au monde et à autrui, à s'investir dans l'action de domestication de la nature, ainsi que dans l'action morale et politique, auxquelles la philosophie fait selon eux obstacle. Ce dernier écrit par exemple dans cet esprit :

> *La reconnaissance de la réalité objective du monde humain et de la communication était, en 1794* [c'est-à-dire dans la *Grundlage*], *liée au refus de toute métaphysique et de toute philosophie spéculative. Dans sa première philosophie, Fichte fut conduit, dans sa réflexion sur le problème de l'existence d'autrui, à juger qu'il convenait de donner raison au sens commun contre les philosophes.*[150]

Malheureusement, il m'est impossible, à ce stade de l'examen, de développer un argument convaincant sur ce point. La raison en est qu'une exposition claire de cet argument suppose certaines explications qui n'interviendront que beaucoup plus tard. J'aurai l'occasion de revenir en détail (dans la conclusion) sur la question de l'articulation qui existe entre la spéculation philosophique et l'action pratique. Encore une fois, je me vois donc dans l'obligation d'engager le lecteur à la patience, tout en lui demandant de garder en tête cette question, d'une extrême importance en vue de la compréhension générale du propos de Fichte.

***

Poursuivons notre réflexion et allons encore un peu plus loin dans la détermination des intentions de la doctrine fichtéenne.

D'après ce qui précède, la philosophie en tant qu'elle est accomplie, ou ce qui est la même chose : la doctrine de la science, doit selon Fichte déterminer scientifiquement ce qui fait du savoir un savoir. C'est-à-dire qu'elle doit produire les conditions auxquelles il est possible de considérer quelque chose (une proposition donnée) comme certain, ou mettre en évidence ce qu'on pourrait appeler le critère de la certitude ou de la scientificité en général.

Or comme le suggère Fichte à plusieurs reprises[151], une proposition certaine, si tant est qu'il existe une telle chose – ce qui pour l'instant bien entendu

---

[150] A. Philonenko, *La liberté humaine*, p. 43.
[151] Voir note suivante.

demeure purement problématique – peut être certaine immédiatement ou médiatement, c'est-à-dire qu'elle peut être certaine ou bien en elle-même ou bien parce qu'une ou plusieurs autres propositions sont jugées certaines. Dans le premier cas, la proposition constitue ce qu'on appelle une *absolue évidence*. Qu'une proposition soit immédiatement certaine ou absolument évidente signifie : cette proposition s'impose immédiatement à toute intelligence possible, c'est-à-dire : toute intelligence possible reconnaît immédiatement la validité de cette proposition. Dans le second cas, il s'agit de ce que l'on pourrait appeler une *évidence relative* ou *médiate*, c'est-à-dire d'une proposition dont l'évidence s'impose moyennant l'évidence d'une autre proposition. Autrement dit, une telle proposition, tout comme l'absolue évidence, s'impose à l'intelligence ; non pas immédiatement cependant, mais seulement parce que d'autres propositions se sont d'abord imposées à elle.

Mais toute proposition médiatement certaine est ultimement fondée sur une proposition immédiatement certaine, c'est-à-dire que toute proposition médiatement certaine, ultimement, n'est certaine que parce qu'une autre proposition est immédiatement certaine et absolument évidente. Comme l'écrit Fichte :

> *On ne parvient par la démonstration qu'à une certitude conditionnée et médiate ; d'après une certaine démonstration, quelque chose n'est certain que si quelque chose d'autre est également certain. Un doute surgit-il concernant la certitude accordée à cet autre terme, celle-ci doit être alors rattachée à la certitude d'un troisième terme, et ainsi de suite. Mais ce mouvement de renvoi se poursuivra-t-il à l'infini, ou existe-t-il quelque part un terme ultime ? Je sais que certains soutiennent la première opinion ; ceux-ci toutefois n'ont pas réfléchi au fait que, s'ils avaient raison, ils ne pourraient pas même avoir l'idée de la certitude, ni rechercher la certitude. En effet, ce que cela signifie : être certain, nous ne le savons que parce que nous sommes certains de quelque chose ; mais si rien n'est certain que sous telle ou telle condition, alors il n'est rien de certain, pas même de manière conditionnée. Si toutefois il existe un terme ultime dont on ne puisse demander pourquoi il est certain, alors il existe un indémontrable*

qui se trouve au principe de toute démonstration.[152]

D'où il résulte que toute proposition certaine, quelle qu'elle soit, s'impose comme vraie à toute intelligence possible, c'est-à-dire que toute connaissance possible est nécessairement *donnée* à l'intelligence, soit immédiatement soit médiatement. Toute intelligence possible, par essence, dispose donc de la totalité du savoir, au sens où elle comprend en elle toutes les propositions certaines possibles et en reconnaît nécessairement la validité.

En outre, dans la mesure où un savoir ou une science est possible, comme l'explique Fichte dans l'écrit de 1794 *Sur le concept de doctrine de la science*, il ne saurait y avoir qu'une seule proposition immédiatement certaine ou absolument évidente.[153] En effet, si plusieurs propositions évidentes radicalement différentes – à savoir plusieurs évidences irréductibles – étaient possibles, il s'agirait de propositions radicalement opposées. Par conséquent, elles exprimeraient des pensées inconciliables, de telle sorte qu'il n'y aurait pas de savoir proprement dit. La totalité de la pensée serait contradictoire et s'anéantirait elle-même.[154]

Nous disons donc d'une part : toute proposition médiatement certaine, ultimement, doit être fondée sur une proposition immédiatement certaine ; tandis que nous disons d'autre part qu'une seule proposition absolument évidente est possible. D'où il résulte que l'ensemble de toutes les propositions certaines, la totalité du savoir possible, doit être ultimement fondée sur une seule proposition. Une telle proposition (en allemand : *Satz*), en tant que qu'elle se trouve au fondement (en allemand : *Grund*) de tout savoir ou proposition certaine possible, serait ce qu'il convient d'appeler un *principe* (*Grundsatz*), le principe du savoir ou de la connaissance en général.

Mais la doctrine de la science, d'après ce qui précède, en tant que philosophie accomplie, détermine scientifiquement le critère de la connaissance ou de la certitude en général, c'est-à-dire la raison pour laquelle telle ou telle proposition doit être considérée vraie ou certaine. Par conséquent, elle vise à

---

[152] Fichte, SW, I, p. 508/ GA, I, 4, p. 260/trad. T, p. 305. Sur ce point, voir aussi Fichte, SW, V, p. 180-181, n. */GA, I, 5, p. 350, n. */trad. N, I, p. 201-202, n. 2.
[153] Voir Fichte, SW, I, p. 41-42/GA, I, 2, p. 114/trad. P, p. 32-33.
[154] Sur ce point, voir Fichte, SW, I, p. 53-54/GA, I, 2, p. 124-126/trad. P, p. 43-44.

identifier le principe de tout savoir possible, c'est-à-dire l'unique proposition immédiatement certaine sur laquelle toute autre proposition certaine possible par ailleurs est, d'après ce qui précède, nécessairement fondée. Car cette proposition, en tant qu'elle fonde la possibilité de toutes les propositions certaines possibles par ailleurs, est également la raison pour laquelle celles-ci sont considérées certaines : toute autre proposition certaine est certaine parce que celle-ci est certaine et la validité de cette proposition entraîne directement la validité de toutes les autres. Fichte écrit par exemple à ce propos :

> [Le] (...) *principe de la doctrine de la science et, à travers celle-ci, de toutes les sciences et de tout savoir, n'est donc nullement susceptible de recevoir une preuve, c'est-à-dire qu'il n'est pas nécessaire de le rapporter à une proposition plus élevée qui, de par sa relation avec lui, ferait apparaître sa certitude. Néanmoins, il doit constituer le fondement de toute certitude ; par conséquent, il doit être effectivement certain, et cela en lui-même et de son propre fait, et être certain par lui-même. Toutes les autres propositions seront certaines parce qu'il se laisse démontrer que, d'une certaine façon, elles sont identiques à lui.* [155]

Supposons, à titre d'exemple, que cette proposition immédiatement certaine doive être posée dans la proposition : *je suis*. Cela voudrait dire que cette proposition est posée comme absolument évidente : elle est certaine sans aucune raison, uniquement parce qu'elle est certaine. En tant que telle, elle est absolument *indémontrable*. En effet, si elle pouvait être démontrée, elle ne serait pas immédiatement certaine et ne constituerait pas le principe, mais le principe serait la proposition dernière à partir de laquelle elle aurait été démontrée.[156] Cependant, toute proposition certaine par ailleurs ne serait certaine que parce que cette proposition : *je suis*, est certaine. Autrement dit : il serait posé de la sorte que la raison pour laquelle ces propositions sont considérées certaines est précisément qu'elles sont impliquées par le *je suis*, qu'elles ne peuvent pas *ne pas* être certaines et s'imposer à l'esprit dans la mesure où la proposition *je suis* est certaine et s'impose à l'esprit comme telle.

---

[155] Fichte, SW, I, p. 47-48/GA, I, 2, p. 120/trad. P, p. 38.
[156] Fichte, SW, V, p. 180-181, n. */GA, I, 5, p. 350, n. */trad. N, II, p. 201, n. 2.

Or il existe effectivement toute une série de propositions, ou ce qui est la même chose : toute une série de représentations – une proposition n'est rien d'autre que l'expression *discursive* d'une représentation – qui s'impose à l'esprit humain malgré lui. Cet ensemble de propositions ou de représentations, que Fichte appelle parfois pour cette raison l'ensemble des « *représentations accompagnées du sentiment de nécessité*[157] », constitue ce qu'il convient d'appeler l'*expérience*. Wayne Martin, dans son ouvrage sur Fichte, comprend cette expression de Fichte de la même façon. Il écrit à ce propos : « *Dans la conscience objective, le monde m'apparaît comme le produit d'une contrainte exercée sur mon activité de représentation.*[158] » Au sens où on l'entend ici – et ce point, encore une fois, est très important –, l'expérience comprend donc non seulement les perceptions sensibles, les perceptions des sens externe et interne, mais toutes les représentations ou propositions qui nous apparaissent pour ainsi dire données.[159] Ainsi en est-il de la plupart des propositions fondamentales de l'arithmétique, de la logique et de la géométrie, qui sont admises sans démonstration (*le chemin le plus court entre deux points est la ligne droite ; tout ce qui est est identique à soi-même ($A = A$) ; 2 et 2 font 4* ; etc.). Ces propositions constituant l'expérience au sens large, en tant qu'elles sont posées comme certaines, doivent nécessairement relever d'une proposition immédiatement certaine, et puisqu'il ne peut y avoir qu'une seule proposition de ce genre, d'un unique principe. En d'autres termes, il est nécessaire d'admettre que ces propositions et représentations s'imposent à l'esprit humain en tant qu'intelligence, c'est-à-dire : qu'elles ne sont rien d'autre que l'ensemble du savoir tel qu'il appartient nécessairement, d'après ce qui précède, à toute faculté de connaître possible. Ainsi, s'il est vrai que la doctrine de la science, en tant que philosophie accomplie, détermine scientifiquement

---

[157] Sur ce point, voir par exemple Fichte, SW, I, p. 423/GA, I, 4, p. 186/trad. T, p. 245 ; ou Fichte, SW, I, p. 455/GA, I, 4, p. 211/trad. T, p. 267.
[158] W. M. Martin, *Idealism and Objectivity*, p. 21.
[159] Comme le fait remarquer Jürgen Stolzenberg, Fichte reprend ici la notion d'expérience telle que définie par Reinhold dans ses *Beyträge zur Berichtigung bisheriger Mißverständnisse der Philosophen*. Reinhold, note Stolzenberg, définit en effet en tant que « *faits de l'expérience* » l'ensemble des « *convictions du sens commun* », c'est-à-dire l'ensemble des représentations ou propositions dont on est communément certain. Voir J. Stolzenberg, « Fichtes Satz „Ich bin" », p. 3-4.

le principe du savoir en général, son objet d'après ce qui précède peut être de nouveau formulé de la sorte : *déterminer le fondement de la totalité de l'expérience ou de la conscience empirique.*

Mais que veut dire précisément déterminer le principe du savoir et le fondement de l'expérience ? Comment procéder en vue d'une telle détermination ? Voici ce qu'il en est selon Fichte.

Le principe en question, en tant que proposition immédiatement certaine, fonde la possibilité de toute proposition certaine possible par ailleurs. Par conséquent, si l'expérience ou la conscience empirique, comme nous l'avons admis hypothétiquement, constitue bel et bien l'ensemble du savoir, il suffit, afin d'identifier le principe, de choisir dans la conscience empirique n'importe quelle proposition et de remonter la série des propositions qui la conditionne jusqu'à ce qu'on se heurte à une proposition absolument évidente, c'est-à-dire possible de manière absolument inconditionnée.[160] Une telle proposition ayant été identifiée, il s'agira de démontrer, afin de s'assurer qu'il s'agit bien du seul et unique principe de tout savoir possible, qu'aucune proposition comprise dans la conscience empirique ne lui est opposée. On s'assure de la sorte que toute connaissance possible dépend directement de la proposition identifiée comme principe. Ce deuxième aspect de la démarche est bien entendu le plus complexe et le plus important. Il exige donc quelques explications supplémentaires un peu plus précises.

Supposons que nous ayons accompli la première partie de cette démarche et que nous ayons identifié une proposition absolument évidente ou possible immédiatement. Supposons en outre, pour poursuivre avec le même exemple, que cette proposition immédiatement certaine s'énonce *je suis*. Dans ces conditions, s'assurer qu'il s'agit là du principe reviendrait à démontrer qu'il n'existe dans la conscience empirique aucune proposition radicalement opposée à celle-ci, c'est-à-dire aucune proposition affirmant le contraire de ce qu'elle affirme. Autrement dit, il nous faudrait nous assurer que la conscience empirique ne contient aucune proposition affirmant que quelque chose empêche le moi d'exister ou limite son être, ou ce qui est la même chose : qu'il

---

[160] Sur ce point, voir Fichte, SW, I, p. 91-92/GA, I, 2, p. 255-256/trad. T, p. 17-18. J'aurai l'occasion un peu plus loin (chapitre 5) de revenir en détail sur ce procédé.

existe quelque chose en dehors du moi. Ou s'il s'avérait qu'une telle proposition se trouve effectivement dans la conscience, il nous faudrait démontrer que cette proposition, bien que cela paraisse à première vue impossible, se laisse en fait déduire de la première, ou en d'autres termes qu'elle se laisse comprendre comme lui étant en réalité identique, comme étant comprise en elle.

Or il est facile de prévoir que, dans la mesure où l'on trouve dans la conscience empirique une certaine proposition, la proposition contraire devra elle aussi nécessairement s'y trouver. En effet, comment pourrait-on être conscient de la réalité d'un quelconque A sans être également conscient de la réalité de son contraire ? Car il est bien entendu que A ne peut être saisi ou défini comme A que dans la mesure où il est saisi comme distinct de ou opposé à quelque chose d'autre. Le sucré n'est saisi comme sucré que par opposition au salé, le liquide par opposition au solide, le froid par opposition au chaud, l'unité par opposition à la multiplicité, etc. Comme l'écrit Fichte : « *On ne pense rien de précis, et on ne peut rien penser de précis, sans penser en même temps à son contraire.*[161] » Si donc le moi se pense comme existant absolument et sans restriction, ou ce qui est la même chose : comme comprenant toute réalité, il faut nécessairement qu'il se pense également par ailleurs comme réalité finie, bornée par quelque chose d'extérieur à lui.

Afin d'identifier le principe, la démarche à suivre se trouve ainsi pleinement déterminée. Premièrement : trouver dans la conscience empirique une proposition immédiatement certaine. Deuxièmement : démontrer que la proposition inverse se trouve également dans la conscience empirique. Enfin : découvrir une manière de concilier ces deux propositions apparemment contradictoires de manière à établir la validité d'une troisième proposition affirmant l'identité des deux premières, proposition dont on devrait pouvoir montrer qu'elle se trouve également dans la conscience empirique. Or comme nous le verrons dans les chapitres ultérieurs (essentiellement chapitres 6, 7 et 8), c'est effectivement de cette façon que procède Fichte dans la doctrine de la science, et notamment dans la *Grundlage*, où ce procédé apparaît le plus clairement.

---

[161] Fichte, GA, IV, 3, p. 352/trad. D, p. 100.

En outre, il est à souligner que, puisqu'une seule proposition immédiatement certaine est possible d'une part, et puisqu'il ne peut y avoir qu'une seule proposition qui lui soit opposée d'autre part, la démonstration de l'identité de la proposition immédiatement certaine identifiée et de son opposé serait nécessairement l'équivalent d'une *déduction* systématique du reste de la conscience empirique. En effet, puisqu'une seule proposition opposée à la proposition immédiatement certaine est possible, toutes les autres propositions possibles en dehors des deux premières sont comprises dans la démonstration de leur identité, ou bien sont des expressions de cette identité elle-même. C'est en ce sens qu'il faut comprendre l'affirmation de Fichte selon laquelle la *déduction* est en quelque sorte circulaire, et s'achève au moment où l'on se trouve reconduit, à travers elle, à la proposition dont on était parti. En effet, la déduction, d'après ce qui précède, n'est rien d'autre que la démonstration de l'identité de la proposition évidente dont on part et de la proposition qui lui est opposée. Par conséquent, toute déduction réussie prend fin avec l'affirmation de départ.[162]

* * *

Les considérations développées dans la première partie de ce chapitre sont d'une extrême importance pour la présente étude, parce qu'elles nous permettent de résoudre une apparente contradiction dans l'œuvre de Fichte susceptible d'engendrer beaucoup de malentendus. En effet, d'après ce qui précède, la doctrine de la science doit déduire la totalité du savoir ou de l'expérience possible à partir d'une unique proposition absolument évidente. Cette proposition constitue par conséquent dans l'esprit de Fichte l'inconditionné à partir duquel sera déduit le reste des propositions possibles, qui constituent par conséquent l'ensemble du conditionné reposant sur la première proposi-

---

[162] Sur ce point, voir Fichte, SW, I, p. 59/GA, I, 2, p. 130-131/trad. P, p. 49 : « *Il nous faut un critère positif susceptible de garantir, d'une manière absolue et sans aucune autre condition, que plus rien ne peut être déduit* [d'un principe donné] *; or ce critère ne pourrait être autre chose que le fait que le principe dont nous serions partis soit également l'ultime résultat. Alors il serait clair que nous ne pourrions aller plus loin sans parcourir encore une fois le chemin que nous aurions déjà une fois parcouru.* »

tion, sans laquelle il serait impossible. Cette conception de la déduction est clairement celle qui se trouve exposée dans l'écrit *Sur le concept de doctrine de la science* de 1794, dans lequel on peut lire par exemple ce qui suit :

> *Ce principe de la doctrine de la science et, par l'intermédiaire de celle-ci, de toutes les sciences et de tout savoir, n'est donc nullement susceptible de recevoir une preuve (...). Néanmoins, il doit constituer le fondement de toute certitude ; par conséquent, il doit être vraiment certain, et cela en lui-même et de son propre fait, et être certain par lui-même. (...) Toutes les autres propositions auront seulement une certitude médiate et dérivée d'elle ; il lui faut être immédiatement certaine. Sur elle se fonde tout savoir, et sans elle absolument aucun savoir ne serait possible ; mais elle, elle ne se fonde pas sur un autre savoir : au contraire, elle constitue la proposition du savoir pur et simple.*[163]

Or cette façon de concevoir la déduction paraît entrer en contradiction avec la manière dont Fichte la caractérise quelques années plus tard, à partir de 1797, notamment dans la *Première introduction à la doctrine de la science*, où l'on peut lire ce qui suit :

> *Il* [à savoir l'idéalisme tel que le conçoit Fichte] *procède en ceci de la façon suivante :* il montre que ce qui a été posé en premier lieu comme principe et indiqué immédiatement en la conscience n'est pas possible, sans qu'en même temps quelque chose d'autre ne se produise, et que cette autre chose n'est pas possible, sans qu'en même temps une troisième ne se produise ; et ainsi de suite jusqu'à ce que les conditions du premier terme indiqué soient entièrement épuisées et que celui-ci soit, quant à sa possibilité, totalement concevable. *Sa démarche est ainsi une progression continue du conditionné à la condition. Chaque condition devient à son tour un conditionné, dont il faut rechercher la condition. Si la présupposition de l'idéalisme est juste, et si la déduction a été conve-*

---

[163] Fichte, SW, I, p. 47-48/GA, I, 2, p. 120-121/trad. P, p. 38-39. Pour une définition semblable de la déduction, voir Fichte, SW, I, p. 15/GA, I, 2, p. 55/trad. H, p. 140 : « *Et c'est justement la tâche de la philosophie critique de montrer que nous n'avons nul besoin d'un tel passage, que tout ce qui apparaît dans notre esprit peut être entièrement expliqué et compris à partir de lui-même.* »

> *nablement conduite, on doit trouver, comme résultat final et comme constituant l'ensemble de toutes les conditions de ce qui a été posé en premier lieu, le système de toutes les représentations nécessaires, ou ce qui est la même chose : la totalité de l'expérience ; de là une comparaison finale qui ne s'effectue pas à l'intérieur de la philosophie elle-même, mais qui ne peut être faite qu'une fois celle-ci constituée.*[164]

Fichte ici ne définit plus la déduction de la doctrine de la science comme procédé par lequel la totalité de la conscience empirique ou de l'expérience se trouve dérivé d'un principe évident, mais affirme au contraire que la totalité de l'expérience est reconstruite à titre de condition de possibilité de ce qui se trouve posé en principe. Précisément l'inverse ce qu'il disait en 1794, du moins en apparence. Une définition analogue se trouve d'ailleurs dans les *Annales du ton philosophique*, un article qui date de la même année que la *Première introduction*. Fichte y affirme cette fois-ci :

> (...) *la philosophie a selon moi comme tâche de déduire la totalité de l'expérience en tant que condition de possibilité* sine qua non *de la conscience de soi* (...).[165]

Fichte ici affirme encore une fois que la totalité de l'expérience doit être déduite par la doctrine de la science à titre de condition de possibilité de ce qui est posé en principe (à savoir la conscience de soi, mais nous reviendrons sur ce point un peu plus loin).

Or cette seconde définition de la déduction ouvre la porte à la thèse de Philonenko selon laquelle le fameux premier principe de Fichte, le moi absolu ou la pure conscience de soi, loin de conditionner dans la perspective fichtéenne la possibilité de l'altérité, serait au contraire conditionné par elle. Fichte démontrerait dans la doctrine de la science que tout moi doit nécessairement se penser comme conditionné par la totalité du monde sensible.

Une telle interprétation cependant ne laisse pas d'être problématique, puisqu'elle nous oblige à admettre soit que Fichte, dès 1797, a changé de

---

[164] Fichte, SW, I, p. 445-446/GA, I, 4, p. 204-205/trad. T, p. 261-262.
[165] À ce propos, voir aussi Fichte, SW, II, p. 472/GA, I, 4, p. 305.

système du tout au tout, ce qu'il a toujours nié vigoureusement[166], soit qu'il s'était très mal exprimé en 1794, ce qui paraît difficile à croire, et cela d'autant moins que, comme je crois l'avoir abondamment démontré par ce qui précède, la définition de la déduction proposée en 1794 est consistante avec plusieurs autres affirmations de Fichte concernant des points essentiels. Il en résulte que l'interprétation la plus satisfaisante serait celle qui nous permettrait de comprendre la nouvelle définition de 1797 comme n'étant rien de plus qu'une reformulation de la définition de 1794, ayant malgré les apparences très exactement le même sens que celle-ci. Or les considérations développées dans le présent chapitre, me semble-t-il, nous permettent précisément de conclure à une telle identité des deux définitions en apparence opposées. Voici comment :

La doctrine de la science, d'après ce qui précède, cherche à identifier le principe de tout savoir, c'est-à-dire la proposition absolument évidente fondant la possibilité de l'ensemble des propositions ou représentations de la conscience empirique. Or pour ce faire, elle doit d'abord identifier une proposition absolument certaine se trouvant dans la conscience empirique, puis s'assurer que celle-ci ne contient aucune proposition qui lui soit radicalement opposée. Toujours d'après ce qui précède, cependant, aucune proposition n'est possible si ce n'est relativement à la proposition inverse. Pour toute proposition A se trouvant dans la conscience, la proposition inverse non-A s'y trouve également. Après avoir identifié une proposition A absolument évidente, la doctrine de la science, afin de démontrer que la proposition A constitue bel et bien le principe, devra donc nécessairement s'appliquer à faire ressortir l'identité de A et de non-A. Et parce qu'aucune autre proposition opposée aux deux premières n'est possible, la totalité des propositions possibles par ailleurs ne sera rien d'autre que l'ensemble des propositions nécessaires en vue de cette preuve. Autrement dit, la totalité des propositions comprises dans la conscience empirique, à savoir la totalité de l'expérience possible, peut être déduite à titre de démonstration de l'identité de A et de non-A, ou ce qui est la même chose : à titre de série des conditions à laquelle

---

[166] Sur ce point, voir point C. de la conclusion de la présente thèse, où se trouve abordée en détail la question de l'unité de l'œuvre.

la proposition A pourra être maintenue malgré l'affirmation de la validité de non-A. Par conséquent, lorsque Fichte affirme que la doctrine de la science déduit la totalité de l'expérience à titre de condition de possibilité du X dont l'existence se trouve affirmée par le principe, il ne veut pas dire par là qu'il démontre le caractère éminemment conditionné de l'existence de ce X. Ce qui serait d'ailleurs absurde et totalement contradictoire, puisque *par définition* ce qui est affirmé par le principe est affirmé de manière absolument inconditionnée. Comment pourrait-on sinon affirmer sa réalité en premier lieu ? Mais il veut simplement dire par là que la série des propositions ou des représentations constituant l'expérience a pour unique fonction de rendre possible la réconciliation du premier principe avec le second, qui en apparence le contredit immédiatement. Le premier principe est donc possible de manière absolument inconditionnée, *mais le maintien du premier principe, suite à la position du second*, qui vient le contredire, est conditionné par l'ensemble des autres propositions constituant l'expérience. Cela n'empêche pas cependant de considérer, en dernière analyse, le premier principe comme conditionnant aussi l'ensemble des propositions ou représentations de l'expérience, puisqu'aucune de ces propositions n'aurait bien entendu de certitude si le premier principe n'était d'abord posé à titre d'évidence.

***

Ainsi, la dotrine de la science a pour objet d'identifier le principe du savoir en général, c'est-à-dire la proposition ou la représentation immédiatement certaine conditionnant la possibilité de toute proposition ou représentation possible par ailleurs.

C'est aussi pourquoi la doctrine de la science, précisément en tant qu'elle vise la simple identification du principe du savoir en général, peut être également pensée en tant que projet *encyclopédique* au sens littéral : à travers elle, le philosophe est amené à parcourir *tout le cycle du savoir*. En effet, puisque le principe est précisément cette proposition conditionnant la possibilité de toutes les autres propositions possibles, son identification passe nécessairement par la démonstration de ceci qu'elle fonde effectivement la totalité de ces propositions, à savoir par une *déduction* de celles-ci à partir de celle-là.

D'aucuns considéreront peut-être un tel projet comme le fait d'un esprit furieux, ayant perdu tout sens de la mesure. Libre à eux. Que Fichte ait eu la prétention de produire une telle doctrine absolument englobante, c'est néanmoins ce qui ne saurait être nié. En effet, il présente explicitement la doctrine de la science à plusieurs reprises comme épuisant le savoir dans son ensemble. Voici ce qu'il écrit par exemple à ce propos dans l'écrit *Sur le concept de doctrine de la science* en 1794 :

> *La doctrine de la science est elle-même une science, et ce qu'elle doit accomplir dans cette optique a été déterminé plus haut. Mais en tant qu'elle est simple science, c'est-à-dire en tant qu'il s'agit d'un savoir au sens formel du terme, elle est science de quelque chose ; elle a un objet et il est clair d'après ce qui précède que cet objet n'est autre que le système du savoir humain en général.*[167]

> *Elle* [la doctrine de la science] *prétend épuiser le savoir humain (...).*[168]

Fichte réitérera d'ailleurs cette affirmation jusqu'à la toute fin de sa carrière, comme le prouve cet extrait de la *Wissenschaftslehre* de 1813 : « *La tâche de la doctrine de la science (...), avons-nous dit, est d'épuiser le savoir dans son ensemble.*[169] »

Fichte il est vrai, dans l'écrit *Sur le concept*, admet qu'il pourrait bien exister selon lui d'autres sciences en dehors de la philosophie, sciences auxquelles la philosophie ne ferait que fournir le principe à partir duquel elles procéderaient de manière autonome, ce qui laisse supposer, contrairement à ce qu'il affirme par ailleurs comme on l'a vu, que la doctrine de la science pourrait ne pas épuiser totalement le savoir possible.[170] Se pose alors la question de savoir comment comprendre cette position paradoxale.

Pour y répondre, il faut avant tout se souvenir de ce qui a été expliqué un peu plus haut, à savoir que, si la doctrine de la science déduit *a priori* la totalité du savoir, il s'agit ici du savoir en un sens bien précis, comme ensemble des propositions qui s'imposent nécessairement à toute intelligence possible, c'est-à-dire comme ensemble de toutes les propositions que l'intelligence,

---

[167] Fichte, SW, I, p. 56-57/GA, I, 2, p. 128-129/trad. P, p. 47.
[168] Fichte, SW, I, p. 57, n. */GA, I, 2, p. 129, n. X/trad. P, p. 47, n. V.
[169] Fichte, SW, X, p. 4.
[170] Voir Fichte, SW, I, p. 56/GA, I, 2, p. 127-128/trad. P, p. 46.

du simple fait d'être une intelligence, comprend en elle. En d'autres termes, il s'agit de toutes les propositions ou représentations qui sont présentes à notre esprit que nous le voulions ou non, sans qu'il ait été nécessaire que nous fassions pour cela quoi que ce soit. Ce sont ces propositions qu'il appellera un peu plus tard, dans les *Introductions à la doctrine de la science* de 1797, l'ensemble des propositions ou des représentations accompagnées du sentiment de nécessité. Par conséquent, sont exclues du savoir proprement dit, au sens où l'entend Fichte, l'ensemble des propositions ou représentations qu'il est possible de produire ou auxquelles il est possible de conclure librement *à partir* des propositions constituant le savoir, c'est-à-dire à partir des représentations accompagnées du sentiment de nécessité. Ce sont là des produits de la liberté qui, comme le dit Fichte, sont en nous précisément parce que nous les avons librement produites, et ces propositions en tant que telles ne font pas l'objet de la doctrine de la science.[171] Parmi les produits de la liberté comptent bien entendu, comme Fichte prend la peine de le spécifier[172], les productions fantaisistes engendrées par l'imagination à partir des représentations de l'expérience, comme les licornes, les chimères et autres animaux merveilleux. Mais il faut aussi compter parmi les représentations librement engendrées les notions scientifiques susceptibles d'être conclues à partir des représentations accompagnées du sentiment de nécessité. Par exemple, la doctrine de la science déduira la réalité de la lumière naturelle, l'existence du soleil, de la lune et des étoiles, parce que leurs représentations s'accompagnent en nous du sentiment de nécessité : il ne dépend pas de nous que nous nous représentions le ciel étoilé de nuit et dominé par le soleil de jour. Cependant, la représentation héliocentriste du monde, l'idée selon laquelle la terre gravite autour du soleil, ne fait pas partie des représentations déduites par la doctrine de la science, parce que cette représentation ne nous est d'aucune manière donnée, elle n'est d'aucune manière nécessaire, mais elle est au contraire librement conclue à partir de l'observation attentive de l'expérience constituée par l'ensemble des représentations nécessaires. Et c'est ce qui explique pourquoi Fichte affirme que des sciences sont sans doute possibles indépen-

---

[171] Fichte, SW, I, p. 422-423/GA, I, 4, p. 186/trad. T, p. 245.
[172] *Ibid.*

damment de la doctrine de la science. L'astronomie est possible comme science autonome, parce que la doctrine de la science ne fait que déduire *a priori* pour ainsi dire la carte du ciel, mais non pas ce qu'il est possible de conclure moyennant la libre observation attentive de cette carte. De même, la géométrie est possible comme science autonome, parce que la doctrine de la science déduit *a priori* l'espace et le point, qui sont les éléments à partir desquels on pourra librement conclure aux lois de la construction des figures.[173] La logique, pour donner un dernier exemple, est possible comme science autonome parce que la doctrine de la science déduit *a priori* les règles élémentaires à partir desquelles la logique pourra librement conclure à l'ensemble des lois plus complexes de la logique.[174] Bref, la doctrine de la science déduit la totalité du domaine de la nécessité, sur lequel peut s'exercer la liberté. C'est donc en ce sens restreint – et en ce sens seulement – que la doctrine de la science peut et doit être qualifiée d'*encyclopédique*.

En outre, il faut prendre garde à ne pas confondre l'entreprise encyclopédique de Fichte avec celle de l'esprit éclectique du touche-à-tout qui, considérant toute chose digne de son attention, ne sait où donner de la tête et, procédant sans aucune méthode, se laisse absorber tantôt par les religions, tantôt par l'art, tantôt par la physique, et ainsi de suite. En effet, Fichte ne connaît pas de mots assez durs pour parler des entreprises de ce genre. Dans ses leçons concernant *Le caractère de l'époque actuelle*, par exemple, il n'hésite pas à caractériser cette manière de procéder en science comme propre à une époque sans vigueur, incapable de s'intéresser véritablement à quoi que ce soit de précis et, pour cette raison, incapable d'aller au fond des choses. Il écrit :

> *Et – comme nous parlons ici en particulier de la science de cette époque – elle ne sera, à l'égard des objets, puissamment attirée par aucun, et n'en pénètrera puissamment aucun ; mais elle fera un rapport superficiel, un jour sur tel objet, un jour sur tel autre, suivant ce que lui conseille l'humeur du moment ou quelque autre passion, et n'en disséquera aucun,*

---

[173] Voir Fichte, SW, I, p. 64/GA, I, 2, p. 135/trad. P, p. 53.
[174] Fichte, j'aurai l'occasion de revenir sur ce point, explique par exemple au §1 de la *Grundlage* que la doctrine de la science démontre le principe d'identité ou de non-contradiction A = A. Voir Fichte, SW, I, p. 98-99/GA, I, 2, p. 261 /trad. T, p. 22.

pour en découvrir le cœur. À l'égard de ses opinions sur ces objets, elle sera tantôt entraînée vers l'une, tantôt vers l'autre, par le penchant aveugle de l'association d'idées, ne restant égale à elle-même que dans cette universelle superficialité et versatilité, et dans l'adoption du principe fondamental selon lequel la vraie sagesse consiste précisément à tout prendre à la légère.[175]

Dans son écrit polémique sur Friedrich Nicolai, Fichte va jusqu'à affirmer que cette manière de faire conduit tout droit à la ruine de l'esprit, telle qu'elle s'exprime par exemple, comme il entend le démontrer, chez l'insupportable écrivain et littérateur en question. Il écrit :

En effet, je ne crains pas d'admettre que, depuis que je connais le monde qui m'entoure et que j'ai une opinion propre, rien ne m'est apparu si détestable et si méprisable que cette misérable façon de faire de la science, selon laquelle on accumule des faits et des opinions de toutes sortes à mesure qu'ils nous tombent entre les mains, sans aucune cohérence et sans aucun but en dehors de celui de les accumuler et de bavarder ici et là à leur sujet ; (...) cette insipide pseudo-science et cette imposture que l'on appelle éclectisme, qui jadis étaient pratiquement universels et qui se rencontrent encore de nos jours très fréquemment. (...) L'exemple le plus accompli d'une telle ruine et perversion de d'esprit, à notre époque, a toujours été pour moi, depuis que je le connais – c'est-à-dire depuis la querelle de Mendelssohn et de Jacobi –, Friedrich Nicolai.[176]

Il importe donc ici d'être attentif à la différence qui existe entre l'esprit éclectique de l'encyclopédiste au sens historique du terme, et celui du philosophe tel que le conçoit Fichte. Leur différence réside essentiellement dans la différence des intérêts qui les animent respectivement. Le premier s'intéresse à tout, il s'intéresse à la multitude des choses *dans sa diversité même* ; les différences culturelles, historiques, géographiques, démographiques, religieuses, toute cette variété le fascine, constitue à ses yeux comme une inépuisable richesse. Il voudrait avoir lu tous les livres, entendu toutes les com-

---

[175] Fichte, SW, VII, p. 73/GA, I, 8, p. 249/trad. L, p. 84-85.
[176] Fichte, SW, VIII, p. 5-6/GA, I, 7, p. 370-371.

positions musicales, vu toutes les œuvres d'art et parcouru toutes les mers et tous les territoires. Il voudrait parler toutes les langues, jouer de tous les instruments, pratiquer tous les sports et tous les jeux, avoir ressenti toutes les émotions, etc. Bref, l'encyclopédiste par essence est quelqu'un qui se disperse, il est tourné vers le particulier. Ce qu'il recherche avec conscience n'est pas tant la connaissance que l'expérience. Ou plutôt : la connaissance n'est à ses yeux rien d'autre que l'expérience. C'est pourquoi rien selon lui n'est jamais certain, car l'expérience ne nous apprend rien de l'avenir : qui sait si ce qui jusqu'à maintenant s'est présenté dans l'expérience avec régularité sous une certaine forme ne se présentera pas demain sous une forme tout autre ? Aussi l'expérience ne fournit-elle jamais qu'un savoir provisoire, qui comme l'écrit Fichte n'est pas le seul savoir possible : « *Ce qui s'est révélé vrai* jusqu'à maintenant (*das bisherige wahre*), *c'est-à-dire ce que l'être humain s'imagine savoir, n'est pas le savoir humain en général.*[177] » Un autre savoir est possible, auquel aspire le philosophe : le savoir du savoir, conçu comme conscience de l'unité de la conscience ou de l'expérience en tant que fondée sur un unique principe, savoir qui pour sa part est définitif (l'unité de la représentation empirique une fois saisie, elle ne peut plus nous échapper). Aussi l'expérience, qui à elle seule ne procure aucun savoir définitif, ne l'intéresse-t-elle en elle-même de prime abord pas le moins du monde. Mais celle-ci l'intéresse indirectement, dans la mesure où il s'agit pour le philosophe de découvrir le principe du savoir et, avec lui, le fondement et l'unité de la conscience empirique. Comme l'écrit Fichte :

> *L'essence de la philosophie consisterait en ceci : ramener tout le divers (qui effectivement s'impose à nous du point de vue ordinaire de la vie) à l'unité absolue. Je l'ai exprimé en peu de mots ; et il importe seulement de considérer cela non platement mais énergiquement, et comme devant être valable le plus sérieusement du monde. Tout le divers – tout ce qui peut faire l'objet d'une distinction, qui a son contraire et son corrélat, absolument sans exception.*[178]

Or cette différence d'intérêt qui existe entre l'encyclopédiste et le philo-

---

[177] Fichte, SW, I, p. 57/GA, I, 2, p. 129/trad. P, p. 47.
[178] Fichte, SW, X, p. 93/GA, II, 8, p. 8/trad. U, p. 23.

sophe induit également une différence dans leurs méthodes respectives, dans leur manière de progresser dans l'acquisition de la connaissance. Le premier à vrai dire n'a pas vraiment de méthode. Il se détermine indifféremment en faveur de tel ou tel objet d'investigation, selon son humeur, ses inclinations, ses intérêts, l'envie du moment ou selon les opportunités qui se présentent à lui. En l'absence de mobile décisif, il déterminera son objet tout à fait arbitrairement, procédant par exemple selon l'*ordre alphabétique*. Car l'intérêt encyclopédiste, qui ne porte pas spécialement sur un objet particulier, mais sur l'expérimentation en général, est par essence indéterminé. L'encyclopédiste ne sait pas vraiment par où commencer. Sur ce point, bien entendu, Fichte, faisant allusion à l'*Encyclopédie* de d'Alembert et Diderot, adresse une critique à la science de son époque, pénétrée de l'esprit (ou de son point de vue : de l'absence d'esprit) des *Lumières*, qui ne sut selon lui jamais rien produire qu'une pensée caractérisée par la mollesse et l'absence de force qui se manifeste jusque dans le mode d'exposition choisi :

> *La même médiocrité et la même faiblesse se manifesteront enfin dans la communication, qu'elle soit écrite ou orale. Un tout organique, dont toutes les parties partent d'un seul point central pour ensuite ramener à lui, n'apparaîtra jamais dans les productions de cette époque ; celles-ci ressembleront au contraire à une poignée de sable qu'on aurait lancée en l'air, à l'intérieur de laquelle chaque grain forme précisément un tout pour lui-même, et dont tous les grains ne sont maintenus ensemble que par du vent. Une trouvaille magistrale pour la présentation des connaissances, à une telle époque, serait d'en venir à exposer les sciences selon l'ordre alphabétique.*[179]

Le philosophe au contraire, étant donné son but, procède nécessairement selon une méthode très précise. D'après ce qui précède, en effet, il prétend démontrer que l'unique proposition évidente se trouvant dans la conscience, disons la proposition *A est*, se laisse concilier avec l'unique proposition qui lui est opposée, la proposition *non-A est*. Pour ce faire, il devra comprendre comment A et non-A (c'est-à-dire une chose et son contraire) peuvent coexister

---

[179] Fichte, SW, VII, p. 73/GA, I, 8, p. 249/trad. L, p. 85.

comme opposés tout en étant identiques. Or puisque poser la coexistence de deux entités opposées revient à les penser comme comprenant chacun une partie de la réalité totale, il s'ensuit qu'ils ne pourront être pensés comme identiques sinon moyennant une série infinie de synthèses. En effet, penser A et non-A comme identiques revient à penser A comme comprenant toute réalité. Par conséquent, si une réalité doit être attribuée à non-A, toute synthèse de A et de non-A ne fera que diviser la réalité attribuée à non-A lors de la synthèse précédente, de sorte qu'une infinité de synthèses sera nécessaire afin d'en arriver à l'objectif fixé : penser l'identité absolue de A et de non-A. Bien entendu, la doctrine de la science n'entend pas produire cette infinité de synthèses, ce qui est impossible, mais simplement faire apercevoir la nécessité de cette synthèse infinie et, du même coup, la nécessité d'admettre l'identité de A et de non-A.[180]

C'est ce qui explique le fait que Fichte, lorsqu'il affirme que la doctrine de la science déduit le savoir dans son ensemble à partir du principe, prend

---

[180] Le A et le non-A en question étant définis respectivement comme moi et non-moi, on obtient l'explication fournie par Fichte dans le passage suivant : « *Le problème véritable, le problème suprême qui comprend en lui tous les autres problèmes, est le suivant : comment le moi peut-il agir sur le non-moi, ou comment le non-moi peut-il agir immédiatement sur le moi, puisqu'ils doivent être absolument opposés l'un à l'autre ? On introduit entre ces deux termes un quelconque X, sur lequel ils agissent l'un et l'autre, et par le biais duquel ils agissent aussi par conséquent, médiatement, l'un sur l'autre. Mais on découvre bientôt qu'il doit y avoir en cet X un point quelconque en lequel moi et non-moi se rencontre immédiatement. Afin d'éviter cela on introduit entre eux et à la place de la limite nette un nouveau moyen-terme = Y. Mais là encore il se révèle bientôt qu'en celui-ci également, tout comme en X, doit se trouver un point en lequel les deux opposés coïncident. Ceci pourrait se poursuivre indéfiniment, si par un décret absolu de la raison, que le philosophe n'effectue pas, mais qu'il se contente d'indiquer, ce nœud n'était non pas dénoué, mais tranché – et cela selon le raisonnement suivant : puisque le non-moi ne peut être en aucun cas synthétisé avec le moi, il ne doit (soll) pas y avoir de non-moi.* » (Fichte, SW, I, p. 143-144/GA, I, 2, p. 300-301/trad. T, p. 53-54) Il est important, comme on le verra dans la suite du texte, de ne pas interpréter ici le *soll* à la manière de Philonenko, comme signifiant que l'unification des deux contraires est simplement idéale. Mais *justement* parce que nous savons que leur coexistence ne peut s'expliquer que moyennant une infinité de synthèses, nous savons aussi que A et non-A sont nécessairement identiques, puisqu'il n'existe aucun point à partir duquel non-A devrait être considéré comme indivisible, et donc comme ayant une réalité radicale ou absolue. Le *soll* vient simplement exprimer ici qu'il n'y a pas de démonstration de cela, mais qu'on doit tout simplement comprendre qu'il en est ainsi. – La suite du texte permettra de clarifier cette idée.

parfois la peine de préciser qu'elle n'entend pas toutefois déduire le savoir dans ses moindres détails, mais simplement quant à ses traits essentiels ou fondamentaux. Voici ce qu'il écrit par exemple à ce propos dans le *Rapport clair comme le jour* en 1801 :

> *La doctrine de la science, disais-je, épuise tout le savoir humain quant à ses traits fondamentaux ; elle le subdivise, et différencie ces traits fondamentaux. Ainsi, l'objet de toute science possible est compris en elle.*[181]

La raison de cette précision apparaît clairement à la lumière de ce qui précède : la doctrine de la science ne déduit pas la totalité du savoir dans le détail, parce qu'il s'agit simplement pour elle de montrer que la totalité de l'expérience se laisse ramener au processus infini par lequel non-A se trouve progressivement pensé comme étant = A. Lorsque Fichte affirme que la doctrine de la science déduit la totalité du savoir humain quant à ses traits essentiels uniquement, il ne faut pas en conclure qu'il est selon Fichte impossible de déduire *a priori* le divers particulier. Le particulier, théoriquement, peut être déduit dans sa totalité selon Fichte. Simplement, il ne peut l'être entièrement que moyennant un effort infini. Si la doctrine de la science n'entreprend pas de produire le particulier dans son entièreté, ce n'est donc pas parce qu'elle ne peut pas le faire, mais simplement parce qu'elle n'a pas besoin de le faire afin de démontrer ce qu'elle cherche à démontrer, à savoir qu'il est nécessaire d'admettre l'identité de A et de non-A.

J'aurai l'occasion de revenir sur la démarche suivie par Fichte dans la doctrine de la science. Pour l'instant, je souhaite simplement attirer l'attention du lecteur sur la *forme* de cette démarche. La doctrine de la science part d'une proposition évidente = A. Du même coup, une deuxième proposition évidente = non-A se trouve également identifiée, puisqu'il s'agit simplement de la proposition contraire. D'après ce qui précède, en effet, si une proposition est possible, la proposition contraire l'est également. Nous avons donc une proposition A, en elle-même évidente ; puis sur la base de cette proposition A, la nécessité d'une proposition non-A se trouve déduite. Enfin, la nécessité de ces deux propositions, puisqu'elles sont contradictoires, implique la néces-

---

[181] Fichte, SW, II, p. 407/GA, I, 7, p. 256/trad. H, p. 88.

sité d'une troisième proposition fondant la possibilité de leur unification. Et de ces trois propositions résulte comme nous l'avons vu la nécessité de toute une série d'autres propositions, qui seront déduites les unes des autres de la même manière que la troisième aura été déduite des deux premières. Ainsi, la philosophie telle que la conçoit Fichte, bien qu'elle doive revêtir en un certain sens un caractère encyclopédique, ne procédera pas de manière désordonnée, entreprenant de démontrer tantôt que tel fait de conscience choisi arbitrairement est possible en vertu du principe posé, tantôt que tel autre fait de conscience, sans rapport direct avec le premier, est également possible sur la même base, et ainsi de suite jusqu'à ce qu'il ait parcouru la conscience empirique dans son ensemble. L'arbitre au contraire ne jouera aucun rôle dans la démarche suivie, mais elle procédera plutôt à ce qu'il convient d'appeler la *déduction systématique* du contenu de la conscience empirique, qui n'autorise aucun saut et permet de s'assurer qu'aucune proposition contenue dans la conscience empirique ne soit négligée. En effet en tant que les diverses propositions ou représentations de la conscience empirique sont reliées selon une telle articulation, ils sont mis en rapport les unes avec les autres selon ce qu'il convient d'appeler la *forme systématique* et deviennent ce qui s'appelle un *système*. Comme l'explique Fichte :

> *En dehors de la proposition dont la certitude précède la liaison, une science peut encore contenir plusieurs propositions qui ne sont reconnues comme certaines que par leur liaison avec la première, et cela de la même manière et au même degré que celle-ci. La liaison consiste, comme on vient de le rappeler, en ce qu'il est montré que, si la proposition A est certaine, la proposition B doit l'être aussi – et que si celle-ci est certaine, la proposition C doit elle aussi être certaine, etc. ; et cette liaison est ce que l'on appelle la forme systématique du tout, qui naît des parties individuelles.*[182]

Par suite, on pourrait reformuler de nouveau la tâche de la doctrine de la science de la manière suivante : établir *le système* de la conscience empirique, ou ce qui est la même chose : *le système* des représentations composant l'expérience ou des représentations accompagnées du sentiment de nécessité. C'est

---

[182] Fichte, SW, I, p. 42/GA, I, 2, p. 115/trad. P, p. 33.

la raison pour laquelle Fichte définit la tâche de la doctrine de la science non seulement comme identification du fondement des représentations accompagnées du sentiment de nécessité, mais plus précisément comme identification du fondement du « *système des représentations accompagnées du sentiment de nécessité*[183] ». Car la doctrine de la science, en tant qu'elle vise l'identification du principe de tout savoir possible, cherche nécessairement à lier les représentations de l'expérience selon la forme systématique.

En outre, en tant qu'elles s'articulent de la sorte selon la forme systématique, les propositions certaines forment ce qu'il convient d'appeler selon Fichte *une science*. Aussi Fichte explique-t-il, dans son écrit *Sur le concept de doctrine de la science*, que la tâche de la philosophie ou de ce qu'il se propose d'appeler *doctrine de la science* n'est rien d'autre que de répondre à la question de savoir si la science en général est possible, ce qui n'est qu'une autre façon de dire que le philosophe cherche à savoir s'il y a ou non unité de la pensée ou de la représentation (de la conscience empirique) dans son ensemble, ou encore : si la totalité de la conscience empirique se laisse déduire d'une unique proposition en elle-même absolument évidente. Dans les termes de Fichte : le philosophe cherche à savoir si et comment la science est possible, c'est-à-dire qu'il cherche à savoir si et comment il est possible de parvenir à la conscience de l'unité de la représentation. Il écrit à ce propos :

> *Ce que le principe doit posséder lui-même et communiquer à toutes les autres propositions qui se présentent dans la science, je le nomme le* contenu intrinsèque *du principe et de la science en général; la manière dont il doit le communiquer aux autres propositions, je la nomme la* forme *de la science. La question posée est par conséquent celle-ci : comment le contenu et la forme d'une science en général sont-ils possibles, c'est-à-dire comment la science elle-même est-elle possible ?*
> *La discipline qui répondrait à cette question serait elle-même une science*, et plus précisément la science de la science en général.[184]

Ainsi, il est également possible de définir la tâche de la doctrine de la

---

[183] Voir par exemple Fichte, SW, I, p. 423/GA, I, 4, p. 186/trad. T, p. 245 ; et Fichte, SW, I, p. 455/GA, I, 4, p. 211/trad. T, p. 267.
[184] Fichte, SW, I, p. 43/GA, I, 2, p. 117/trad. P, p. 35.

science ou de la philosophie telle que la conçoit Fichte comme *réalisation de la science en général* au sens susdit. La doctrine de la science est donc une *Wissenschaftslehre*, et cela en un second sens (en un sens différent de celui qui a été déterminé plus haut – chapitre 2) : à savoir en ce sens qu'elle est une *production* de la science au sens susdit ; elle est une production de l'unité systématique de la conscience empirique. Ce qui résulte concrètement de la compréhension de la doctrine de la science sera donc cette aperception de l'unité systématique du savoir ou de la conscience. Fichte écrit par exemple à ce propos :

> – *En un mot, ce système réalise dans l'homme tout entier l'*unité *et la* cohérence *qui font défaut en tant de systèmes.*[185]
>
> *C'est à ce stade que la doctrine de la science se saisit du problème posé à l'humanité par cette découverte kantienne. Elle montra quelle était la voie de la science en son unité, elle savait avec certitude et comptait pour cette raison sur le fait que ses différentes branches se déduiraient d'elles-mêmes de cette unité et pourraient être caractérisées à partir d'elle.*[186]

À cette définition de la doctrine de la science comme entreprise de production de l'unité systématique du savoir ou de la conscience empirique moyennant la détermination du principe de la connaissance au sens susdit, Fichte accorde une place centrale dans son œuvre. C'est cette définition, par exemple, qui apparaît au tout début du §1 de la *Grundlage*. Fichte écrit : « *Nous devons* découvrir *le principe absolument premier, entièrement inconditionné de toute connaissance humaine.*[187] » Plus loin dans le même texte, Fichte caractérise encore la doctrine de la science comme « *science qui remonte jusqu'aux fondements ultimes de la connaissance*[188] ».

Dans la correspondance, d'ailleurs, Fichte met beaucoup d'emphase sur cet aspect du projet philosophique tel qu'il le conçoit. Celle-ci nous présente dès 1793 un Fichte convaincu que l'accomplissement de la philosophie passe

---

[185] Fichte, SW, I, p. 295/GA, I, 2, p. 424/trad. T, p. 156.
[186] Fichte, SW, VIII, p. 362/GA, II, 10, p. 22/trad. R, p. 142. Sur ce point, voir aussi Fichte, SW, X, p. 93/GA, II, 8, p. 8/trad. U, p. 23.
[187] Fichte, SW, I, p. 91/ GA, I, 2, p. 255/trad. T, p. 17.
[188] Fichte, SW, I, p. 284/GA, I, 2, p. 415/trad. T, p. 148.

par la découverte du principe du savoir en général. Voici ce qu'il écrit par exemple à ce propos, dès l'automne 1793, dans le brouillon de la lettre à J. F. Flatt déjà cité :

> *J'en suis maintenant persuadé : la philosophie est destinée à devenir aussi évidente que la géométrie ; cependant, elle ne peut devenir science sans être développée à partir d'un unique principe ; un tel principe existe, mais ce dernier reste à établir : je crois l'avoir découvert et, aussi loin que j'aie poussé jusqu'à maintenant mes recherches, je trouvé qu'il se vérifiait.*[189]

Puis, en décembre 1793, Fichte déclare encore à ce propos dans une lettre à Stephani :

> *Il* [le système de Fichte] *devait être reconstruit. C'est ce que je fais avec dévouement depuis six semaines environ. Réjouissez-vous avec moi des fruits de la récolte : j'ai découvert un nouveau fondement sur la base duquel la philosophie dans son ensemble se laisse développer très facilement.*[190]

Un peu plus loin dans la même lettre, il reproche d'ailleurs précisément à Kant de ne pas être remonté jusqu'aux principes premiers de la philosophie. Il écrit :

> *Kant, d'une manière général, a la bonne philosophie ; mais seulement en ce qui concerne les résultats, non en ce qui concerne les fondements. Ce penseur exceptionnel m'apparaît sans cesse plus extraordinaire ; je pense qu'il doit avoir un génie qui lui révèle la vérité, mais sans lui montrer quels en sont les fondements !*[191]

Dans le brouillon – daté du 15 Janvier 1794 – d'une lettre destinée à F. V. Reinhard, c'est toujours le même souci de produire une philosophie reposant tout entière sur un fondement unique qui se trouve exprimé :

> *J'ai effectivement déjà construit la structure d'ensemble* [du système] *sur la base de mon principe, et j'ai découvert la transition vers la*

---

[189] Fichte, GA, III, 2, p. 18.
[190] *Ibid.*, p. 28.
[191] *Ibid.*

philosophie pratique.[192]

La version définitive et effectivement envoyée de cette lettre du 15 janvier 1794 à Reinhard conserve d'ailleurs cette idée :

> *La philosophie, contrairement à la géométrie et les mathématiques, ne peut pas, d'une manière générale,* construire *ses concepts dans l'*intuition *(...) mais elle peut et elle doit les* déduire *– au moyen de la* pensée *– à partir d'un principe que tout un chacun puisse accorder.*[193]

Incidemment, la correspondance sur ce point est admirablement confirmée par le témoignage de Steffens, qui rapporte le récit de Fichte concernant la manière dont l'idée d'une doctrine de la science s'était imposée à son esprit :

> *Je me rappelle comment Fichte, dans un petit cercle d'intimes, nous raconta comment sa philosophie était née (...). Longtemps avait trotté dans sa tête l'idée que la vérité consistait dans l'unité de la pensée et de l'objet (...). Soudain, il lui vint à l'esprit que l'acte par lequel la conscience de soi se saisit elle-même et se maintient présente était manifestement un acte de connaissance. Le moi se connaît comme un produit de sa propre action. Le moi qui pense et le moi qui est pensé, l'acte de connaître et l'objet de ce connaître sont un ; tout le connaître part de cette unité centrale et nullement d'une considération fragmentaire qui postulerait, à titre de données, le temps, l'espace et les catégories. Si tu parvenais, se demanda alors Fichte, à isoler en lui-même, dans toute sa pureté, cet acte premier de la connaissance de soi supposé dans toute pensée et dans toute action humaines, caché dans les opinions et les gestes épars, et si tu le suivais dans toutes ses conséquences, le même degré de certitude que possèdent les mathématiques ne devrait-il pas se laisser découvrir et se trouver présenté en cet acte premier, en tant que vivant, actif et créateur ? Cette idée s'empara de lui avec une telle clarté, une telle force et une telle évidence, qu'il fut en quelque sorte contraint, par la puissance de l'esprit en lui, à essayer d'édifier la philosophie en prenant le moi, le sujet,*

---

[192] *Ibid.*, p. 38.
[193] *Ibid.*, p. 40.

pour principe. Ainsi naquit le projet d'une doctrine de la science et cette doctrine elle-même.[194]

Sur ce point, on peut encore en appeler également au témoignage de Baggesen, qui fut l'un des premiers auxquels Fichte exposa oralement ses idées philosophiques. Dès 1793, les rapports que fait Baggesen de ses conversations avec Fichte font sans cesse allusion à l'importance philosophique du premier principe découvert par Fichte. « *Nous discutâmes du premier principe*[195] » : les lettres et le journal personnel de Baggesen contiennent toute une série d'affirmations de ce genre.[196]

À cet égard, il est également remarquable que Fichte pose tout le mérite de Reinhold, pour lequel, comme il l'affirme à plusieurs reprises, il avait le plus profond respect[197], dans son idée maîtresse, selon laquelle la philosophie comme science devait partir d'un principe unique et qu'elle ne serait rien que pur tâtonnement tant qu'elle n'aurait pas découvert ce principe. C'est d'ailleurs surtout pour cette découverte, prédit-il, que la tradition philosophique reconnaîtra éternellement l'importance de son œuvre :

Et, après Kant, Reinhold s'acquit le mérite immortel d'avoir attirer l'attention de la raison philosophante (...) sur le fait que la philosophie tout entière devait être ramenée à un principe unique et qu'on ne découvrirait pas le système des modes d'action éternels de l'esprit avant d'en avoir découvert la clé de voûte.[198]

Nous disons donc : la philosophie, du moins telle que la conçoit Fichte, n'est rien d'autre que l'entreprise visant à montrer que la totalité du savoir, ou ce qui est la même chose : la totalité de l'expérience ou de la conscience empirique, se laisse déduire systématiquement à partir d'un unique principe.

---

[194] E. Fuchs (éd.), FG, I, p. 63-64/trad. W, I, p. 376-377.
[195] *Ibid.*, p. 71.
[196] Voir par exemple *ibid.*, p. 59, 65, 67-8, 71.
[197] À ce propos, voir par exemple la lettre de Baggesen à Reinhold datée du 8 juin 1793, in *ibid.*, p. 59 : « *De son côté, il* [Fichte] *m'avoua qu'il te* [Reinhold] *devait tout ce qu'il était ou deviendrait jamais en tant que philosophe, qu'il t'admirait ineffablement et que, eu égard aux points sur lesquels sa pensée divergeait de la tienne, il s'éloignait également de celle de Kant.* »
[198] Fichte, SW, I, p. 20/GA, I, 2, p. 62/trad. H, p. 144.

Ainsi, accéder à la connaissance ou à la vérité proprement philosophique, accéder au savoir auquel aspire le philosophe, ce n'est pas accéder à une représentation de la réalité différente de la représentation de la réalité dont dispose l'homme ordinaire, mais c'est simplement accéder à l'aperception ou à la conscience de l'unité de cette représentation de la réalité. L'homme du commun pose la totalité de la réalité dans l'*expérience*, dans ce qui se présente à la conscience empirique, et en cela, comme l'admet Fichte, il a raison. Fichte écrit par exemple à ce propos :

> *L'être raisonnable fini ne dispose de rien en dehors de l'expérience ; celle-ci comprend toute la matière de sa pensée. Le philosophe est nécessairement dans les mêmes conditions.*[199]

> *Seul l'objet de l'expérience est, et rien n'est en dehors de l'expérience.*[200]

Ce qui est d'ailleurs la raison pour laquelle Fichte affirme également que son système, la doctrine de la science, contrairement à beaucoup de systèmes concurrents, loin d'être l'ennemie du sens commun et de la pensée ordinaire, est bien plutôt leur alliée et la seule qui puisse réconcilier la philosophie avec eux. Comme il l'écrit :

> *Ainsi, à travers cette seconde partie du système* [la partie concernant le fondement de la philosophie pratique], *l'entendement commun, auquel toute philosophie prékantienne fait injure, et qui, à la lumière de notre système théorique, semble devoir se brouiller avec la philosophie sans le moindre espoir de réconciliation, se trouve parfaitement réconcilié avec celle-ci.*[201]

Alexis Philonenko, ainsi que les nombreux commentateurs qui l'ont suivi sur cette voie, ont donc raison, du moins en un certains sens, d'affirmer que la doctrine de la science ne fait rien d'autre que de justifier ou de légitimer le point de vue de la conscience commune. Comme l'écrit Philonenko :

---

[199] Fichte, SW, I, p. 425/GA, I, 4, p. 188/trad. T, p. 247.
[200] Fichte, SW, V, p. 260/GA, I, 6, p. 46/trad. K, p. 95.
[201] Fichte, SW, I, p. 122/GA, I, 2, p. 282/trad. T, p. 38. À ce propos, voir également Fichte, SW, II, p. 332-333/GA, I, 7, p. 192-193/trad. H, p. 23-24.

> [La philosophie de Fichte] *ne tend qu'à légitimer la vie empirique de l'homme dans le temps. Fichte a très clairement affirmé que tout le travail de la réflexion philosophique se résumait à une seule tâche : justifier la* doxa.[202]

Philonenko cite d'ailleurs lui-même à ce propos un autre passage où Fichte s'exprime effectivement sur ce point avec toute la clarté voulue :

> *Tout le vice de la philosophie et de toute la métaphysique que rejette Kant vient de ce que l'on refuse de croire en l'expérience et qu'on cherche encore quelque chose derrière elle. Le résultat d'une philosophie scientifique est qu'il n'y a rien de plus derrière l'expérience et que ce qui advient à travers l'expérience est notre perception elle-même. Ainsi, il n'y a point d'autre vérité que celle de la conscience commune et la philosophie le reconnaît.*[203]

Le philosophe, au sens propre du terme, comme le déclare Fichte à quelques reprises, ne peut pas et ne prétend pas non plus accéder, au moyen de je ne sais quelles démonstrations, à une réalité insoupçonnée par l'homme ordinaire, mais son but est précisément de comprendre au contraire comment la représentation ordinaire de la réalité se soutient d'elle-même. Comme l'écrit Fichte :

> *La philosophie ne peut qu'expliquer des faits ; en aucun cas elle ne peut en produire, excepté celui de se produire elle-même comme fait. De même qu'il ne viendra pas à l'esprit du philosophe de persuader les hommes qu'ils devront à l'avenir appréhender les objets comme il se doit, en tant que matière dans l'espace, et leurs transformations comme se succédant dans le temps, de même il ne se laissera pas aller à vouloir les convaincre qu'ils croient effectivement en une divine Providence. Car ces deux choses se produisent sans son intervention ; il les pose au préalable comme des faits ; et lui, le philosophe, est là uniquement pour déduire ces faits de la*

---

[202] A. Philonenko, *La liberté humaine*, p. 42.
[203] Fichte, GA, IV, 1, p. 194/trad. X, p. 42-43. Sur ce point, voir aussi Fichte, GA, III, 2, p. 392 : « (...) la complète réconciliation de la philosophie avec le bon sens promise par la doctrine de la science. »

démarche nécessaire de l'esprit de tout être intelligent.[204]

C'est là ce que tend également à confirmer le rapport et la distinction établis par Fichte entre ses écrits proprement scientifiques, qui comprennent non seulement les diverses expositions de la doctrine de la science, mais encore les différentes expositions des sciences particulières fondées sur celle-ci, telles que la doctrine du droit ou la doctrine de l'éthique, et ce qu'il appelle lui-même ses « *écrits populaires* », parmi lesquels comptent par exemple les *Conférences sur la destination du savant*, le *Rapport clair comme le jour*, *Le caractère de l'époque actuelle* ou l'*Initiation à la vie bienheureuse*. Comme Fichte l'explique à quelques reprises, et notamment dans les séries de leçons sur le caractère de l'époque actuelle et la vie bienheureuse, le discours populaire ne fait qu'exposer et recommander au sens naturel de la vérité ce dont le discours scientifique doit produire la preuve rigoureuse. En quoi cette preuve rigoureuse doit-elle consister selon Fichte? En ceci que l'on écarte progressivement comme erronées et impossibles chacune des manières de penser susceptibles d'être envisagées jusqu'à ce que subsiste un seul mode de pensée possible, qui doive en conséquence être admis à titre de vérité. Autrement dit, cette preuve rigoureuse doit se borner à être plus négative que positive. Fichte écrit à ce propos :

> *L'exposé* scientifique *en effet dégage la vérité de l'erreur qui lui est opposée sous tous ses aspects et dans toutes ses déterminations, et, en détruisant comme erronées et impossibles selon une pensée correcte les opinions qui s'y opposent, montre la vérité comme subsistant seule une fois celles-ci enlevées, et par conséquent comme la seule correcte possible : et c'est en cette élimination de ce qui s'oppose à la vérité et cette épuration de la vérité tirée du chaos confus où vérité et erreur sont confondues que consiste la caractéristique propre de l'exposé scientifique.*[205]

L'exposé populaire au contraire fait l'économie de ce procédé négatif, en ce qu'il expose directement la vérité, sans l'opposer à l'erreur. Or la possibilité de ce second procédé repose sur le fait qu'il existe en l'homme un sens natu-

---

[204] Fichte, SW, V, p. 178/GA, I, 5, p. 348/trad. N, II, p. 200.
[205] Fichte, SW, V, p. 422/GA, I, 9, p. 71/trad. V, p. 121-122.

rel du vrai, auquel chacun peut se rapporter. C'est d'ailleurs à ce sens naturel du vrai que le philosophe doit lui-même se rapporter afin de découvrir la vérité qu'il aura ensuite à démontrer scientifiquement. Autrement dit, tout être humain possède naturellement la vérité et, s'il est honnête avec lui-même, s'il est attentif à lui-même et se demande sincèrement ce qu'il pense effectivement, la reconnaît spontanément. Ainsi, la vérité, ou ce qui est la même chose : la juste représentation de la réalité, en tant que nous sommes des êtres raisonnables, nous est *donnée*. Le philosophe ne fait que légitimer et faire apercevoir la nécessité de cette vérité. Fichte écrit :

> *Ce type d'exposé* [l'exposé de type scientifique] *laisse la vérité s'engendrer elle-même et surgir sous nos yeux d'un monde plein d'erreur. Or il est manifeste que le philosophe, avant de se livrer à cette démonstration, ne serait-ce que pour pouvoir l'esquisser et la commencer, et par conséquent indépendamment de sa démonstration artificielle, doit déjà avoir la vérité et la posséder. Mais comment pourrait-il entrer en sa possession, si ce n'est sous la conduite du sens naturel du vrai ; lequel ressort chez lui simplement avec plus de force que chez le reste de ses contemporains ; dès lors, par quelle voie parvient-il à elle tout d'abord si ce n'est par la voie simple et commune ? Or c'est à ce sens naturel du vrai qui, tel qu'il apparaît à la lumière de ce qui précède, constitue le point de départ de la philosophie scientifique elle-même, que s'adresse directement l'exposé de vulgarisation, sans recourir à quoi que ce soit d'autre ; exprimant purement et simplement la vérité, et rien que la vérité, telle qu'elle est en soi, nullement telle qu'elle est vis-à-vis de l'erreur ; et c'est sur le libre assentiment de ce sens naturel du vrai qu'il compte.*[206]

Je n'ai cité sur ce point que le texte des leçons sur la vie bienheureuse, mais Fichte, dans ses leçons sur *Le caractère de l'époque actuelle*, exprime un point de vue semblable, d'ailleurs excellemment résumé et expliqué par Ives Radrizzani dans la préface à la traduction française qu'il a donnée de ce texte.[207]

En résumé, donc, il est possible d'affirmer que la philosophie telle que

---

[206] Fichte, SW, V, p. 422/GA, I, 9, p. 71-72/trad. V, p. 122.
[207] Voir I. Radrizzani, « Préface », *in* Fichte, *Le caractère de l'époque actuelle*, p. 11-12.

la conçoit Fichte vise à révéler la conscience empirique à elle-même comme savoir. Si l'on en croit Fichte, il apparaît, à l'issue de la doctrine de la science, que la conscience empirique *est savoir*, ou ce qui est la même chose : qu'elle est la représentation adéquate de la réalité. Cependant, l'homme ordinaire ne le réalise pas clairement (il peut toujours douter de l'expérience), parce qu'il ne se rend pas compte que la conscience empirique est ordonnée selon la forme systématique, c'est-à-dire qu'il n'a pas conscience du fait que sa pensée s'enracine tout entière dans une proposition unique se soutenant pour sa part d'elle-même. À cet égard, la tâche de la philosophie serait de donc de démontrer que la totalité de la conscience empirique se laisse effectivement déduire systématiquement à partir d'une unique proposition elle-même possible de manière absolument inconditionnée.

Chapitre 5

Le principe de la connaissance

D'après ce qui précède, la doctrine de la science vise à déterminer ce qui fait que le savoir est un savoir, l'unique proposition immédiatement certaine sur laquelle est fondé tout savoir possible par ailleurs. Tout ce que nous tenons pour réel ou vrai, à savoir : la totalité de ce qu'on appelle l'*expérience*, ne doit être tenu pour réel et vrai que parce que ce qui est exprimé dans cette proposition est reconnu comme immédiatement certain ou, ce qui est la même chose : comme absolument évident. Une telle proposition immédiatement certaine serait le *principe* du savoir en général et le fondement de toute expérience possible.

Qu'une proposition soit immédiatement certaine, je le rappelle, signifie que ce qui est pensé dans cette proposition s'impose *immédiatement* à toute intelligence possible. Par conséquent, l'intelligence, dans la pensée d'une telle proposition, est absolument autonome, elle ne dépend d'aucun objet extérieur à elle. Or toute proposition doit avoir forme et contenu, c'est-à-dire que, pour qu'il ait proposition, quelque chose doit être connu de quelque chose. Par conséquent, l'intelligence est nécessairement, dans l'acte de penser cette proposition absolument évidente, son propre objet. L'acte de l'intelligence par lequel cette proposition est engendrée est donc *un acte de réflexion* : dans cet acte, l'intelligence comme activité de connaître est à la fois ce qui pense et ce qui est pensé, à la fois ce qui connaît et ce qui est connu. Dans cet acte, il est pensé : une activité de connaître est en train d'avoir lieu dont l'objet est précisément l'activité de connaître elle-même.

Et puisque la pensée, dans cette activité, ne dépend d'aucun objet extérieur à elle, elle a lieu, dans la mesure où elle a lieu, du seul fait de la pensée elle-même, c'est-à-dire qu'elle a lieu de manière absolument *spontanée*. En d'autres termes, dans la mesure où elle a lieu, cette activité a lieu uniquement parce qu'elle a lieu. Comme l'écrit Fichte : « *La réflexion, la où elle a lieu, est absolue, puisqu'elle a lieu sans raison.*[208] » Une proposition immédiatement certaine, donc, si tant est qu'il existe quelque chose de tel, constitue nécessairement l'expression, selon le propre vocabulaire de Fichte, de la pure « *spontanéité*[209] » de l'intelligence ou du penser.[210]

D'où il résulte que le savoir, dans la mesure où il a lieu, s'enracine nécessairement dans une telle activité réflexive. L'action de connaître, par essence, pour autant qu'il y ait quelque chose de tel (ce qui pour l'instant demeure problématique), est activité réfléchissante, action de faire retour sur soi, ou comme l'appelle parfois Fichte : « *réflexivité (Reflexibilität)*[211] », et par ailleurs rien d'autre. C'est là une vérité nécessairement posée, d'après ce qui précède, par tout philosophe tel que le conçoit Fichte.

Ainsi, pour être tout à fait précis, il est possible d'affirmer que le savoir en général consiste non seulement dans un *agir*, mais dans un agir ayant cette particularité de s'objectiver lui-même et, par là, d'acquérir pour soi-même le statut de *fait*. Il s'agit, pour avoir recours au néologisme forgé par Fichte lui-même, non pas d'une simple action, mais d'un *fait-action*, ou d'une *action-fait* ; en allemand : d'une *Tathandlung* (de *Tat*[212] : *fait*, et de *Handlung* : *action*), à savoir d'une activité qui se produit elle-même comme fait pour elle-même, « *qui ne présuppose aucun objet, mais qui produit l'objet, et en laquelle l'agir devient immédiatement fait.*[213] » Dans cet acte, le savoir se

---

[208] Fichte, SW, X, p. 489/GA, II, 13, p. 177/trad. B, p. 205.

[209] Sur ce point, voir par exemple Fichte, SW, I, p. 221/GA, I, 2, p. 364/trad. T, p. 104.

[210] Remarque importante : la spontanéité ne doit pas être pensée ici par opposition à la nécessité, car l'intelligence réfléchit *nécessairement* sur elle-même. Mais la spontanéité se dit de l'activité de l'intelligence en tant qu'elle a lieu de manière inconditionnée. L'intelligence est donc absolument libre, mais en ce sens précis qu'elle ne dépend pas d'autre chose qu'elle-même, et non en ce sens qu'elle pourrait agir autrement qu'elle ne le fait.

[211] Fichte, SW, X, p. 489/GA, II, 13, p. 177/trad. B, p. 206.

[212] Certes, l'allemand *Tat* signifie habituellement *acte* ou *action*, mais il peut aussi signifier *fait*, comme c'est le cas dans l'expression allemande *in der Tat* : en effet. Or dans l'expression *Tathandlung*, il signifie l'acte en tant que résultat de l'agir, en tant que *ce qui est fait* à travers l'agir. C'est ce que suggère Fichte, dans la mesure où le néologisme *Tathandlung*, pour tout germanophone, évoque immédiatement l'allemand *Tatsache* : *fait-chose*, c'est-à-dire *fait inerte, dépourvu de mouvement*, par opposition auquel il doit donc être compris.

[213] Fichte, SW, I, p. 468/GA, I, 4, p. 221/trad. T, p. 275-276. Cet extrait exprime clairement,

réfléchit en lui-même et devient pour lui-même une réalité, une donnée, bref : un *fait*. Il faut toutefois prendre garde de ne pas concevoir ce fait comme une réalité fixe, comme une chose morte et sans mouvement, car le fait dont il est pris acte ici est précisément qu'une action se déroule. L'*action* de connaître est par essence un *fait* pour elle-même, cela cependant précisément *en tant qu'action*.

Ainsi, la tâche de la doctrine de la science pourrait être une nouvelle fois reformulée, d'après les explications qui viennent d'être fournies, de la manière suivante : déterminer le principe de toute connaissance possible, à savoir l'unique proposition immédiatement certaine exprimant l'activité réflexive, la Tathandlung, qui fonde la conscience empirique. Or c'est précisément ce que dit Fichte au tout début du §1 de la *Grundlage* (1794-95), où l'on peut lire ceci :

> *Nous devons* découvrir *le principe absolument premier, entièrement inconditionné de toute connaissance humaine.* (...)
> *Il doit exprimer cette* Thathandlung *qui* (...) *se trouve au fondement de toute conscience et seul la rend possible.*[214]

En outre, une telle activité réflexive, dont le sujet et l'objet sont le même, que Fichte appelle encore parfois pour cette raison la « *subject-objectivité*[215] », n'est rien d'autre que ce qu'il convient d'appeler à proprement parler un *moi*, rien d'autre que ce qui possède le caractère de la *moïté* ou de l'*égoïté* (*Ichheit*[216]), un autre néologisme forgé par Fichte. Ce rapport entre l'activité réfléchissante, la subject-objectivité et la moïté se trouve clairement établi par Fichte, par exemple, dans le passage suivant : « *L'égoïté (l'activité se réfléchissant en elle-même, la subject-objectivité, ou comme on voudra)* (...). »[217]

---

me semble-t-il, l'opposition que cherche à marquer Fichte entre *Handlung* et *Tat* dans l'expression *Tathandlung*. Il confirme ainsi la nécessité de traduire le *Tat* de *Tathandlung* par *fait*, et non par *acte*. Dans la réflexion, explique Fichte, l'action (*Handlung*) devient *Tat* : il ne peut vouloir dire par là que l'action devient action. Par suite, une opposition se trouve ici marquée, ce qui signifie que *Tat* doit être traduit par *fait*.

[214] Fichte, SW, I, p. 91/GA, I, 2, p. 255/trad. T, p. 17.
[215] Sur ce point, voir par exemple Fichte, SW, I, p. 502/GA, I, 4, p. 255/trad. T, p. 300.
[216] Fichte, SW, I, p. 502/GA, I, 4, p. 255/trad. T, p. 300.
[217] *Ibid.*

À la question de savoir ce que je suis moi-même en tant que moi, il me faut répondre : je suis précisément ce qui est au moment où ce qui connaît est identique à ce qui est connu et devient pour lui-même un *fait*, ou ce qui est la même chose : je suis identité du sujet et de l'objet de la connaissance, à la fois ce qui connaît et ce qui est connu, ou mieux : action de connaître précisément ceci qu'une action de connaître est en train d'avoir lieu. Comme l'écrit Fichte : « *Qui suis-je ? Sujet et objet en un ; cette omniprésente identité de ce qui a conscience et de ce dont on a conscience, de l'intuitionnant et l'intuitionné, du pensant et du pensé.*[218] » Le moi n'est pas simplement le *sujet* de la pensée, comme Fichte prend la peine de le spécifier, mais *sujet-objet*.[219] Je suis, en tant que simple *moi*, à la fois ce qui voit et ce qui est vu ; non pas simplement un voir, comme le dira Fichte à quelques reprises, mais « *un voir du voir, un voir se réfléchissant en lui-même*[220] », un « *se-voir-soi-même*[221] ». Fichte écrit encore à ce propos : « [Le] *moi* [est] *ainsi le produit du se-voir du voir* (...).[222] » Et encore une fois, il faut prendre garde à ne pas réifier ce dont il s'agit ici. Lorsque Fichte parle de l'activité réflexive du moi, il ne veut pas dire par là que le moi serait une chose ou un objet préexistant à l'acte de réflexion par lequel il devient pour lui-même. Le moi de Fichte, précise ce dernier, n'est pas une *res cogitans*, une chose qui pense, mais il est l'acte de la réflexivité lui-même et n'existe absolument pas en dehors de cet acte.[223] Comme

---

[218] Fichte, SW, II, p. 250/GA, I, 6, p. 254/trad. I, p. 153. On retrouve cette définition du moi comme subject-objectivité dans la totalité de l'œuvre de Fichte à partir de 1794. Voir par exemple Fichte, SW, I, 98, n. */GA, I, 2, p. 261, n. */trad. T, p. 22, n. 4 ; Fichte, SW, II, p. 441-442/GA, I, 3, p. 253 ; et Fichte, SW, IV, p. 84/GA, I, 5, p. 89/trad. O, p. 84.
[219] Voir Fichte, SW, I, p. 529/GA, I, 4, p. 277/trad. G, p. 177. Sur ce point, voir aussi Fichte, SW, I, p. 489/GA, I, 4, p. 242/trad. T, p. 291 : « (...) *car je ne suis originairement ni le réfléchissant, ni le réfléchi, et aucun de ces deux termes n'est déterminé par l'autre, mais je suis* l'un et l'autre dans leur unification (...) ».
[220] Fichte, SW, IX, p. 504.
[221] Voir par exemple *ibid.*, p. 64.
[222] *Ibid.*, p. 85. Sur ce point, voir également Fichte, SW, IX, p. 228/GA, II, 14, p. 277 ; Fichte, SW, IX, p. 94 ; Fichte, SW, IX, p. 233/GA, II, 14, p. 280 ; et Fichte, SW, IX, p. 85.
[223] Fichte reproche à Descartes d'avoir caractériser le moi, qui est selon lui pure spiritualité, comme *res cogitans*. Ce reproche est injuste, cependant, car s'il est vrai que l'expression *res cogitans* porte à confusion en suggérant que le moi serait avant tout une chose opposée à l'esprit, dont la pensée ne serait pour ainsi dire qu'un simple attribut accidentel, ce n'est pas

l'écrit Fichte :

> *On affirme que le moi se réfléchit en lui-même. Mais le moi ne doit-il pas déjà exister pour soi avant cet acte de réflexion ; ne doit-il pas déjà être présent pour lui-même pour pouvoir faire de lui-même le but de son propre acte ; et s'il en est ainsi, votre philosophie ne présuppose-t-elle point ce qu'elle doit expliquer ?*
> *Je réponds : absolument pas. Ce n'est qu'au moyen de cet acte, et exclusivement par lui, par un agir portant lui-même sur un agir, lequel agir déterminé n'est précédé par aucun autre agir, que le moi devient* originairement *pour soi*.[224]

Nous disons donc : le principe absolument inconditionné de la totalité de la conscience empirique et de l'ensemble de l'expérience, s'il doit y avoir quelque chose de tel – ce qui encore une fois reste à démontrer – ne saurait être que l'activité de la pensée faisant retour sur soi, se saisissant elle-même comme étant à la fois ce qui pense et ce qui est pensé et, moyennant cette activité réfléchissante, prenant conscience d'elle-même et devenant pour elle-même = moi. C'est en ce sens que le philosophe peut, comme Fichte, poser dans la conscience de soi l'expression de la rationalité. Le moi, selon l'expression de Fichte, est le représentant du savoir, c'est-à-dire qu'il en est la manifestation première : « *Le moi est le représentant universel de cette manifestation du savoir en tant que tel.*[225] » L'activité rationnelle n'est rien d'autre que la pensée en tant qu'elle agit sur elle-même et constitue à la fois le sujet et l'objet de l'action, bref : être rationnel, c'est réfléchir et c'est être un moi. Ce lien entre la rationalité, la réflexivité et la moïté se trouve aussi très clairement établi par Fichte dans la première phrase de la *Doctrine du droit naturel* de 1796-97 :

> *Le caractère de la rationalité consiste en ceci que ce qui agit et ce qui fait l'objet de l'action sont un et même ; et par cette description la raison en*

---

ainsi que l'entend Descartes, qui pose clairement le moi comme pure pensée par opposition à tout objet matériel.
[224] Fichte, SW, I, p. 458-459/GA, I, 4, p. 213/trad. T, p. 269. Voir aussi la suite du même texte : Fichte, SW, I, p. 459-461/GA, I, 4, p. 214-215/trad. T, p. 269-271.
[225] Fichte, SW, X, p. 325/GA, II, 13, p. 50/trad. B, p. 42.

tant que telle est circonscrite de façon exhaustive. – L'usage a déposé ce concept sublime, pour ceux qui sont capables de le concevoir, c'est-à-dire pour ceux qui sont en mesure de s'abstraire de leur propre moi [c'est-à-dire de leur moi individuel], *dans le mot :* moi ; *c'est pourquoi la raison en général a été caractérisée en tant qu'égoïté.* (...) *le moi lui-même n'est rien d'autre qu'un agir sur soi-même.*[226]

Le moi, en tant qu'activité réflexive, et la raison comme activité de connaître, comme savoir, sont une seule et même chose : « *Le moi, donc,* (...) *est la simple position du savoir formel en général* qu'*il y a un savoir, et rien de plus.*[227] »

Ainsi, il apparaît, à ce stade de notre investigation, que l'unique proposition immédiatement certaine possible, en tant qu'expression de la *Tathandlung* qui peut seule constituer le fondement du savoir ou de la conscience empirique, doit nécessairement s'énoncer, tout simplement : *moi*. La pensée exprimée par ce simple mot de *moi* est celle de l'identité du sujet et de l'objet de la pensée ou de la connaissance. *Je* ne suis, en tant que simple *moi*, rien d'autre que cette identité. Je suis donc, en tant que *moi*, cette activité de la pensée faisant retour sur soi, cette activité de la pensée ne dépendant d'aucun objet extérieur à elle et, en ce sens, libre et spontanée, ou ce qui est encore la même chose : incorruptible et éternelle ; en un mot : absolue. Ainsi, ce mot de *moi* est l'équivalent de la proposition : *je suis absolument*, c'est-à-dire : *je suis* tout court. Car affirmer : *je suis*, sans ajouter quoi que ce soit qui vienne limiter la réalité du *je* ainsi posée, c'est poser l'absoluité de ce *je*. Enfin, l'activité réflexive de la pensée, en tant que réalité absolue, est absolument incommensurable. Il n'est rien d'extérieur à elle, rien qui lui soit opposé, à quoi elle puisse être comparée. Par conséquent, elle est pure *identité à soi*. Je suis donc, en tant que moi, pure identité à moi-même, de telle sorte que ce mot de *moi*, de nouveau, est équivalent à la proposition *je suis je* ou *moi = moi (je suis moi)*.

D'où il résulte que nous devons poser, à tout le moins à titre hypothétique, que le principe recherché n'est nul autre que la proposition *je suis* ou *je*

---

[226] Fichte, SW, III, p. 1/GA, I, 3, p. 313/trad. Q, p. 17.
[227] Fichte, SW, II, p. 137/GA, II, 6, p. 297/trad. N, I, p. 167. Sur ce point, voir également Fichte, SW, II, p. 123-124/GA, II, 6, p. 283/trad. N, I, p. 155-156 ; Fichte, SW, II, p. 19/GA, II, 6, p. 149/trad. N, I, p. 46 ; et Fichte, SW, II, p. 148/GA, II, 6, p. 312/trad. N, I, p. 179.

suis moi au sens susdit. À cet égard, il appartient à la doctrine de la science de démontrer : tout d'abord que la proposition *je suis*, au sens susdit, se trouve nécessairement dans la conscience empirique ; et ensuite, moyennant la déduction du système des représentations de l'expérience à partir de cette proposition, qu'elle fonde effectivement la possibilité de la conscience empirique tout entière.

Chapitre 6

La réalité effective du moi absolu

D'après ce qui précède, le philosophe tel que le conçoit Fichte a pour objectif de démontrer que le *moi*, la proposition *je suis* ou *je suis je*, constitue le principe de tout savoir possible et de la conscience empirique dans son ensemble : il démontrerait de la sorte que c'est parce que l'intelligence se saisit d'abord elle-même immédiatement comme réalité absolue que cette même intelligence est certaine de tout ce dont elle est certaine par ailleurs, ou qu'elle pose comme réel ou vrai tout ce qu'elle pose par ailleurs comme réel ou vrai. Afin de vérifier cette hypothèse, le philosophe devra tout d'abord choisir une proposition quelconque, comprise dans la conscience empirique, c'est-à-dire une proposition réputée certaine, pour montrer que la proposition qui en conditionne ultimement la possibilité n'est nulle autre que le *je suis*. En suite de quoi il n'aura plus qu'à démontrer que tout ce qui est certain par ailleurs, à savoir l'ensemble des propositions de la conscience empirique, est réputé certain uniquement parce que ce qui est affirmé dans cette proposition est certain, c'est-à-dire uniquement parce qu'il est certain que l'intelligence fait retour sur soi et se saisit immédiatement elle-même comme absolue ou identique à elle-même.

Le présent chapitre concerne la première partie de cette démonstration. Dans l'explication de ce point, je m'appuierai surtout sur le §1 de la *Grundlage der gesammten Wissenschaftslehre*, parce que c'est surtout cette version de la doctrine de la science que, pour les raisons invoquées en introduction, la présente étude vise à rendre compréhensible.

***

Nous partons de l'hypothèse selon laquelle la conscience empirique ou l'expérience tout entière serait fondée sur une unique proposition immédiatement certaine. Une telle proposition serait le principe du savoir et de la conscience empirique en général. D'après l'argument développé, ce principe devrait constituer l'expression d'une *Tathandlung*, c'est-à-dire de l'activité réflexive de la pensée, et s'énoncer *je suis* ou *je suis je*. Il s'agit de vérifier cette hypothèse.

Pour autant qu'il y ait quelque chose de tel que cette proposition immédiatement certaine, il est absolument impossible de penser quelque chose comme certain sans penser en même temps cette proposition. En effet, cette proposition doit constituer le critère de toute certitude possible, tout ce qui est certain doit être certain uniquement *parce que* cette proposition est certaine. Par suite, toute proposition certaine possible par ailleurs n'est certaine que parce qu'elle est pour ainsi dire accompagnée de cette proposition. Si, par exemple, cette proposition immédiatement certaine s'énonce *je suis je* – comme c'est nécessairement le cas d'après les conclusions auxquelles nous sommes parvenus –, alors aucune proposition possible par ailleurs n'est jugée certaine si ce n'est à la lumière de ce critère : c'est parce que j'ai conscience d'être identique à moi-même en la pensée de telle proposition X que cette proposition X est pour moi certaine. Toute proposition certaine, à savoir toute proposition comprise dans la conscience empirique, s'accompagne donc nécessairement de la pensée de l'identité du moi avec lui-même. C'est ce qui fait dire à Fichte :

> *Dans l'exposition de cette* Thathandlung, *il faut moins craindre de ne pas penser ce que l'on doit penser – la nature de notre esprit y a déjà veillé – que de penser ce que l'on ne doit pas penser.*[228]

Prenons n'importe quelle proposition de la conscience empirique. Si notre hypothèse de départ est juste, c'est-à-dire : s'il est vrai que le *je suis* soit le principe du savoir, nous trouverons que la seule chose qui soit *absolument* évidente en elle, c'est-à-dire la seule chose qui en elle soit *immédiatement* certaine, est le principe recherché : la proposition *je suis*.

Dès lors, il suffit, afin de découvrir ce principe, de prendre n'importe quel

---

[228] Fichte, SW, I, p. 91/GA, I, 2, p. 255/trad. T, p. 17.

fait de conscience, quel qu'il soit, c'est-à-dire n'importe quelle proposition effectivement contenue dans la conscience empirique, et de s'interroger quant à ce qui est véritablement (c'est-à-dire inconditionnellement) certain en elle. Afin de produire un argument convaincant pour tous, Fichte doit partir d'une proposition que chacun accordera, c'est-à-dire d'une proposition que chacun admet trouver dans sa conscience. Autrement dit, il s'agit tout d'abord de choisir une proposition *considérée* vraie ou évidente, pour ensuite faire abstraction de tout ce qui n'est pas immédiatement certain en elle et découvrir le véritable principe du savoir. Fichte écrit à ce propos :

> *De là la nécessité d'une* réflexion *sur tout ce que l'on pourrait peut-être de prime abord confondre avec ce principe, et d'une* abstraction *de tout de ce qui ne lui appartient pas effectivement.*[229]

La proposition dont Fichte part dans la *Grundlage* – il s'agit comme on le sait de la proposition d'identité logique A = A – n'est donc pas *le* principe, elle n'est pas *la* proposition immédiatement évidente. Mais elle n'est qu'une proposition communément admise *comme* évidente : elle est une des propositions « *que l'on pourrait peut-être de prime abord confondre avec le principe* ». En fait, il s'agit simplement d'une proposition que chacun reconnaît comme certaine, comme il y en a d'ailleurs plus d'une. Fichte n'était donc pas obligé de partir de la proposition A = A ; il aurait pu, comme point de départ, choisir une autre proposition (*le chemin le plus court entre deux points est la ligne droite*, 2 + 2 = 4, ou toute autre proposition du même genre). Comme il l'écrit :

> *Nous devons, suivant la voie de la réflexion qui nous est instituée, partir d'une proposition quelconque, que chacun nous accordera sans la moindre difficulté. Il doit sans doute y avoir plusieurs propositions de ce type. La réflexion est libre ; et peu importe son point de départ.*[230]

Pourquoi alors avoir choisi cette proposition plutôt qu'une autre ? Réponse de Fichte : tout simplement parce que, de cette proposition au principe recherché, le chemin est le plus court : « *Nous choisissons celui à partir duquel*

---
[229] *Ibid.*
[230] Fichte, SW, I, p. 92/GA, I, 2, p. 256/trad. T, p. 17-18.

le chemin qui conduit à notre but est le plus court.[231] » En effet, tel qu'établi par ce qui précède, s'il existe un principe du savoir en général, il est affirmation de l'identité de la pensée et s'énonce ou peut s'énoncer *je suis je*. Or en tant qu'affirmation de l'identité de la pensée, il est également position de sa réalité absolue. Ainsi, d'un point de vue formel, c'est-à-dire : abstraction faite de tout contenu, il pourrait donc s'énoncer comme suit : *tout ce qui existe, tout A possible, est nécessairement identique à lui-même*, ou ce qui est la même chose : A = A. Par conséquent, la proposition d'identité logique A = A n'est rien d'autre que la forme de l'unique proposition immédiatement certaine possible, ce qui en fait également la proposition la plus rapprochée du principe et la plus évidente après lui.

* * *

Passons maintenant à l'explication de l'argument d'après lequel doit être démontré que la pensée de l'identité du moi est bien la proposition immédiatement certaine se trouvant au fondement de la proposition choisie : la proposition d'identité logique A = A.

Soit donc cette proposition A = A. Il s'agit d'une proposition accordée par chacun, c'est-à-dire que chacun admet que cette proposition est absolument certaine.

Chacun accorde la proposition : A est A (soit A = A, car telle est la signification de la copule logique) ; et cela sans y réfléchir le moins du monde : on reconnaît cette proposition comme entièrement certaine et décidée.[232]

Cette proposition signifie : *si* A est ou existe, *alors* il est = A, c'est-à-dire : *alors* il est identique à lui-même. Il est donc affirmé de la sorte : *n'importe quel A donné est nécessairement identique à lui-même*, ou ce qui est la même chose : *réalité et identité à soi sont une seule et même chose*. Par conséquent, cette proposition, considérée en elle-même, concerne une réalité hypothétique et laisse indéterminée la question de savoir si quelque chose existe ou non :

---

[231] Fichte, SW, I, p. 92/GA, I, 2, p. 256/trad. T, p. 18.
[232] Fichte, SW, I, p. 92-93/GA, I, 2, p. 256/trad. T, p. 18.

> *On* ne *pose* pas, *en affirmant que la proposition susdite est en elle-même certaine, que* A *existe. La proposition* : A est A *n'a pas le même sens que la proposition* : A est, *ou* : il existe un A. (...) *On pose plutôt* : *si* A *existe, alors* A *existe en tant que tel. Par conséquent, il n'est nullement question ici de savoir* si *A existe ou non*.[233]

La possibilité de cette proposition, par suite, est conditionnée, puisqu'elle suppose de son auteur qu'il connaisse la *raison de la relation* affirmée de la sorte entre la réalité et l'identité à soi ; c'est-à-dire qu'elle suppose de son auteur qu'il sache en quoi consiste A = *l'étant ou la réalité dans son ensemble*. En effet, comment pourrait-on affirmer que tout ce qui *est* est nécessairement identique à soi sans savoir en quoi consiste l'*étant* ou la réalité en général ?

La proposition A = A n'est donc pas une proposition possible immédiatement. Elle n'est possible que dans la mesure où A = l'étant dans son ensemble est connu. Or chacun accorde la proposition A = A. Par conséquent, chacun doit disposer d'une représentation de A = l'étant dans son ensemble. Se pose alors la question suivante : quelle est cette représentation, c'est-à-dire : qu'est-ce que A ? Ou, en d'autres termes encore : que signifie *être*, à quelle condition est-il possible d'affirmer d'un certain A qu'il *est* ? « *À quelle condition A* existe-*t-il* ?[234] » C'est la question à laquelle répond Fichte aux points 3), 4) et 5) du §1.

La réponse de Fichte à cette question est bien connue : A = moi (dans les mots de Fichte : tout A possible est « *dans le moi*[235] »), c'est-à-dire : tout ce qui est à proprement parler est = moi. Ce que l'être humain appelle *moi*, à savoir l'activité réflexive moyennant laquelle il s'élève à la conscience, constitue donc pour lui la seule chose à proprement parler *réelle*, la seule chose dont un être humain puisse affirmer qu'elle *est* au sens propre, c'est-à-dire sans restriction aucune. Par suite, la possibilité de la proposition A = A est conditionnée par la proposition *je suis*. L'argument dont procède cette réponse doit être examiné dans le détail et mérite la plus grande attention. Voici ce qu'il en est de cet argument qui, je le répète, est développé par Fichte aux

---

[233] Fichte, SW, I, p. 93/GA, I, 2, p. 256-257/trad. T, p. 18.
[234] Fichte, SW, I, p. 93/GA, I, 2, p. 257/trad. T, p. 18.
[235] Fichte, SW, I, p. 94/GA, I, 2, p. 257/trad. T, p. 19.

points 3), 4) et 5) du §1 :

Tout un chacun, d'après ce qui précède, accorde la proposition A = A. Tout un chacun, c'est-à-dire : *tout moi*. Or que *je* juge certaine la proposition A = A signifie : j'admets que, *dans la mesure* où je pose la réalité d'un quelconque A, je dois nécessairement poser ce A comme étant identique à lui-même ; il m'est impossible de me représenter quelque chose comme absolument réel sans me le représenter en même temps comme étant pour ainsi dire face à lui-même, sans opposé : « *Si A est posé, alors il est posé* en tant que *A, avec le prédicat A*.[236] » Par cette proposition, je pose donc un rapport nécessaire entre la réalité et l'identité à soi. Soit ce rapport nécessaire, comme l'appelle Fichte, = X (« *Je nomme provisoirement ce rapport nécessaire X*[237] »).

Ce rapport nécessaire = X est établi par le moi (par moi, c'est-à-dire par celui qui réfléchit à tout cela). Il ne s'agit donc pas d'un rapport étranger ou extérieur au moi, mais ce rapport est dans le moi lui-même. C'est moi qui juge ou qui se représente qu'aucun A ne peut être posé comme réel sans être également posé comme identique : « *X à tout le moins est* dans *le moi, et posé par le moi – c'est en effet le moi qui juge dans la proposition indiquée, et il juge selon X comme selon une loi*.[238] » Nous disons donc : *pour le moi* (ou plus simplement : *pour moi*), être réel et être identique à soi sont une seule et même chose.

Or ce rapport = X, d'après ce qui précède, ne peut être établi par le moi qu'en rapport avec A = l'étant ou la réalité dans son ensemble. Car il est impossible d'affirmer hors de tout doute possible, comme le fait le moi, que la réalité est identique à elle-même, sans avoir une connaissance certaine de ce qu'est la réalité dans son ensemble : « *Or X est effectivement posé dans le moi : par conséquent, A doit être lui aussi posé dans le moi, dans la mesure où X lui est lié.*[239] » Par conséquent, A = la réalité dans son ensemble, pas plus que X, ne saurait être étrangère et extérieure au moi. Comment le moi pourrait-il sinon juger de ce qu'elle est ?

D'où il résulte que A = la réalité dans son ensemble, tout comme X, est

---

[236] Fichte, SW, I, p. 94-95/GA, I, 2, p. 258/trad. T, p. 19.
[237] Fichte, SW, I, p. 93/GA, I, 2, p. 257/trad. T, p. 18.
[238] *Ibid.*
[239] Fichte, SW, I, p. 94/GA, I, 2, p. 257/trad. T, p. 19.

dans le moi. En d'autres termes : A = la réalité dans son ensemble n'est rien d'autre que le moi lui-même. J'en arrive de la sorte à la conclusion que c'est parce que je sais que ce qui est, l'étant tout entier, est = moi, que je sais que tout A possible doit nécessairement être identique à lui-même. En effet, tel qu'établi par ce qui précède, le moi est précisément ce qui fait retour sur soi-même et se saisit soi-même comme pure identité à soi. Or il est en tant que tel, pour lui-même, réalité absolue. Ceci étant admis, il est naturel que le moi ne puisse poser la réalité d'aucun A sans poser par la même occasion ce A comme identique à lui-même, puisque tout A réel est pour moi = moi.

La question de savoir à quelle condition il m'est possible d'affirmer que quelque chose est ou existe se trouve ainsi résolue : il suffit pour cela que ce quelque chose soit posé en moi, qu'il fasse partie de moi. Si je reconnais que A est en moi, c'est-à-dire : si j'admets qu'il s'agit du moi lui-même ou d'une partie du moi, alors j'admets la réalité de A : « *Si A est posé dans le moi, alors il est posé ; c'est-à-dire – alors il est.*[240] »

* * *

On a beaucoup insisté, et avec raison, sur le degré de complexité de l'argument, exposé au §1 de la *Grundlage*, qui vient d'être expliqué. Il peut être utile (et peut-être encourageant) toutefois de souligner par ailleurs également le degré d'évidence, tout aussi grand peut-être, avec lequel s'impose en elle-même la réponse de Fichte à cette question, abstraction faite de l'argument par lequel il nous y conduit. En effet, il s'agit de savoir dans quelle mesure il est possible d'affirmer qu'*être* et *être identique à soi-même* sont une seule et même chose. À cette question, la réponse naturelle est la suivante : dans la mesure où être et être identique à soi sont une seule et même chose *pour* l'auteur de cette affirmation, c'est-à-dire : dans la mesure où l'auteur de cette affirmation lui-même est identique à soi. En d'autres termes : l'auteur de cette proposition est lui-même identique à lui-même, c'est pourquoi être et être identique à soi-même, pour lui, sont une seule et même chose. Quiconque se demande dans quelle mesure il lui sera possible d'affirmer que A = A

---

[240] *Ibid.*

doit répondre : dans la mesure où je suis moi-même identique à moi-même, c'est-à-dire : dans la mesure où je suis (aussi certainement que *je* suis, aussi certainement A = A).

* * *

Il est établi, par ce qui précède, que la possibilité de la proposition d'identité logique A = A est conditionnée par la proposition *je suis sans aucune restriction* (*je suis*), ou ce qui est la même chose : *je suis absolument identique à moi-même* (*je suis je*). Cette proposition, à son tour, qu'il me soit permis d'y insister, est possible de manière absolument inconditionnée, c'est-à-dire qu'il s'agit d'une proposition immédiatement évidente dont on ne saurait exiger aucune preuve (contrairement à la proposition A = A qui, quoiqu'on la juge communément immédiatement certaine et, par conséquent, indémontrable, est démontrée par la doctrine de la science [241]). En effet, dans la mesure où j'affirme : *je suis*, sans aucune restriction, je me pose par là comme constituant toute réalité. C'est d'ailleurs ce qui a été démontré par ce qui précède dans la mesure où l'on a démontré que c'est simplement sur la base du *je suis* entendu en ce sens qu'il m'est possible de poser par ailleurs que tout A possible est nécessairement identique à lui-même. Or dans la mesure où je me pose, en tant que moi, comme comprenant toute réalité, je pose que le moi, dans l'acte par lequel il fait retour sur soi et se saisit lui-même, ne peut prendre appui sur aucune réalité extérieure. Je pose ainsi que le moi, dans l'accomplissement de cet acte, est absolument libre à l'égard de tout objet étranger (à l'égard de tout non-moi), et par conséquent que cet acte a lieu spontanément, c'est-à-dire *sans aucune raison*. Comme l'écrit Fichte, le moi, en tant que moi, se tient nécessairement, d'une manière ou d'une autre, ce discours : « *Je suis purement et simplement parce que je suis.*[242] »

Une proposition immédiatement certaine est ainsi découverte. Les considérations précédentes nous ont conduits à admettre, à titre hypothétique, qu'il ne pouvait y avoir qu'une seule proposition de ce genre. Cette pro-

---

[241] Sur ce point, voir Fichte, SW, I, p. 98-99/GA, I, 2, p. 261/trad. T, p. 22.
[242] Fichte, SW, I, p. 98/GA, I, 2, p. 260/trad. T, p. 22.

position : *je suis*, si notre hypothèse est juste, serait donc le principe recherché. Reste à confirmer cette hypothèse moyennant la démonstration de ceci qu'aucune proposition radicalement opposée au *je suis* ne se trouve dans la conscience empirique. Produire cette démonstration est l'unique objet du reste de la doctrine de la science.

***

Quelques considérations concernant la démonstration du §1 de la *Grundlage* qui vient d'être expliquée s'imposent encore. On a souvent reproché à Fichte de n'avoir pas su fonder scientifiquement par cette démonstration le premier principe de sa doctrine de la science, d'après lequel le moi serait absolument identique à lui-même, et donc absolu et libre (relativement à tout objet extérieur). C'est par exemple l'avis de Robert B. Pippin, qui admet que Fichte pose le *moi* comme absolument autonome, mais tout en déclarant qu'il s'agit là selon lui d'une « *affirmation qui paraît outrepasser (...) la respectabilité philosophique*[243] », dans laquelle il ne voit pour sa part qu'une de ces nombreuses affirmations « *furieusement spéculatives*[244] » et « *sans fondement*[245] » dont Fichte a selon lui l'habitude. Il ressort toutefois de ce qui précède que ce principe est pleinement démontré dès le §1 de la *Grundlage*. En effet, il est démontré dans ce texte que, dans la mesure où la proposition A = A se trouve admise, la proposition *je suis absolument* l'est également. En d'autres termes, il est démontré que la proposition *je suis absolument* est aussi certaine qu'il est certain que A = A, ce qui veut tout aussi bien dire qu'elle est admise comme absolument certaine.[246]

Bien entendu, sans contester le fait que Fichte ait prétendu fonder rationnellement cette affirmation, on pourrait remettre en question, comme le fait

---

[243] R. B. Pippin, « Fichte's Contribution », p. 75.
[244] *Ibid.*, p. 74.
[245] *Ibid.*
[246] Comme le note Jürgen Stolzenberg, Fichte dans ses *Réflexions personnelles sur la Philosophie élémentaire* de 1793-94 explique lui-même le procédé auquel il fera appel dans la *Grundlage* en employant le mot *preuve*. Voir J. Stolzenberg, « Fichtes Satz „Ich bin" », p. 6.

Kant dans la *Lettre ouverte touchant la doctrine de la science de Fichte*[247], la validité de la démonstration fournie à ce propos au §1 de la *Grundlage*. Fichte, explique Kant, prétend démontrer la réalité absolue du moi sur la base de la proposition logique A = A, dont il présuppose la validité. Cependant, précisément parce qu'il fonde la totalité de sa démonstration sur une proposition purement logique ne concernant qu'une réalité hypothétique (*si* un quelconque A existe, *alors* il est identique à lui-même), cette démonstration ne saurait aboutir à l'affirmation d'aucune réalité effective.

Cette objection, cependant, me semble-t-il, repose sur une compréhension erronée de la démarche de Fichte. En effet, Kant part ici de l'idée selon laquelle Fichte, dans cette démonstration, admet en principe la validité absolue de la proposition logique d'identité A = A, pour démontrer ensuite comment cette proposition A = A constitue la condition suffisante à laquelle la proposition *je suis* doit être à son tour considérée valable. Autrement dit, on suppose que Fichte ici cherche à démontrer que la proposition *je suis* est pour ainsi dire *analytiquement* comprise dans la proposition A = A, et que c'est parce qu'on admet celle-ci que l'on doit également admettre celle-là. La proposition *je suis*, dans la perspective fichtéenne, ne serait ainsi rien d'autre en bout de ligne qu'une reformulation de la proposition logique A = A. D'où il résulte que cette proposition, pas plus que la proposition A = A, ne saurait être comprise comme affirmation d'une réalité effective.[248]

Or ce n'est pas là la manière dont procède Fichte au §1 de la *Grundlage*. En effet, le jugement *je suis* ou, ce qui est la même chose : le jugement *je suis je*, dans ce texte, est soigneusement distingué de la proposition logique d'identité A = A. La proposition A = A dont part la *Grundlage*, explique Fichte, comme je l'ai déjà fait remarquer un peu plus haut, *n'est pas le principe*, mais simplement une proposition « *qu'on pourrait peut-être de prime abord confondre avec le principe*[249] ». D'où il résulte que la proposition d'identité, selon Fichte, contrairement à la proposition *je suis je*, n'est pas une proposi-

---

[247] Voir Kant, Ak, XII, p. 370.
[248] Alexis Philonenko, qui comprend la critique kantienne du §1 de la *Grundlage* à peu près de la même façon, juge lui aussi cette critique erronée. Voir A. Philonenko, *La liberté humaine*, p. 106.
[249] Fichte, SW, I, p. 91/GA, I, 2, p. 255/trad. T, p. 17.

tion possible par elle-même, mais n'est possible au contraire que sur la base du jugement *je suis je*. Fichte écrit à ce propos :

Nous sommes partis de la proposition A = A ; non pas comme si la proposition : je suis pouvait être démontrée à partir de là, mais parce que nous devions partir d'une proposition quelconque, donnée dans la conscience empirique et certaine. Dans notre développement même il est apparu que ce n'est pas la proposition A = A qui fonde la proposition : je suis, mais que c'est cette dernière qui fonde la première.[250]

Plusieurs commentateurs ont ignoré cette mise en garde de Fichte. À la manière de Kant, ils interprètent le §1 de la *Grundlage* comme une tentative de prouver la réalité du moi à partir de la proposition logique d'identité. Parmi ces commentateurs, comptons Christian Klotz par exemple, qui prétend que l'exposition de 1794-95 introduit le premier principe à partir de la proposition A = A, posée comme théoriquement certaine. Il écrit :

L'exposition de la doctrine de la science de 1794-1795 part, en vue d'introduire le concept de moi, de la proposition « A est A », supposée énoncer un état de chose « entièrement certain et décidé ».[251]

Jürgen Stolzenberg sur ce point propose une interprétation analogue, lorsqu'il affirme que « *le §1 de la doctrine de la science de 1794-95* » « *offre une preuve de la proposition je suis à partir de la proposition A est A* ». De telles affirmations, à strictement parler, paraissent fausses. Car Fichte ne dit pas que la proposition A = A *est* absolument « *certaine et décidée* ». En effet, comment pourrait-il affirmer, dès le début du §1, que quoi que ce soit est certain, alors qu'il s'agit précisément de fonder la possibilité du savoir ? Mais il affirme plutôt que cette proposition, A = A, est universellement *reconnue* ou *considérée* comme certaine : « *On reconnaît cette proposition comme entièrement certaine et décidée*[252] », ce qui est très différent. Werner Stelzner écrit à ce propos :

[A = A est une] proposition (...) de la conscience empirique existante qui, dans cet environnement précis, est considérée comme absolument

---

[250] Fichte, SW, I, p. 98/GA, I, 2, p. 261/trad. T, p. 22.
[251] C. Klotz, *Selbstbewußtsein und praktische Identität*, p. 23.
[252] Fichte, SW, I, p. 93/GA, I, 2, p. 256/trad. T, p. 18.

certaine, (...) que toute personne *dotée des dispositions langagières et mentales habituelles accorderait sans la moindre objection, sans qu'il lui soit nécessaire de faire appel à une preuve extérieure à cette proposition elle-même.*[253]

Si l'on veut penser cette affirmation de Stelzner comme juste, me semble-t-il, il faut insister ici sur l'expression *est considérée comme* qui suggère que la proposition A = A, en réalité, n'est pas absolument certaine au sens strict. C'est-à-dire qu'elle ne l'est pas de manière absolument *immédiate*, puis qu'elle est conditionnée par la pensée de l'autonomie du moi. Ainsi, l'argument de Fichte n'est pas que la proposition A = A, qui est absolument certaine, implique la proposition *je suis je*, mais simplement le suivant : la proposition A = A, qui est effectivement accordée, ne l'est que parce qu'il est certain que la proposition *je suis je* ou *je suis* est certaine. Ainsi, Fichte, comme il le dit lui-même dans l'extrait cité un peu plus haut, n'est pas parti de la proposition logique A = A pour en déduire la proposition *je suis*, comme si cette proposition se laissait démontrer à partir du principe logique d'identité ; mais au contraire, l'argument démontre que la proposition logique A = A n'est possible que sur la base de la conscience de soi. Le but ici est simplement de faire ressortir le caractère fondamental de la conscience de soi. Autrement dit, la première chose que Fichte démontre dans la *Grundlage* (§1), c'est qu'il serait impossible d'affirmer que A = A si l'on n'avait pas d'abord conscience de l'absolue réalité du moi ; il est ainsi posé dès le §1 de la *Grundlage* que la réalité absolue du moi est aussi certaine et même plus certaine qu'il est certain que A = A, parce que la proposition A = A est le produit d'un acte d'abstraction effectué à partir de la proposition *je suis je*. C'est pourquoi Fichte, encore une fois, conclut le §1 de la *Grundlage* en affirmant que la doctrine de la science, contrairement aux autres systèmes philosophiques, ne pose pas dogmatiquement la proposition d'identité, mais la démontre et détermine les limites de son applicabilité :

Si dans la proposition je suis *on fait abstraction du contenu déterminé et qu'on retient uniquement – comme il faut le faire selon la logique (...)*

---

[253] W. Stelzner, « Selbstzuschreibung und Identität », p. 127.

– la simple forme qui est donné avec ce contenu, c'est-à-dire la forme de l'inférence nécessaire de l'être-posé à l'être ; *on obtient comme* principe de la logique *la proposition A = A, qui ne peut être démontrée et définie que par la doctrine de la science.* Démontrée : *A est A, parce que le moi qui a posé A, est le même que celui dans lequel il est posé ;* définie : *tout ce qui est, n'est que dans la mesure où il se trouve posé dans le moi, et en dehors du moi il n'est rien. Selon la proposition précédente, aucun A possible (pas de chose) ne peut être autre chose qu'un A posé dans le moi.*[254]

D'où il résulte que la lecture de Kant, selon laquelle la démonstration de Fichte au §1 de la *Grundlage* ne sortirait jamais du cadre de la logique formelle, à l'intérieur duquel il est impossible de prouver l'existence de quoi que ce soit, est contestable quant aux présupposés mêmes sur lesquels elle se fonde. Car il ne faut pas dire que Fichte entend démontrer que la proposition A = A constitue la condition suffisante à laquelle la proposition *je suis* doit être admise, mais au contraire que la possibilité de la proposition A = A, contrairement à ce qu'on croit, n'est pas en elle-même d'une évidence absolue, puisque sa possibilité est conditionnée par cette autre proposition qu'est le *je suis*.[255] Ainsi, l'affirmation absolument première, immédiatement possible, dans l'optique fichtéenne, est bel et bien l'affirmation d'une réalité, et même de la réalité absolument englobante en dehors de laquelle rien n'existe ni peut exister, à savoir celle du moi.

À ce stade de l'explication, cependant, une nouvelle objection surgit, que l'on retrouve chez plusieurs commentateurs et qui pourrait être formulée de la manière suivante : s'il est vrai que l'affirmation de la réalité du moi soit le principe, ou ce qui est la même chose : s'il est vrai que cette affirmation soit absolument inconditionnée, immédiatement possible, et qu'elle soit première et antérieure à toute autre proposition possible, alors elle ne peut être démontrée. Par conséquent, le §1 de la *Grundlage* ne saurait constituer une démonstration valable de cette proposition et cette proposition demeure indémontrée, de sorte qu'elle n'est pas certaine.

---

[254] Fichte, SW, I, p. 98-99/GA, I, 2, p. 261/trad. T, p. 22.
[255] Voir W. Stelzner, « Selbstzuschreibung und Identität », p. 132.

C'est par exemple la lecture de Tom Rockmore, qui fait intervenir ses considérations sur Fichte dans le cadre d'un débat concernant « *l'épistémologie sans fondement (ungrounded epistemology)*[256] ». À cet égard, il croit bon d'insister sur le caractère « *anticartésien, et donc sur la nature antifondationiste*[257] » de l'approche fichtéenne. Autrement dit, Rockmore prétend que le principe sur lequel est fondé le système fichtéen, celui de l'autonomie du moi, est selon Fichte lui-même sans fondement, c'est-à-dire posé sans aucune preuve, et, dans cette mesure, dépourvu de toute valeur scientifique. Selon lui, l'argument de Fichte à ce propos se présente comme suit :

> *Selon Fichte, une proposition fondamentale ne peut être établie par la science qui en résulte, puisque la preuve dans ce cas serait évidemment circulaire. La seule autre stratégie possible est de démontrer la proposition fondamentale en la déduisant d'une proposition antérieure. Ce procédé est envisageable pour toutes les sciences hormis la philosophie, laquelle, par définition, ne peut dépendre d'aucune autre science. (...) D'où il résulte que la première proposition philosophique ne peut être déduite d'une autre et ne peut être démontrée (...) [ainsi] la philosophie (...) ne peut aboutir à aucun savoir absolument certain.*[258]

Cet argument, que l'on retrouve encore chez un grand nombre de commentateurs[259] – et qui comme l'explique Manfred Frank dans son excellent article concernant les sources philosophiques du premier romantisme, est précisément celui avec lequel se débattaient les reinholdiens avant l'arrivée de Fichte à Iéna en 1794, et qui devait en amener plusieurs à conclure à l'impossibilité d'une philosophie procédant à partir d'un fondement unique absolument certain[260] –, cet argument, dis-je, doit être examiné attentivement.

Il est certain que le principe du savoir, précisément en tant que principe, c'est-à-dire en tant que proposition supposée fonder la possibilité de toute

---

[256] T. Rockmore, « Fichtean Epistemology and Contemporary Philosophy », p. 157.
[257] *Ibid*. Sur ce point voir aussi T. Rockmore, « Fichte on Deduction in the Jena *Wissenschaftslehre* », en particulier p. 72.
[258] Voir T. Rockmore, « Fichtean Epistemology and Contemporary Philosophy », p. 164.
[259] Voir par exemple A. J. Mandt, « Fichte's Idealism in Theory and Practice », p. 136.
[260] M. Frank, « Philosophische Grundlagen der Frühromantik », p. 20-22.

proposition possible par ailleurs, ne peut à strictement parler être démontré. Et Fichte comme on l'a vu un peu plus haut (chapitre 4) est le premier à le reconnaître. Cependant, on abuse clairement de cette affirmation, me semble-t-il, lorsqu'on en conclut à l'instar de Rockmore que le premier principe d'un système philosophique ou scientifique soit selon Fichte par essence *incertain*. En effet, si le principe ne peut être démontré, d'après Fichte, qu'il me soit permis de le rappeler (voir chapitre 4), c'est que le principe par définition doit constituer ce qu'on appelle communément une *absolue évidence*. Il ne s'agit pas d'une proposition incertaine, admise à titre hypothétique, mais au contraire d'une proposition qui s'impose immédiatement comme indubitable. Comme l'écrit Daniel Breazeale :

> *Puisqu'un tel principe ne peut être dérivé de quoi que ce soit de plus élevé, sa vérité doit être indémontrable ; il doit être « vrai en lui-même », ou d'une évidence intrinsèque indubitable. Mais comment peut-on* découvrir *et* reconnaître *un tel principe ? Le philosophe soit reconnaître la vérité de son premier principe de manière immédiate ; c'est-à-dire qu'il doit l'intuitionner* (anschauen) *ou l'observer* (beobachten)*, car ce n'est que de cette façon qu'un sujet connaissant se trouve en rapport direct avec son objet.*[261]

Cependant, bien que le principe soit par essence évident et donc indémontrable, il doit être possible, dans la mesure où il existe, de l'identifier comme principe ; en d'autres termes, il doit être possible de démontrer qu'il existe une proposition = X qui est évidente ou indémontrable. Et en ce sens bien précis, le principe est démontrable, parce que c'est fournir la démonstration d'une proposition donnée que de faire ressortir son absolue évidence ou indémontrabilité. Or c'est précisément ce que fait Fichte au §1 de la *Grundlage*. Il ne part pas dans l'idée qu'une telle proposition immédiatement évidente = X existe, mais il fait le raisonnement suivant : en *supposant* qu'une telle proposition existe, elle se trouve nécessairement au fondement de toute proposition admise comme valable. Soit donc une telle proposition, par exemple la proposition A = A. Il se révèle, suite à un examen attentif, que

---

[261] D. Breazeale, « Inference, Intuition and Imagination », p. 22.

la possibilité de cette proposition est elle-même effectivement conditionnée par une autre proposition, la proposition *je suis* ou *je suis je*, qui est elle-même possible de manière absolument inconditionnée. Autrement dit, il s'agit là d'une proposition au-delà de laquelle il est impossible de remonter. Pourquoi ? Parce qu'il est impossible de demander ce qui se trouve au fondement du moi. En effet, ce serait comme demander ce que j'étais avant que d'être moi, ou ce que je serais indépendamment de mon moi, c'est-à-dire indépendamment de ma propre existence. Or la réponse à cette question s'impose de manière immédiate : bien entendu, si *je* n'étais pas *moi*, je ne serais absolument pas. Fichte écrit à ce propos :

> *Commentaire ! On entend souvent poser la question :* que pouvais-je bien être avant de parvenir à la conscience de soi ? *La réponse naturelle est la suivante :* je n'étais absolument pas ; en effet, je n'étais pas moi. Le moi n'est que dans la mesure où il est conscient de soi.[262]

Ainsi, le principe est à la fois indémontrable *et* démontrable. Il est indémontrable du fait de l'immédiateté avec laquelle il s'impose : tout un chacun sait de manière immédiate qu'il existe, chacun est immédiatement conscient de son propre être, et je ne ferais que me rendre moi-même ridicule en exigeant une preuve de ma propre existence outre la conscience que j'en ai. Néanmoins, on peut démontrer la proposition *je suis*, au sens où l'on peut faire ressortir son caractère absolument évident, auquel on ne pense pas nécessairement, en démontrant que cette proposition constitue le fondement ultime d'une autre proposition considérée par ailleurs comme valable. En ce sens, il faut admettre que Fichte, au §1 de la *Grundlage*, fournit effectivement une démonstration de la réalité du moi, et plus précisément de son *absolue* réalité.

On objectera peut-être encore à ce propos que Fichte, à plusieurs reprises, affirme que le premier principe, précisément parce qu'il ne peut être démontré, doit être considéré comme un objet de *croyance*. Il écrit par exemple à ce propos : « *C'est à juste titre que l'on dit : la foi est l'élément de toute certitude.*[263] » D'où il paraît résulter, comme l'ont suggéré plusieurs commenta-

---

[262] Fichte, SW, I, p. 97/GA, I, 2, p. 260/trad. T, p. 21.
[263] Fichte, SW, V, p. 182/GA, I, 5, p. 351/trad. N, II, p. 202.

teurs²⁶⁴, que le premier principe de la doctrine de la science à tout le moins, qui doit fonder la totalité du système, ne peut être objet de *savoir*, mais de *croyance* uniquement, interprétation que viendrait précisément soutenir l'affirmation de Rockmore selon laquelle le premier principe est selon Fichte indémontrable.

À cette objection fort importante, me semble-t-il, il convient de répondre de la manière suivante :

Il est clair que l'élément constitutif de toute certitude, en dernière analyse, réside selon Fichte dans la croyance ou la foi. Fichte le dit en toutes lettres, et mon intention n'est pas de le nier ou de le remettre en question. Cela implique sans l'ombre d'un doute possible que le premier principe de la doctrine de la science, selon Fichte, ne peut être admis que sur le mode de la *foi*, par opposition au savoir. Néanmoins, encore une fois, il n'est pas nécessaire pour autant d'en conclure que le premier principe soit selon Fichte *incertain*. En effet, lorsque Fichte affirme que le premier principe ne peut faire l'objet d'un savoir, il entend par là, comme j'ai tenté de l'expliquer un peu plus haut, qu'il est impossible d'en fournir une preuve, pour la simple et bonne raison qu'il est impossible de la remettre en question, ou ce qui est la même chose : pour la simple et bonne raison qu'il s'agit d'une *évidence*, c'est-à-dire d'une proposition immédiatement possible. C'est aussi pourquoi – j'aurai l'occasion de revenir un plus loin sur ce point (chapitre 7) – il définit souvent le premier principe en tant qu'*intuition*, parce que le terme d'*intuition* désigne l'activité par laquelle l'intelligence accède à la vérité de manière immédiate.²⁶⁵ Et c'est en ce sens que le mode sur lequel le premier principe doit être admis peut être caractérisé comme *croyance*, c'est-à-dire précisément au sens où il est opposé au savoir conçu comme proposition démontrable.

Fichte sur ce point, comme il le suggère lui-même à quelques reprises, s'inspire directement de Jacobi. Ce dernier, dans la seconde édition revue et

---

²⁶⁴ Voir par exemple A. Philonenko, *La liberté humaine*, p. 58 : « *La première philosophie de Fichte consiste, comme celle de Jacobi, à défendre la "non-philosophie" – qui s'affirme comme foi chez Jacobi et chez Fichte – contre toute philosophie.* »
²⁶⁵ Sur ce point, voir encore une fois D. Breazeale, « Inference, Intuition and Imagination », p. 22.

augmentée de son livre sur Spinoza publiée en 1789[266], développe justement l'argument que l'on retrouve chez Fichte à propos de l'indémontrabilité du premier principe et en conclut que la possibilité du savoir repose sur une « *certitude immédiate, laquelle non seulement ne nécessite aucun fondement, mais exclut au contraire purement et simplement tout fondement*[267] ». Or un tel savoir immédiatement possible, comme le note Manfred Frank, est précisément ce que Jacobi, dans ce texte, appelle *croyance* :

> *Jacobi y démontre* [dans la seconde édition de son livre sur Spinoza] *que la définition du « savoir » en tant qu'« opinion fondée » induit une régression à l'infini. (...) Si toutes nos pensées étaient conditionnées par une autre pensée, nous ne parviendrions jamais à aucun savoir. Si on s'en tient à la définition du « savoir » au sens fort du terme, il doit donc exister au moins une proposition valable sans aucune condition, c'est-à-dire de manière inconditionnée. In-conditionnée signifie : valable précisément parce que sa validité ne lui est pas attribuée à condition qu'une autre proposition la fonde. Jacobi appelait « sentiment » (ou « croyance ») le savoir exprimé par une proposition in-conditionné. « Croire » signifie : apercevoir un fait comme étant certain d'emblée, sans que sa validité n'apparaisse en vertu d'une justification supplémentaire.*[268]

Ou dans les mots de Jacobi lui-même :

> *Comment pourrions-nous aspirer à la certitude sans que la certitude ne nous soit préalablement connue ; et comment pouvons-nous la connaître*

---

[266] Il s'agit bien entendu du fameux ouvrage de Jacobi *Sur la doctrine de Spinoza* (*Über die Lehre des Spinoza*).
[267] Jacobi, *Über die Lehre des Spinoza*, p. 115. Fichte connaissait l'argument de Jacobi. Voir par exemple Fichte, SW, I, p. 508/GA, I, 4, p. 260/trad. T, p. 305 : « *Le principe fondamental de toutes les erreurs de nos adversaires pourrait bien être qu'ils ne se sont jamais fait une idée vraiment claire de ce que signifie* prouver, *et par conséquent, qu'ils n'ont sans doute pas réfléchi au fait qu'un pur indémontrable se trouvait nécessairement au fondement de toute démonstration. À ce sujet, ils auraient pu s'instruire en lisant Jacobi, qui a exposé très clairement ce point, ainsi que bien d'autres qu'ils ignorent également.* » Sur le rapport entre le moi absolu de Fichte comme intuition immédiate et la foi à laquelle invite Jacobi, voir Curtis Bowman, « Jacobi's Philosophy of Faith and Fichte's Wissenschaftslehre of 1794-95 », p. 220.
[268] M. Frank, « Philosophische Grundlagen der Frühromantik », p. 17.

sinon à travers quelque chose que nous reconnaissons déjà avec certitude ? Cela nous conduit au concept d'une certitude immédiate qui non seulement ne nécessite aucune raison, mais exclut purement et simplement toute raison possible, et qui constitue elle-même la seule et unique représentation coïncidant avec la chose représentée. *La conviction reposant sur des raisons est une certitude de seconde main. Les raisons ne sont que des marques de ressemblance avec une chose dont nous sommes certains. La conviction qu'elles engendrent vient d'une comparaison, et ne peut jamais être véritablement certaine et accomplie. Or si ce tenir pour vrai, qui ne repose pas sur des raisons de l'entendement, est la croyance, alors la conviction reposant sur des raisons doit elle-même venir de la croyance et recevoir sa force d'elle seule.*[269]

Dans l'optique fichtéenne, donc, inspirée sur ce point de Jacobi, le mot de *croyance* ne désigne pas une foi aveugle, un acte d'adhésion purement arbitraire ou gratuit, mais au contraire l'acte d'adhésion fondé sur une évidence absolue. Autrement dit, avoir la foi, selon Fichte, c'est être absolument certain, c'est avoir la science absolue en tant qu'intuition du vrai. C'est en ce sens qu'il faut comprendre l'affirmation de Fichte selon laquelle l'existence de Dieu – qui d'après ce qui précède n'est rien d'autre, dans la perspective fichtéenne, que ce qu'il convient d'appeler le *moi absolu* (je reviendrai également sur ce point, en particulier dans la conclusion) – qui est par excellence l'objet de la foi, ne fait strictement aucun doute.[270] Lorsque Fichte affirme que toute certitude repose en dernière analyse sur la foi, il veut simplement dire par là que toute démonstration et tout savoir, par définition, repose sur un indémontré qui ne peut être autre chose qu'une évidence, dont il est impossible de demander raison.

En résumé, Fichte doit être considéré comme un penseur d'inspiration cartésienne, c'est-à-dire comme procédant en philosophie à partir d'un principe unique, certain et même, en un certain sens, démontré. Dans le débat

---

[269] Jacobi, *Über die Lehre des Spinoza*, p. 115-116.
[270] Fichte, SW, V, p. 187-188/GA, I, 5, p. 355-356/trad. N, II, p. 206 : « *Aussi est-ce une erreur de dire : on ne peut savoir s'il y a un Dieu ou s'il n'y en a pas. Cela ne fait pas le moindre doute, c'est au contraire la chose la plus certaine qui soit et le fondement de toute autre certitude, la seule vérité objective absolument valable.* »

concernant le *fondationisme* de Fichte, je me range donc, contre les Tom Rockmore et Alexis Philonenko, du côté de commentateurs comme Manfred Frank [271], Daniel Breazeale [272] et Werner Stelzner [273], qui soutiennent pour leur part que la doctrine de la science, dans l'esprit de Fichte, repose sur un principe dont la valeur scientifique est absolument indubitable.

---

[271] Voir M. Frank, « Philosophische Grundlagen der Frühromantik », p. 22.
[272] D. Breazeale, « Inference, Intuition and Imagination », p. 22.
[273] W. Stelzner, *Selbstzuschreibung und Identität*, p. 122.

Chapitre 7

Le paradoxe philosophique

D'après ce qui précède (chapitre 6), tout un chacun est forcé de reconnaître que la proposition *je suis* ou *je suis je* se trouve dans la conscience empirique. Cette proposition : *je suis*, toujours d'après ce qui précède (chapitres 5 et 7), est l'expression d'une *Tathandlung*. C'est-à-dire qu'elle exprime l'acte par lequel l'activité de l'intelligence ou la pensée, comme réalité absolue, fait spontanément retour sur soi et devient immédiatement pour elle-même un fait (précisément en tant que réalité absolue). Or nous disons maintenant : il s'agit, pour le philosophe tel que le conçoit Fichte, de démontrer que la proposition *je suis* constitue le principe de la conscience empirique tout entière. Cela signifie que le philosophe, selon Fichte, cherche à démontrer que tout ce que la pensée considère comme certain n'est considéré certain par la pensée que parce qu'elle est d'abord immédiatement certaine de sa propre réalité en tant que réalité absolue. Autrement dit, cela signifie que le philosophe tel que le conçoit Fichte doit démontrer que la totalité de la conscience empirique n'est pour ainsi dire rien d'autre qu'un épiphénomène de l'activité réflexive de la pensée.

Telle est donc dans la perspective fichtéenne l'hypothèse proprement philosophique, à savoir l'hypothèse que tout philosophe proprement dit se propose de vérifier : au commencement (au sens de l'ordre des raisons : *in principio*) serait l'esprit ou la pensée comme activité réflexive absolument spontanée, et par ailleurs rien d'autre. De manière absolument inconditionnée, c'est-à-dire : *sans aucune raison*, la pensée ferait retour sur soi, se saisirait elle-même de manière immédiate et deviendrait pour elle-même = moi. C'est-à-dire qu'elle prendrait de cette façon *immédiatement conscience d'elle-même*. Et c'est à partir de cette aperception immédiate de la pensée par elle-même, de cette *conscience immédiate de soi* – aperception qui, puisqu'elle a lieu sans aucune raison, de façon absolument inconditionnée, il n'est peut-être pas inutile d'insister sur ce point, a *nécessairement* lieu de toute éternité (elle n'a pas de commencement, mais elle a toujours eu lieu) – que serait engendrée l'expérience ou la conscience empirique dans son ensemble, qui n'aurait par suite aucune réalité en dehors de la pensée.

Ces conclusions, il est vrai – et ce point est d'une extrême importance en vue de la bonne compréhension de l'argument général développé dans la présente étude – se heurtent à une objection importante, qui a d'ailleurs fait couler beaucoup d'encre dans le milieu des études fichtéennes. Nombreux sont ceux qui l'ont fait remarquer, et cela à juste titre : une telle activité, que Fichte caractérise tour à tour comme *réflexivité*, comme *Tathandlung*, comme *subject-objectivité*, ou encore comme *moïté*, une telle activité de la pensée faisant originairement retour sur soi pour se saisir elle-même, à supposer qu'elle ait effectivement lieu, *ne pourrait faire l'objet d'aucune conscience* proprement dite. C'est-à-dire qu'il lui serait absolument impossible d'avoir clairement conscience du fait qu'elle est en train d'avoir lieu.

En effet, toute conscience claire est pensée de quelque chose de déterminé, de défini. Or *je pense X comme quelque chose de défini* signifie : *je pense la réalité de X comme limitée*, ou ce qui est la même chose : *en dehors de X se trouve encore autre chose, à quoi la réalité de X est opposée*. Rien ne peut être pensé clairement, sinon par opposition à autre chose. Selon la fameuse proposition de saint Thomas : *definitio fit per genus proximum et differentiam specificam*. Penser ou conceptualiser quelque chose de manière précise, ou encore : la définir, c'est la comparer à quelque chose d'autre, relativement à quoi seront mis en relief ses *différences spécifiques* ou ses signes distinctifs. Or s'il est vrai que l'intelligence comme activité réflexive comprenne toute réalité, alors elle est quelque chose d'incommensurable ; rien ne lui est opposé, mais elle est pure identité à soi. Par suite, elle est quelque chose d'indéfinissable et, en tant que telle, de non-conceptualisable. Bref, l'intelligence, en tant que réalité absolue, est un impensable et doit nécessairement constituer le point aveugle de la pensée. D'où il suit, à ce qu'il semble à tout le moins, qu'elle ne saurait se penser elle-même comme *moi* ; l'intelligence ou la pensée sont destinées à demeurer cachées à elles-mêmes en tant qu'intelligence et pensée. C'est l'argument de Hölderlin – déjà exposé dans l'introduction – tiré de la fameuse lettre à Hegel du 26 janvier 1795.[274]

Un grand nombre de commentateurs, inspirés semble-t-il par Heidegger[275], a voulu voir dans cet argument une réfutation en règle de la doctrine fichtéenne supposée nier la réalité finie. Cependant, il ressort d'un examen attentif des textes que cet argument, loin d'être étranger au propos de Fichte, lui est parfaitement conforme. Croyant sans doute réfuter Fichte, Hölderlin ne fait pour ainsi dire, à peu de choses près, que présenter un moment de l'argument de Fichte lui-même. En effet, qu'y a-t-il donc dans cette lettre que Fichte n'ait lui-même écrit maintes et maintes fois ? Pour le moi absolu, explique Hölderlin, aucune conscience de soi n'est possible. Dans la conscience de soi, en effet, je suis mon propre objet ; je suis donc pour moi-même quelque chose de circonscrit, de déterminé, bref : je suis pour moi-même quelque chose de limité. Une conscience de soi comme réalité absolue est en conséquence impossible. C'est précisément ce que dit Fichte : en Dieu, c'est-à-dire dans l'absolu, la possibilité de la conscience est incompréhensible :

> *Supposez, pour les fins de l'explication, que la conscience de soi en Dieu doive être expliquée. Cela est impossible si l'on ne présuppose pas que Dieu réfléchit sur son propre être. Or comme Dieu l'être-réfléchi est tout en un et un en tout, et que l'être-réfléchissant serait lui aussi tout en un et un en tout, alors l'être-réfléchi et l'être-réfléchissant, la conscience elle-même et son objet, en Dieu et par Dieu, ne pourraient être distingués, de sorte que la conscience de soi en Dieu ne serait pas expliquée – ce pourquoi d'ailleurs elle demeurera éternellement inexplicable et inconcevable pour toute raison finie (...).*[276]

Ainsi, non seulement Fichte, comme je l'ai souligné plus haut (dans l'introduction), connaissait l'argument de Hölderlin, mais il en reconnaissait en outre la validité, cela sans pour autant juger qu'il mettait son système philosophique en péril. Mais que s'ensuit-il de là ? Dans la mesure où Fich-

---

[274] Hölderlin, SA, VI, 1, p. 155/trad. Y, p. 339-341.
[275] Selon Jacques Rivelaygue, c'est Heidegger qui, le premier, fera de Hölderlin celui qui anéantit « le cadre de l'idéalisme spéculatif » au moment même où « *Hegel tente de le constituer* » (J. Rivelaygue, *Leçons de métaphysique allemande – tome I*, p. 185).
[276] Fichte, SW, I, p. 275/GA, I, 2, p. 407/trad. T, p. 142.

te reconnaît qu'un absolu doté de conscience est une chose impensable, il paraît logique de supposer que le concept de moi absolu, aux yeux de Fichte, est un concept contradictoire et que le moi absolu n'a de son point de vue aucune réalité proprement dite. Aussi est-ce là la thèse de Philonenko : puisque Fichte admet que la possibilité de la conscience de soi suppose la position d'une réalité extérieure au moi (un non-moi), la doctrine de la science ne saurait aboutir à l'idéalisme, son but ne saurait être de démontrer, comme on l'a longtemps cru, que rien n'existe en dehors de la conscience ; mais, au contraire, elle doit partir de la conscience de soi comme de l'illusion métaphysique par excellence, dont il s'agit précisément de mettre au jour la vanité en démontrant le caractère fini (conditionné) de toute conscience possible. « *Le point essentiel* », pour Fichte, déclare Philonenko, était précisément de « *dépasser l'idéalisme*[277] ».

Plusieurs commentateurs, comme je l'ai déjà souligné, ont repris cette thèse. J'ose toutefois soulever la question : en est-il ainsi ? Fichte pose le moi absolu comme un inconcevable, comme un inconceptualisable, on doit l'accorder. S'ensuit-il nécessairement de là que le moi absolu soit selon lui impossible ? Qu'il me soit permis d'en douter. Je m'explique :

L'argument de ceux qui, avec Philonenko, prétendent que Fichte affirme l'impossibilité du moi absolu, se présente comme suit : la conscience de soi est conscience de l'identité du sujet et de l'objet de la pensée ; or il est impossible de rien *concevoir* ou *conceptualiser* sinon moyennant la pensée du contraire de ce que l'on cherche à *concevoir* ; la possibilité de la pensée *conceptuelle* de l'identité du sujet et de l'objet implique donc la pensée de leur différence ; d'où il suit qu'aucune conscience de soi n'est possible du point de vue de l'absolu, qui ne saurait se penser lui-même par opposition à quoi que ce soit.

Je pose maintenant la question : *n'est-il pas clair que cet argument ne vaut que pour la conscience de soi en tant qu'elle se trouve médiatisée par le concept ?* Lorsqu'on cherche à déterminer ce qu'*est* une chose, c'est-à-dire : lorsqu'on cherche à établir les limites qui sont les siennes, il va de soi qu'on ne peut le faire qu'en déterminant ce que cette chose n'est pas, ce qui se trouve en dehors des frontières établies. Il est donc bien entendu que l'absolu ne peut

---

[277] A. Philonenko, *La liberté humaine*, p. 24.

être saisi conceptuellement, qu'on ne peut déterminer ce qu'il est, puisque cela reviendrait à en établir les limites, ce qui est contradictoire. Voilà ce que démontre l'argument, et par ailleurs rien d'autre. Autrement dit, cet argument ne démontre absolument pas que la conscience *en général* soit impossible dans le moi absolu, *mais simplement que l'absolu, dans la mesure où il se saisit comme absolu, ne se saisit pas lui-même moyennant le concept*, c'est-à-dire que l'acte au moyen duquel la pensée se pense elle-même et se saisit n'est pas un acte de limitation. Or qu'il y ait effectivement conscience de soi, c'est là une donnée irréfutable ; tout comme c'est d'après ce qui précède une donnée irréfutable que cette conscience de soi ne peut être comprise qu'en tant qu'acte par lequel l'absolu se saisit lui-même. Par conséquent, la conscience est nécessairement possible dans l'absolu. Simplement, la conscience de soi, originairement, n'est pas de nature théorique ou conceptuelle, mais intuitive. Fichte écrit à ce propos :

> *L'absolu, quant à lui, n'est pas en soi incompréhensible : car cela n'a pas de sens ; il n'est incompréhensible que si l'on tente de lui appliquer le concept, et cette incompréhensibilité est son unique qualité.*[278]

Parce que le philosophe pose effectivement la réalité absolue dans le mouvement réflexif de la pensée, il lui faut poser la conscience originaire, non pas comme conscience *médiate*, acquise moyennant le concept, mais comme conscience immédiate, c'est-à-dire comme *intuition de soi*. Le moi absolu, la libre activité réflexive de l'intelligence est saisie ou pensée comme connaissance *intuitive* de soi-même. Fichte écrit à ce propos :

> *Considérons en premier lieu le moi observé. Qu'en est-il de cette réflexion en soi-même ; dans quelle classe des modifications de la conscience doit-on la ranger ? Il ne s'agit pas d'un* conceptualiser (Begreifen) *: en effet cet acte n'est possible que par l'opposition d'un non-moi et par la détermination du moi en cette opposition. Par conséquent il s'agit d'une simple* intuition. *– Il ne s'agit d'une pas non plus d'une conscience, ni même d'une conscience de soi.*[279]

---

[278] Fichte, SW, X, p. 117-118/GA, II, 8, p. 58/trad. U, p. 51.
[279] Fichte, SW, I, p. 458-459/GA, I, 4, p. 213-214/trad. T, p. 269.

Je me permets d'attirer ici l'attention du lecteur sur le point suivant : Fichte ici déclare que l'activité réflexive du moi originaire n'est pas un *Begreifen*. Si l'on veut être absolument clair, il ne faut pas traduire *Begreifen*, ici, par *comprendre*, mais par *conceptualiser*. Un *Begreifen*, comme le suggère naturellement ce terme allemand, c'est un saisir au moyen du *Begriff*, c'est-à-dire au moyen du *concept*.

Face à l'affirmation du philosophe selon laquelle l'action réflexive du moi a lieu de manière inconditionnée, on oppose spontanément l'objection suivante : *mais le moi, pour pouvoir faire de lui-même son propre objet, doit nécessairement être quelque chose de précis*. À cette objection, Fichte répond en expliquant que cela serait le cas uniquement si l'acte au moyen duquel le moi se saisissait lui-même était un *comprendre* au sens du *conceptualiser*, c'est-à-dire un acte visant à définir son objet, à en déterminer les limites. Aussi cet acte, concède Fichte, n'a-t-il pas lieu sur le mode du comprendre ou du conceptualiser, mais bien sur le mode de l'*intuition*, qui appréhende l'objet sans le déterminer.

En un certain sens, donc, pourrait-on dire, à savoir : au sens de la connaissance *théorique*, la connaissance ou la conscience de soi engendrée par l'activité réflexive originaire de l'intelligence n'en est pas une. Le mot de Kant selon lequel « *des intuitions sans concepts sont aveugles*[280] » ne vaut que de ce point de vue : pour qu'il y ait connaissance *théorique*, l'intuition ne suffit pas, mais elle doit de surcroît être pensée moyennant le concept. Toute connaissance *théorique* doit avoir un objet déterminé. Fichte l'écrit d'ailleurs lui-même : une connaissance doit avoir forme et contenu ; pour qu'il ait connaissance au sens propre, quelque chose doit être su (forme) *de* quelque chose (contenu).[281] Or l'intuition laisse son objet indéterminé. Dans cette mesure, donc, il ne s'agit pas d'un acte de *connaître*, du moins si on l'entend, encore une fois, au sens *théorique* du terme. C'est en ce sens qu'il faut comprendre également la fin du passage de la *Seconde introduction* cité plus haut : l'activité réflexive de la conscience originaire est une conscience immédiate, une intuition, par conséquent, « *il ne s'agit (...) pas non plus d'une conscience,*

---

[280] Kant, Ak, III, p. 75/trad. Z, p. 144.
[281] Sur ce point, voir Fichte, SW, I, p. 49/GA, I, 2, p. 121/trad. P, p. 39-40.

ni même d'une conscience de soi[282] ». Fichte ici veut dire qu'il ne s'agit pas d'un comprendre, d'une conscience conceptuelle, mais au contraire, pour reprendre l'expression de John Lachs, d'une conscience « *préconceptuelle*[283] ». Fichte, comme le note Daniel Breazeale[284], le dit d'ailleurs clairement dans une lettre à Reinhold :

> *Ce que je cherche à communiquer est quelque chose qui ne peut être ni dit ni conçu, mais seulement* intuitionné*; ce que je dis ne doit rien faire de plus que de guider le lecteur de telle sorte que l'intuition désirée se forme en lui.*[285]

Ce passage concerne le moi. Ce qu'il importe à Fichte de « *communiquer* », c'est la notion même de moi qui se trouve au fondement de toute sa philosophie. Le sens de ce passage est donc le suivant : Fichte ici convient que son moi est inconceptualisable, mais prétend néanmoins qu'il est possible d'en faire l'expérience sur le mode de l'intuition. Ainsi, lorsque je me saisis et me pense en tant que moi, c'est-à-dire comme étant pure identité, je ne me pense et ne me saisis pas moi-même au moyen du concept, mais au contraire par opposition à tout concept : je me pense et me saisis immédiatement comme me saisissant immédiatement, c'est-à-dire précisément *comme ne me saisissant pas* au moyen du concept.

Une telle activité réflexive, par laquelle la pensée s'aperçoit elle-même sur le mode de l'intuition, c'est-à-dire de manière immédiate, serait ce qu'il convient d'appeler, comme le dit Fichte, une « *intuition intellectuelle*[286] ». En effet, il s'agit d'une activité intuitive de l'intelligence, à savoir, comme le dit Kant, d'une représentation par laquelle un objet est donné à la faculté de connaître. Non pas médiatement, toutefois, par l'intermédiaire des sens, comme dans l'intuition empirique, mais immédiatement, du fait de l'activité de la faculté de connaître elle-même. Comme l'écrit Fichte : « *Une pure*

---

[282] Fichte, SW, I, p. 459/GA, I, 4, p. 214/trad. T, p. 269.
[283] J. Lachs, « Is There an Absolute Self ? », p. 174.
[284] D. Breazeale, « Inference, Intuition and Imagination », p. 23. Breazeale traduit également l'allemand *begriffen* par *grasped conceptually*.
[285] Fichte, GA, III, 2, p. 344.
[286] Sur ce point, voir par exemple Fichte, SW, I, p. 463/GA, I, 4, p. 216-217/trad. T, p. 272.

intuition du moi en tant que sujet = objet est donc possible ; une telle intuition, puisqu'elle ne comporte aucune matière sensible, est appelée à juste titre : INTUITION INTELLECTUELLE.[287] »

Cette distinction entre la connaissance intuitive (immédiate) et la connaissance théorique (médiatisée par le concept) permet d'ailleurs de comprendre un grand nombre de passages de l'œuvre de Fichte qui, autrement, pourraient paraître contradictoires. C'est ainsi que Fichte écrit, par exemple, dans la *nova methodo* : « *Toute conscience possible suppose la conscience immédiate et ne saurait être conçue en dehors d'elle.*[288] » Et un peu plus loin dans le même texte : « *On a prouvé, au § précédent, que la conscience immédiate devait précéder toute conscience.*[289] » Et encore un peu plus loin : « *La* [conscience] *immédiate est l'idée et ne parvient pas à la conscience.*[290] » Puis : « *La conscience immédiate n'est absolument pas une conscience ; c'est un obscur acte de se poser soi-même dont il ne sort rien ; c'est une intuition, sans que rien ne soit intuitionné.*[291] » À la lumière de ce qui précède, me semble-t-il, ces propositions deviennent claires. Fichte ne nie absolument pas ici la possibilité pour l'absolu de s'élever à la conscience de soi, il ne cherche pas à démontrer qu'aucune conscience de soi n'est possible de manière inconditionnée, mais il dit simplement que cette conscience de soi, originairement, n'est pas une *représentation conceptuelle*. Il ne s'agit pas d'une conscience ou d'une connaissance dans la mesure où cette conscience est sans objet déterminé ; mais il s'agit d'une conscience ou d'une connaissance dans la mesure où ce qui est saisi, dans la libre activité réflexive, sur le mode de l'intuition, est vrai, et même *évident*, justement parce qu'il n'est pas saisi sur le mode du concept. Il s'agit donc si l'on veut d'une conscience ou d'une connaissance intuitive, immédiate.

En outre, cette distinction entre la conscience intuitive et la conscience théorique permet de résoudre un autre problème d'interprétation relié à la question de la moïté qui demeurerait autrement insoluble. En effet, alors que Fichte, surtout dans la première partie de son œuvre, pose clairement le

---

[287] Fichte, GA, IV, 3, p. 347/trad. D, p. 93.
[288] Fichte, GA, IV, 3, p. 346/trad. D, p. 92.
[289] Fichte, GA, IV, 3, p. 353/trad. D, p. 101.
[290] *Ibid.*
[291] Fichte, GA, IV, 3, p. 361/trad. D, p. 113.

caractère absolu de la réalité du moi ou de la conscience, il affirme par ailleurs, et cela de plus en plus clairement et vigoureusement à partir de 1801, que la conscience empirique est la manifestation d'un être se situant en-deçà de toute pensée ou de tout savoir. Par conséquent, si le principe érigé par Fichte en absolu en 1794-95 était la conscience théorique, il faudrait admettre que Fichte se contredit, ou à tout le moins qu'un revirement radical s'est produit sur ce point dans sa pensée, ce qu'il a toujours nié.[292] L'interprétation proposée ici permet cependant de rendre compréhensible cet apparent paradoxe, puisqu'il apparaît maintenant que le moi érigé par Fichte en principe dans la *Grundlage* de 1794 n'est pas le moi de la conscience théorique, mais celui de la conscience intuitive, qui en tant que tel se trouve en-deçà de toute conscience proprement dite, c'est-à-dire de toute conscience de quelque chose de déterminé, dont toute conscience proprement dite constitue la manifestation (ou l'*image*, comme le dira plus tard Fichte). L'être posé par Fichte en-deçà de toute pensée dans les textes plus tardifs n'est donc pas une chose, mais tout comme en 1794 une activité qui doit être conçue comme auto-intuition.

Comme le note Jürgen Stolzenberg[293], une telle distinction entre le moi absolu et le moi empirique, entre la conscience pure ou intuitive et la conscience théorique ou conceptuelle, se trouve déjà chez Kant, qui admet une grande différence entre ce qu'il appelle l'aperception transcendantale et l'aperception empirique. Et cette distinction est d'autant plus importante, poursuit-il, que c'est précisément du fait d'avoir négligé cette distinction qu'on a cru, ces dernières décennies, pouvoir et devoir liquider la philosophie du sujet ou de la conscience – comme cherche à le faire par exemple Philonenko, dont les efforts à ce niveau s'inscrivent dans un mouvement beaucoup plus large.[294] D'où la conclusion de Stolzenberg, on ne peut plus juste à mon avis :

---

[292] À ce propos, voir point C. de la conclusion de la présente étude.
[293] Voir J. Stolzenberg, « Fichtes Satz „Ich bin" », p. 2.
[294] Sur ce point, voir par exemple U. Pothast, *Über einige Fragen der Selbstbeziehung*, p. 48, où Pothast caractérise la philosophie de la conscience dont Fichte fut l'un des principaux contributeurs comme un projet « *ayant totalement échoué* ». Voir aussi E. Tugendhat, *Selbstbewußtsein und Selbstbestimmung*, qui est cité par Stolzenberg comme type de l'analyse du phénomène de la conscience négligeant la distinction entre la conscience pure et la conscience empirique.

> *Si l'on garde cela en tête, alors il faut admettre que la manière dont la conscience de soi est aujourd'hui thématisée, de même que la critique formulée par la philosophie analytique du langage à l'égard de la doctrine idéaliste* [Stolzenberg pense en particulier à Tugendhat], *nous ont complètement et irrémédiablement fait perdre de vue ce qui constitue précisément le caractère propre de cette théorie, notamment telle qu'elle se présente chez Fichte.*[295]

* * *

Ainsi, s'il est vrai que l'activité réfléchissante de la pensée doive être posée à titre de réalité absolue, il convient de préciser que cette activité ne peut avoir lieu que sur le mode de l'intuition. C'est sur le mode de l'intuition, et non sur le mode de la conscience conceptuelle, que la pensée originairement se saisit elle-même et prend conscience de soi comme identique à elle-même et comme réalité absolue.

Ceci étant admis – et ce point, de nouveau, est fondamental en vue de la compréhension de la suite – nous nous heurtons ici à un paradoxe. Ce paradoxe est le suivant :

D'après ce qui précède, le philosophe pose l'activité réflexive de la pensée comme réalité absolue. Or en tant que réflexive, cette activité ne peut avoir lieu que sur le mode de l'intuition. En principe, donc, d'après ces prémisses, il semble que la pensée devrait en être réduite à l'intuition de soi et, de par sa nature même, être incapable de toute conscience de soi proprement dite, c'est-à-dire qu'elle devrait être incapable de se concevoir comme moi.

Or il s'avère que tout être pensant, tout être humain, à ce qu'il semble, non seulement s'intuitionne comme moi, mais se comprend et se conçoit comme tel également. La conscience commune, pour autant qu'on puisse l'observer en soi-même et le deviner chez les autres, dispose d'un concept de moi, au moyen duquel elle se pense.

En effet, tout être humain, semble-t-il, est pour lui-même = moi, et se pense en tant que tel par opposition aux *choses*. Tout un chacun, sous une forme ou sous une autre, le pensera et l'exprimera : *je suis un homme, non pas une sim-*

---

[295] J. Stolzenberg, « Fichtes Satz „Ich bin" », p. 2.

ple chose. Un grand nombre de situations de la vie quotidienne peuvent être invoquées sur ce point. Fichte à ce propos donne l'exemple suivant :

> *Supposons – qu'on me pardonne cet exemple, que j'estime toutefois on ne peut plus approprié – que vous cousiez ou coupiez quelque chose au vêtement qu'une personne porte sur elle, et que, sans y prendre garde, vous la blessiez ; elle vous dirait alors sans doute : « Attention, c'est* moi, *tu me blesses. » Que voudrait-elle dire par là ? Non point qu'elle est cette personne déterminée et non une autre ; car vous le savez parfaitement ; ce qu'elle veut dire est que ce que vous touchez n'est pas son habit mort et privé de sentiment, mais son être vivant et sentant ; ce dont vous ne vous aperceviez pas. Par ce moi elle ne se distingue pas des autres personnes, mais des choses. Cette distinction surgit constamment dans notre vie ; sans elle nous ne pourrions faire un pas sur terre, ni lever une main en l'air.*[296]

Qu'entend l'homme ordinaire par ce mot de *chose* par opposition à laquelle il se conçoit ? Ce mot désigne pour lui sans aucun doute tout ce dont l'activité porte nécessairement sur quelque chose d'extérieur à soi, tout ce dont l'action n'est possible qu'en tant que mouvement reçu du dehors et retransmis vers le dehors. La chose, par essence, s'inscrit donc dans une chaîne causale. En d'autres termes, une chose, pour l'homme du commun, n'est rien d'autre que ce qui n'est pas soi-même l'objet de sa propre activité, ce qui ne fait pas retour sur soi-même et, ainsi, ne s'intuitionne pas soi-même et n'est pas pour soi-même (ni médiatement ni immédiatement). Comme l'écrit Fichte :

> *Une chose (…) peut être de bien des façons ; mais dès que la question posée est :* pour qui *cette chose est-elle ? il n'est personne qui, comprenant le sens de ces mots, puisse répondre : pour elle-même ; il faut au contraire penser en plus une intelligence,* pour *laquelle cette chose est. En revanche, l'intelligence étant nécessairement pour elle-même ce qu'elle est, il n'est pas nécessaire d'y joindre par la pensée aucune autre chose.*[297]

Ainsi, l'homme ordinaire, en tant qu'il se pense comme opposé à la chose, se pense nécessairement par le fait même comme activité réflexive de la pensée,

---

[296] Fichte, SW, I, p. 504/GA, I, 4, p. 256-257/trad. T, p. 302.
[297] Fichte, SW, I, p. 436/GA, I, 4, p. 196/trad. T, p. 254.

comme identité du sujet et de l'objet. Bref, il se pense en tant que *moi*.

Il faut prendre garde à ceci cependant : on n'affirme pas ici que l'homme ordinaire pense son propre moi comme quelque chose de déterminé et qu'il dispose par conséquent d'un concept de ce que nous venons tout juste de caractériser comme inconceptualisable. Mais on affirme simplement : l'homme ordinaire se pense précisément comme activité réflexive de la pensée ne pouvant avoir lieu que sur le mode de l'intuition, ou ce qui est la même chose : il se pense et se conçoit précisément *en tant qu'inconceptualisable*. Il est pour lui-même ce dont la détermination consiste en ceci qu'il ne possède aucune détermination particulière ; il est pour lui-même déterminé *comme indéterminable*.

Néanmoins, même comprise de cette façon, la possibilité d'une conscience conceptuelle de soi ne laisse pas d'être paradoxale. Car s'il est vrai que la pensée soit identique à elle-même, qu'elle soit pour elle-même = moi, alors elle constitue l'unique réalité. Par suite, rien n'est extérieur à elle, c'est-à-dire que rien n'existe en dehors de l'activité réflexive de la pensée. Ainsi, il n'existe aucun conceptualisable, ou ce qui d'après ce qui précède est la même chose : aucune *nature*, aucun *monde des choses*, par opposition auquel le pur intuitionnable puisse se saisir lui-même comme tel. La conscience de soi, même sous cette forme, paraît donc impossible.

Et pourtant, c'est un fait, l'homme a conscience de soi au sens susdit : il se pense non seulement comme spiritualité pure sur le mode de l'intuition, mais aussi par opposition aux simples choses. Dans l'investigation qui doit le mener à la réalisation de son objectif premier, c'est-à-dire : dans sa tentative de déterminer le principe du savoir et de la conscience empirique, le philosophe se heurte donc à une difficulté, à un paradoxe. C'est dans l'étonnement relatif à ce paradoxe que s'enracine selon Fichte le questionnement proprement philosophique. La question de la philosophie, selon Fichte, est donc la suivante : *comment la conscience de soi est-elle possible ?* Et sans doute est-ce en ce sens que Fichte, dans la *nova methodo*, déclare : « *La tâche de philosopher, la tendance à philosopher, part du FAIT que nous avons une conscience.*[298] » La tendance à philosopher est posée avec le fait de la conscience de soi théo-

---

[298] Fichte, GA, IV, 2, p. 18/trad. D, p. 72.

rique, puisque le problème philosophique est lui-même posé avec cette conscience. Ainsi, la doctrine de la science, dans l'esprit de Fichte, en tant que philosophie accomplie, n'est rien d'autre que la détermination scientifique des conditions de possibilité de la conscience de soi conceptuelle ou théorique, qui apparaît de prime abord contradictoire. À cet égard, il est possible d'affirmer avec Dieter Henrich :

> *Au début de sa carrière philosophique, Fichte a fait une découverte. Cette découverte ne concernait pas tant un état de chose qu'une difficulté, un problème : il comprit que le concept de conscience de soi, auquel certains philosophes avaient déjà accordé le statut de principe, n'était pensable qu'à certaines conditions qui jusque-là avaient été négligées.*[299]

Il faut avoir soin, cependant, de comprendre ce problème correctement. On ne doit pas supposer, comme l'ont fait certains commentateurs – par exemple Alexis Philonenko – qu'il s'agit ici de déterminer ce qui doit encore exister en dehors de la pensée afin que la pensée puisse prendre conscience d'elle-même. Car si la possibilité de la conscience de soi conceptuelle est problématique, c'est précisément parce qu'il est d'abord posé qu'elle doit nécessairement avoir son fondement dans une activité réflexive qui, par définition, ne peut faire l'objet d'aucun savoir conceptuel. En ce sens, Dieter Henrich aurait encore une fois raison lorsqu'il résume les conclusions de Fichte à propos du fondement de la conscience de soi de la sorte :

> *Si nous voulons comprendre d'où vient l'ensemble de notre conscience en tant que nous sommes des « mois », alors nous devons nécessairement supposer un fondement dont nous ne nous pouvons rien savoir.*[300]

Le savoir constituant le fondement de la conscience de soi n'est pas de nature théorique ; comme le dit ici Henrich, il ne s'agit pas d'un savoir, au sens de la connaissance médiatisée par le concept, mais d'une intuition, c'est-à-dire d'un savoir immédiat. Pour citer encore une fois ce dernier : « *Lorsque Fichte parle de l'acte d'autoposition, il pense au caractère immédiat de ce savoir.*[301] »

---

[299] D. Henrich, *Selbstverhältnisse*, p. 59.
[300] *Ibid.*, p. 71.
[301] *Ibid.*

C'est là un acquis du §1 de la *Grundlage*. Par conséquent, le sens de la question soulevée par Fichte dans la doctrine de la science ne peut être que le suivant : comment le moi, qui n'est rien d'autre que la conscience immédiate du caractère absolu de la pensée ou de l'intelligence, peut-il se saisir conceptuellement comme moi, c'est-à-dire comme absolu, alors qu'une telle saisie conceptuelle de soi suppose que le moi admette la réalité de quelque chose d'extérieur à lui ? Autrement dit, il ne s'agit pas, dans la doctrine de la science, de déterminer les conditions de possibilité de l'activité réflexive de la pensée : celle-ci, c'est un point établi, a lieu *spontanément*, de manière absolument inconditionnée, sur le mode de l'intuition. Mais il s'agit plutôt de répondre à la question de savoir comment, du sein même de cette activité réflexive, naît dans la pensée elle-même la conviction qu'il existe encore quelque chose qui lui est extérieur, le monde des choses, par opposition à quoi elle puisse s'élever de la simple intuition de soi à la conscience de soi proprement dite. Bref, il s'agit d'expliquer comment la représentation du monde sensible et l'impression d'objectivité et d'indépendance qui accompagne cette représentation peut être engendrée à partir de la seule activité réflexive de la pensée. La doctrine de la science a donc pour tâche de déduire la totalité de la représentation susdite, ou ce qui est la même chose : la totalité de l'expérience ou de la conscience empirique, à partir de l'activité réflexive de la pensée (à partir de l'auto-intuition de la pensée) que Fichte appelle *moi*, cela afin de rendre compréhensible la possibilité de la conscience de soi conceptuelle. Aussi Fichte propose-t-il précisément de formuler la question de la doctrine de la science de la manière suivante : *comment en venons-nous à admettre que des objets existent indépendamment de la représentation ?* Il écrit par exemple à ce propos dans la doctrine de la science *nova methodo* :

> *Comment en arrivons-nous à admettre qu'en dehors de notre représentation il existe encore des choses effectives ? Beaucoup d'hommes ne se posent pas cette question, soit parce qu'ils ne sont pas attentifs à cette différence* [celle qui existe entre représentation et chose effective], *soit parce qu'ils ne pensent pas suffisamment. Mais qui soulève cette question accède à la philosophie. Répondre à cette question est la fin de la philosophie ; la*

L'INTENTION DE LA DOCTRINE DE LA SCIENCE   169

science qui y répond est la philosophie.[302]

Un peu plus tard, en 1799, dans son *Appel au public contre l'accusation d'athéisme*, Fichte énoncera de nouveau cette même question, de façon encore plus détaillée :

> *On peut démontrer facilement et clairement à chacun, pour peu qu'il soit apte à la vraie spéculation et capable d'une attention soutenue, que notre expérience n'est tout entière rien d'autre que le produit de notre représentation. Depuis toujours, les idéalistes conséquents l'ont admis ; et le scepticisme accompli se comprenant lui-même correctement s'est toujours fondé jusqu'aujourd'hui sur l'affirmation très vraie selon laquelle rien ne lie la libre représentation de manière absolue. Or, qu'est-ce donc qui, d'après la conscience commune, nous lie tout de même ? Qu'est-ce qui fait que nous tenons nos propres productions pour des choses indépendantes de nous ? Qu'est-ce donc qui fait que nous redoutons, admirons, désirons nos propres créations, et croyons que notre destinée dépend d'une apparence, que le moindre souffle d'être libre suffirait à anéantir ?*[303]

Dans le même esprit, Fichte écrivait à Reinhold le 2 juillet 1795 :

> *La question fondamentale dont s'occupe sans cesse la doctrine de la science, question qui ne se trouve résolue que jusqu'à un certain point seulement dans la partie théorique, mais qui l'est complètement dans la partie pratique, est la suivante : Puisque le moi ne pose originairement* que lui-même, *comment en arrive-t-il à poser en outre quelque chose d'autre qui lui soit opposé ? Comment parvient-il à sortir de soi ?*[304]

De même, toujours en 1795, dans son écrit concernant la comparaison de son système et de celui de son collègue le professeur Schmid :

> *Selon moi* (...) la question à laquelle la philosophie doit répondre est la suivante : quel rapport nos représentations entretiennent-elles avec leurs objets ; dans quelle mesure peut-on affirmer que quelque chose

---

[302] Fichte, GA, IV, 3, p. 324/trad. D, p. 62.
[303] Fichte, SW, V, p. 210/GA, I, p. 429-430/trad. K, p. 52.
[304] Fichte, GA, III, 2, p. 345.

d'existant indépendamment de celles-ci, et d'une manière générale, de nous-mêmes, leur correspond hors de nous ?[305]

Lorsqu'on affirme que Fichte cherche à déduire ou dériver la totalité de la réalité à partir du moi, ou ce qui est la même chose : à démontrer que toute réalité est comprise dans le moi et se réduit au moi ou à l'intelligence, on a donc bel et bien raison. Comme l'écrit encore Fichte :

> *Et c'est justement la tâche de la philosophie critique de montrer que (...) tout ce qui se présente dans notre esprit peut être parfaitement expliqué et compris à partir de lui seul.*[306]

À la lumière de ces explications, il apparaît clairement encore une fois, me semble-t-il, que ce qui fait problème, du point de vue du philosophe tel que le conçoit Fichte, n'est pas tant la moïté elle-même, en tant que pure identité et réalité absolue de la pensée, que la possibilité pour la pensée comme réalité absolue d'en arriver à considérer qu'il existe quelque chose en dehors d'elle-même, alors qu'il n'existe en soi précisément rien de tel. Il est également clair qu'il ne s'agit pas pour Fichte de déduire la réalité effective d'objets hors du moi ou hors de la pensée, mais la possibilité pour le moi de penser de tels objets extérieurs ; d'où il suit que la démonstration de cette possibilité conduit non pas à admettre la réalité effective de tels objets, mais justement à comprendre comment on peut admettre de tels objets extérieurs à la pensée alors qu'il n'y en a pas.

***

Depuis Philonenko – on ne cessera jamais de s'étonner de l'ampleur de l'influence qu'il a exercée dans le milieu des études fichtéennes – on a beaucoup discuté la question de savoir quel sens a l'intuition intellectuelle dont parle Fichte dans plusieurs de ses textes, notamment à partir de 1797. Alexis Philonenko soutient que la plupart des commentateurs qui l'ont précédé se sont trompés en interprétant l'intuition intellectuelle dont parle Fichte en

---

[305] Fichte, SW, II, p. 435/GA, I, 3, p. 247.
[306] Fichte, SW, I, p. 15/GA, I, 2, p. 55/trad. H, p. 140.

tant qu'acte par lequel le moi fait originairement retour sur soi pour se saisir immédiatement comme réalité absolue effective. Il argumente à ce propos de la manière suivante. Si le moi se saisissait d'après Fichte lui-même originairement comme réalité *effective*, le système de ce dernier devrait être interprété en tant qu'idéalisme égoïste niant toute altérité, ce qui rendrait incompréhensible le réalisme pratique dont il fait preuve dans ses écrits concernant la politique et la morale. Comme il l'écrit lui-même :

> *L'intuition intellectuelle* [compris comme acte par lequel le moi prend immédiatement conscience de sa propre existence] *est tellement liée à l'affirmation du « Je », de « mon Moi », qu'on peut difficilement comprendre comment elle ne fonde pas un égoïsme spéculatif radical ; l'existence d'autrui présupposée en toute philosophie du droit devient un mystère. Ce n'est pas tout ! L'intuition intellectuelle ruine la Doctrine de la science elle-même ; principe de la conscience elle semble inconciliable avec l'affirmation d'un monde, c'est-à-dire d'une réalité étrangère à la conscience.*[307]

Par conséquent, la signification du premier principe, dans l'esprit de Fichte, est selon Philonenko purement pratique, c'est-à-dire que l'acte par lequel le moi se pose comme absolu concerne selon lui non pas l'être effectif, mais l'être idéal du moi ; non pas ce qu'il est effectivement, mais ce qu'il *doit* devenir. En d'autres termes, ce que Fichte appelle l'intuition intellectuelle ne serait rien de plus que la conscience de l'impératif moral auquel se trouve soumis le moi. Rivelaygue sur ce point résume avec beaucoup de concision la thèse de son maître à penser :

> *Fichte pourra donc dire que l'intuition intellectuelle est quelque chose de simple et que tout le monde peut l'avoir : c'est seulement, en effet, la conscience de la liberté comme exigence du moi fini de devenir moi absolu par négation du non-moi. Et cette exigence, naturellement, ne peut être remplie qu'à l'infini : le moi fini fera toujours face au non-moi.*[308]

En faveur de cette hypothèse, Philonenko fait d'ailleurs valoir que la notion

---

[307] A. Philonenko, *La liberté humaine*, p. 78.
[308] J. Rivelaygue, *Leçons de métaphysique allemande – tome I*, p. 162.

même d'intuition intellectuelle est totalement absente dans les textes de Fichte jusqu'à la *Seconde introduction à la doctrine de la science* de 1797. Il semble donc que Fichte au point de départ n'accorde aucune place à cette notion dans son système. Or pourquoi ne lui accorderait-il aucune place, sinon parce que parler d'intuition intellectuelle laisse immédiatement supposer qu'un accès immédiat à la réalité telle qu'elle est en soi – qu'il s'agisse de celle du sujet ou de l'objet – est possible, ce qui tend à prouver que la possibilité d'un tel accès immédiat, comme le croit Philonenko, est précisément ce qui se trouve nié par Fichte ? En 1797, cependant, Fichte aurait introduit cette notion dans son système afin de s'opposer aux thèses de Schelling, dans la pensée duquel l'intuition intellectuelle comme saisie de la réalité effective du moi absolu joue un très grand rôle. Autrement dit, Fichte en introduisant la notion d'intuition intellectuelle dans son discours aurait voulu se réapproprier en quelque sorte le langage de Schelling afin de le combattre sur son propre territoire. C'est ce qui l'aurait amené à admettre la possibilité de l'intuition intellectuelle, non pas au sens de Schelling comme acte par lequel le moi accède à la réalité de ce qu'il est effectivement en soi, cependant, mais plutôt comme acte par lequel il accède immédiatement à l'idée de ce qu'il doit devenir. Malheureusement, le public, sous l'influence pernicieuse de Hegel, aurait mal compris Fichte et, plutôt que de comprendre que Fichte s'opposait à Schelling, aurait interprété l'intuition intellectuelle de Fichte en un sens schellingien.[309]

Aussi séduisante qu'elle puisse paraître, cependant, cette interprétation de Philonenko encore une fois, me semble-t-il, ne résiste pas à un examen attentif des textes.

Tout d'abord, l'interprétation de Hegel, comme j'ai eu l'occasion de l'expliquer dans l'introduction, est beaucoup plus proche de celle de Philonenko que ce dernier veut bien l'admettre. Certes, Hegel dans l'écrit *Sur la différence des systèmes de Fichte et de Schelling* fait de l'intuition intellectuelle le fondement de la doctrine de Fichte.[310] Mais puisque Hegel, tout comme Phi-

---

[309] Pour tout ceci, voir A. Philonenko, *La liberté humaine*, p. 77-94.
[310] Voir Hegel, GW, IV, p. 34/trad. BB, p. 109 : « *Le fondement du système de Fichte est l'intuition intellectuelle, la pensée pure du moi propre, la conscience pure de soi, moi = moi, je suis, l'absolu sujet-objet. Le moi est cette identité du sujet et de l'objet.* »

lonenko, suppose que Fichte en dernière analyse n'accorde au moi absolu qu'une réalité idéale totalement inaccessible, il faut également admettre que l'intuition intellectuelle au sens de Fichte, que Hegel identifie pleinement avec la conscience de soi exprimée par le *je suis* dont parle Fichte au §1 de la *Grundlage*, n'est effectivement rien d'autre, selon lui, que la conscience d'une exigence. Il me paraît donc inexact d'affirmer, avec George Seidel[311] par exemple, que Hegel développe une compréhension schellingienne de Fichte. La meilleure preuve de cela d'ailleurs est sans doute le fait que, comme le note Reinhard Lauth[312], Hegel se range du côté de Schelling contre Fichte. Lauth, dans son *Hegel critique de la doctrine de la science*, le démontre de manière irréfutable: Hegel critique Fichte à la lumière de Schelling.[313] Mais comment peut-on dans ces conditions lui reprocher d'avoir plaqué la pensée de Schelling sur celle de Fichte ? Ainsi, si l'intuition intellectuelle de Fichte fut comprise en tant que saisie d'une réalité effective, ce ne fut pas sous l'influence de Hegel, qui développa une interprétation très différente du système fichtéen.

Ensuite, en supposant qu'il soit juste d'affirmer, avec Philonenko, que les mots *intuition intellectuelle* n'apparaissent pas dans l'œuvre publiée de Fichte avant 1797, il serait néanmoins faux, comme les recherches les plus récentes ont permis de le démontrer, de dire que Fichte n'avait pas songé à introduire cette notion dans son système avant cette date. En effet, nous savons maintenant que Fichte, dès les *Méditations personnelles* rédigées durant l'hiver 1793[314], emploie l'expression *intuition intellectuelle* afin de désigner l'acte par lequel le moi se saisit comme identique à lui-même. Il écrit par exemple à ce propos: « *Le moi ne s'intuitionne pas lui-même, si ce n'est par l'intuition intellectuelle dans le: je suis*.[315] » Dans les *Leçons de Zurich*, un résumé – effectué par J. K. Lavater – du premier cours sur la doctrine de la science don-

---

[311] Voir G. Seidel, « Hegel's Early Reaction to the *Wissenschaftslehre* », p. 244 : « [Hegel] *lit Fichte à travers le regard de Schelling.* »
[312] Voir R. Lauth, *Hegel critique de la doctrine de la science de Fichte*, p. 15 : « *Hegel assure que le système scientifique de la philosophie est non pas la Doctrine de la science mais l'idéalisme de Schelling.* »
[313] Voir *ibid.*, p. 11-82.
[314] Voir I. Thomas-Fogiel, « Présentation », *in* trad. I, p. 7.
[315] Fichte, GA, II, 3, p. 141/trad. F, p. 153.

né par Fichte devant un groupe d'amis et de notables quelque temps avant son arrivée à Iéna en mai 1794, on trouve encore au moins une occurrence de l'expression *intuition intellectuelle* comprise comme acte d'auto-intuition du moi : « *Il apparaîtra un peu plus loin que le* moi, *originairement, est lui aussi une intuition ; non pas sensible cependant, mais* intellectuelle.[316] » Ainsi, il apparaît faux de dire avec Philonenko que Fichte n'eut recours à l'expression *intuition intellectuelle* qu'afin de répondre à Schelling.

Bien entendu, on ne saurait blâmer Philonenko, qui n'avait peut-être pas accès aux écrits de jeunesse de Fichte comme c'est le cas des lecteurs d'aujourd'hui, de ne pas avoir tenu compte de ces textes dans son analyse. Si l'on veut être absolument rigoureux, néanmoins, il faut convenir que l'erreur qu'il a commise à ce propos n'est pas entièrement excusable. Car si Philonenko a raison d'affirmer que les mots *intuition intellectuelle* ne se trouvent pas dans la *Grundlage* elle-même, il n'est pas vrai que cette notion n'apparaisse pas dans les textes publiés avant 1797. En effet, comme le remarque Xavier Tilliette[317], on trouve au moins trois occurrences très claires de cette expression employée au sens susdit dès 1794 dans la *Recension de l'Énésidème* :

> *Le sujet absolu, le moi, n'est pas donné par une intuition empirique, mais posé par une intuition intellectuelle ; et l'objet absolu, le non-moi, est ce qui lui est opposé.*[318]

> *En tant que fondement ultime de certaines formes de la pensée en général, l'esprit est noumène ; dans la mesure où ces formes de la pensée sont considérées comme des lois inconditionnellement nécessaires, il est idée transcendantale. Mais cette idée se distingue de toutes les autres en ce que nous la produisons par l'intuition intellectuelle, par le je suis, et plus précisément par le je suis absolument parce que je suis.*[319]

> *Exposons les moments de ce raisonnement dans leur plus haute abstraction. Si le moi de l'intuition intellectuelle est parce qu'il est et est ce qu'il est, il est, dans cette mesure,* autoposant, *absolument auto-*

---

[316] Fichte, GA, IV, 3, p. 34.
[317] Voir Xavier Tilliette, *Recherches sur l'intuition intellectuelle de Kant à Hegel*, p. 42-43.
[318] Fichte, SW, I, p. 10/GA, I, 2, p. 48/trad. H, p. 135.
[319] Fichte, SW, I, p. 16/GA, I, 2, p. 57/trad. H, p. 141.

nome et indépendant.[320]

En outre, même sans tenir compte de ces occurrences – peu nombreuses à coup sûr – qui se trouvent effectivement dans les textes publiés avant 1797, il resterait inexact d'affirmer que la notion d'intuition intellectuelle ne joue aucun rôle important dans ce corpus. Car si les mots *intuition intellectuelle* y sont pratiquement absents, l'idée d'intuition intellectuelle pour sa part est omniprésente, quoique sous d'autres appellations. C'est ainsi que Fichte, à plusieurs reprises dans ces textes, emploie l'expression *intuition interne* ou *intérieure* pour parler de l'acte par lequel le sujet et l'objet sont saisis comme étant identiques, comme c'est le cas dans l'extrait suivant :

> *Cette description, toutefois : le moi est ce qui se pose soi-même absolument, ce qui est à la fois sujet et objet, (...) [n'est qu'une] simple formule qui, pour celui qui ne lui donne pas vie au moyen d'une intuition intérieure engendrée en lui-même, demeure un discours vide, mort et incompréhensible.*[321]

Par endroits, toujours dans le corpus des textes publiés avant 1797, Fichte caractérise également l'acte par lequel le moi se saisit lui-même immédiatement comme « *intuition* » ou comme « *intuitionner* » tout court, parce que toute intuition possible selon lui, en dernière analyse, y compris l'intuition sensible, est fondée dans l'acte d'auto-intuition du moi :

> *Assurément, du point de vue d'une philosophie transcendantale, on aperçoit même que l'acte d'intuitionner n'est lui-même rien de plus qu'un moi revenant sur soi, et que le monde n'est rien de plus que le moi intuitionné dans ses limites originaires.*[322]

> *C'est de l'acte d'intuitionner lui-même, et exclusivement de lui, que procède l'intuitionné : le moi revient sur lui-même, et cette activité donne en même temps l'intuition et l'intuitionné ; la raison (le moi) n'est nullement, dans l'intuition, passive, mais au contraire elle est absolument*

---

[320] Fichte, SW, I, p. 22/GA, I, 2, p. 65/trad. H, p. 146.
[321] Fichte, SW, II, p. 442/GA, I, 3, p. 254.
[322] Fichte, SW, III, p. 18/GA, I, 3, p. 330/trad. Q, p. 34.

active, elle y est imagination productrice.³²³

À d'autres moments encore, toujours dans le corpus de textes en question, Fichte abandonne tout à fait le mot *intuition* pour parler tout simplement de l'agir immédiat du moi sur lui-même, comme c'est le cas dans cet extrait :

> *La liberté, ou ce qui est la même chose, l'agir immédiat du moi en tant que tel, est le point d'unification de l'idéalité et de la réalité. Le moi est libre dans la mesure où il se pose et en tant qu'il se pose librement ; et il se pose librement ou se libère dans la mesure où il est libre. Détermination et être sont une seule et même chose ; ce qui agit et ce qui constitue l'objet de l'action sont identiques ; précisément dans la mesure où le moi se détermine à agir, il agit dans cet acte de détermination ; et dans la mesure où il agit, il se détermine.*³²⁴

Ainsi, il n'est pas nécessaire que l'expression *intuition intellectuelle* se retrouve telle quelle dans les textes publiés par Fichte avant 1797 pour que la notion d'intuition intellectuelle, en tant qu'idée de l'acte par lequel le moi accède à lui-même de manière immédiate, y joue un rôle important. Bien entendu, la question de savoir pourquoi Fichte, dans ces conditions, cherche à éviter avant 1797 l'expression *intuition intellectuelle* et préfère de toute évidence employer d'autres appellations pour parler de l'acte d'auto-intuition du moi, demeure légitime. Ne suggère-t-il pas de la sorte que cette appellation ne lui convient pas et qu'il aurait préféré pouvoir s'en passer ? Il me semble effectivement que c'est ainsi qu'on doit l'interpréter. Néanmoins, si cette appellation ne lui convient pas, selon moi, ce n'est pas parce qu'elle n'exprime pas adéquatement ce qu'il a en tête lorsqu'il cherche à caractériser l'essence du moi. Car s'il l'avait jugée inadéquate, il ne l'aurait tout simplement pas employée ; et surtout pas à partir de 1797, s'il est vrai que son but

---

³²³ Fichte, SW, III, p. 58/GA, I, 3, p. 362/trad. Q, p. 72-73.
³²⁴ Fichte, SW, I, p. 371/GA, I, 3, p. 176/trad. T, p. 211. Sur ce point, voir aussi Fichte, SW, I, p. 377/GA, I, 3, p. 181/trad. T, p. 215 : « *Une fois persuadés de la nécessité d'une telle intuition immédiate, nous ne pourrons pas longtemps nous empêcher de croire que la chose doit, par voie de conséquence, se trouver en nous-mêmes, puisque nous ne pouvons agir immédiatement sur rien, si ce n'est sur nous-mêmes.* »

ait été précisément, comme l'affirment plusieurs commentateurs[325], de prendre ses distances par rapport à Schelling. En employant la même expression que Schelling dans un sens différent, et cela sans même prendre la peine de s'expliquer clairement à ce propos et sans même nommer Schelling une seule fois dans le texte, il est bien entendu qu'il n'aurait fait que brouiller les cartes plutôt que de clarifier sa position. Par conséquent, s'il évite cette appellation avant 1797, ce doit être pour une autre raison. Laquelle ? Une hypothèse plausible à cet égard serait la suivante. Fichte savait que, Kant ayant affirmé et démontré dans la *Critique de la raison pure* l'impossibilité de l'*intuition intellectuelle* en tant qu'appréhension de la réalité d'un objet au moyen de la seule raison théorique (c'est-à-dire à partir du simple concept), la plupart des lecteurs de la doctrine de la science, plutôt que de comprendre que son auteur était d'accord avec Kant sur ce point mais qu'il admettait pour sa part la possibilité de l'intuition intellectuelle en un sens différent, butterait tout simplement sur les mots *intuition intellectuelle* et crierait au dogmatisme. Il a donc soigneusement évité, dans la *Grundlage*, de se servir de cette expression. Cependant, comme il avait davantage foi dans l'enseignement oral que dans l'enseignement écrit, il fit appel à cette expression *dans ses cours*, mais se heurta tout de même, de la part de ses auditeurs, à l'objection redoutée. Puis, en 1797, après avoir été maintes et maintes fois prié et peut-être mis en demeure de s'expliquer sur ce point par écrit, il finit par céder et rédigea la *Seconde introduction à la doctrine de la science*, qui a en grande partie pour objectif de démontrer la compatibilité de la doctrine de la science et du criticisme kantien, en particulier sur la question de l'intuition intellectuelle.

Cette hypothèse, me semble-t-il, s'impose surtout lorsqu'on lit attentivement la section VI de la *Seconde introduction*. Fichte, dans cette partie du texte, commence par expliquer que la plupart de ses lecteurs, qu'ils soient amis ou ennemis de la doctrine de la science, refusent d'admettre la compatibilité de cette dernière avec le système kantien, compatibilité qu'il a toujours affirmée lui-même vigoureusement. Il affirme ensuite qu'il a longtemps refusé de s'expliquer en détail sur ce point, parce que la question de savoir si

---

[325] Sur ce point, voir M. Guéroult, *L'évolution et la structure de la Doctrine de la science chez Fichte*, II, p. 17 ; X. Léon, *Fichte et son temps*, I, p. 426, n. 1 ; et A. Philonenko, *La liberté humaine*, p. 88.

son système s'accorde ou non avec celui de Kant est en dernière analyse de peu d'importance selon lui. Cependant, dit-il, par souci d'honnêteté, parce qu'il ne souhaite en aucun cas qu'on lui attribue un mérite qui ne revient pas, il s'est tout de même finalement décidé à fournir la démonstration si souvent demandée.[326] Voici le début de l'explication qu'il fournit à ce propos :

> *Comme nous l'avons vu la doctrine de la science part d'une intuition intellectuelle, celle de l'absolue auto-activité du moi.*
> *Or un point est incontestable et manifeste pour tous les lecteurs des textes kantiens : c'est à l'affirmation d'un pouvoir d'intuition intellectuelle que Kant s'est opposé plus décisivement et, pourrait-on dire, plus dédaigneusement qu'à toute autre chose. (...)*
> *Faut-il démontrer qu'une philosophie qui est construite sur ce que rejette décisivement la philosophie kantienne est exactement l'inverse du système kantien et constitue précisément ce système absurde et privé de tout salut dont Kant parle dans cet écrit ? Avant de bâtir sur cet argument on aurait dû examiner si dans les deux systèmes des concepts tout à fait différents n'étaient pas exprimés par les mêmes mots.*[327]

Fichte ici, de même que dans la suite du texte, me semble-t-il, le laisse entendre clairement : selon lui, la doctrine de la science fut jugée contraire à l'esprit du kantisme principalement parce qu'il a déclaré que l'*intuition intellectuelle* constituait le fondement de la doctrine de la science, alors que Kant prétend démontrer son impossibilité. Il écrit en effet dans le passage cité : « *Avant de bâtir sur cet argument on aurait dû examiner si dans les deux systèmes des concepts tout-à-fait différents n'étaient pas exprimés par les mêmes mots.* » Cette affirmation sous-entend qu'il s'agit ici selon lui d'une simple *querelle de mots*. Autrement dit, Fichte a déjà employé, bien avant 1797 (il parle, qu'il me soit permis de le rappeler, de la preuve « *si souvent exigée*[328] »), les mots *intuition intellectuelle* pour désigner l'action réflexive du moi dont il fait le premier principe. Et c'est pourquoi la totalité de l'argument développé par Fichte au point VI de la *Seconde introduction* vise à faire ressortir le fait que

---

[326] Voir Fichte, SW, I, p. 471/GA, I, 4, p. 224/trad. T, p. 278.
[327] *Ibid.*
[328] *Ibid.*

l'*intuition intellectuelle* au sens où de la doctrine de la science, constitue – sous un autre nom : celui d'*aperception transcendantale* – le fondement du système kantien.

Bref, il semble que l'expression *intuition intellectuelle*, désignant chez Fichte l'activité réflexive du moi, ne soit jamais disparue du vocabulaire de ce dernier, et que, au moment même où elle cessait d'apparaître dans ses écrits, Fichte n'en faisait pas moins usage dans son enseignement oral. D'où il résulte que ce n'est probablement pas en référence à Schelling, et encore moins afin de critiquer ce dernier, que Fichte, en 1797, fait intervenir la notion d'intuition intellectuelle. D'ailleurs, Fichte en 1797 était bien loin d'avoir pris acte de la profondeur de la distance qui le séparait de Schelling : pour l'essentiel, il croyait ce dernier toujours d'accord avec lui.[329]

Ainsi, la seule question qui reste ouverte, relativement à l'argument de Philonenko, est celle qui concerne le statut ontologique accordé par Fichte au moi absolu dont la réalité se trouve saisie dans l'intuition intellectuelle : s'agit-il d'une entité pratique, purement idéale, comme le croit Philonenko, ou bien Fichte lui accorde-t-il plutôt une réalité effective ?

L'argument de Philonenko sur ce point, je le rappelle, consiste à dire que Fichte paraît certes affirmer, au tout début de la doctrine de la science, la réalité *effective* du moi absolu comme identité du sujet et de l'objet, mais qu'il s'applique à faire ressortir dans la suite du texte qu'il ne s'agissait là précisément que d'une apparence. Le moi étant forcé de reconnaître l'existence de son opposé, il en résulte qu'il doit nécessairement se considérer comme fini. En conséquence, le moi absolu auquel il paraissait de prime abord nécessaire d'accorder une réalité effective doit être pensé plutôt comme une réalité simplement idéale. La partie pratique de la philosophie de Fichte, inintelligible dans la perspective idéaliste allant nécessairement de pair avec l'affirmation de la réalité effective du moi absolu, devient alors compréhensible.

---

[329] Sur ce point, voir par exemple la présentation de M. Bienenstock, *in* Fichte et Schelling, *Correspondance (1794-1802)*, p. 28-30. Fichte à cette époque, en supposant même qu'il critique effectivement Schelling, ne le critique pas encore nommément. Or puisque Fichte, dans la *Seconde introduction* de 1797, n'oppose sa compréhension de l'intuition intellectuelle à aucune autre hormis celle de ceux qui nient sa possibilité, on ne saurait en conclure qu'il se montre critique à l'égard de Schelling sur ce point.

Par suite, trancher définitivement la question de savoir si l'on doit considérer l'intuition intellectuelle comme une connaissance portant sur une réalité effective ou lui attribuer une portée simplement pratique revient à déterminer si la reconnaissance de la réalité du non-moi supposée par le réalisme pratique de Fichte est compatible l'affirmation de la réalité effective d'un moi absolu. Je crois avoir résolu cette question avec toute la clarté voulue dans la seconde partie de la présente étude, en démontrant non seulement que ces deux choses, dans l'esprit de Fichte, sont parfaitement compatibles, mais que Fichte lui-même estime en outre que seul l'idéalisme théorique érigeant le moi de l'activité réfléxive en absolu permet de rendre compte de la possibilité de la reconnaissance d'une altérité (qu'il s'agisse de celle de l'objet ou de l'*alter ego*). Sur ce point, je me permets donc de renvoyer le lecteur à la seconde partie de l'ouvrage.

Indépendamment de cette démonstration détaillée de la seconde partie de la présente étude, cependant, il me semble que tout lecteur perspicace devrait d'ores et déjà estimer hautement invraisemblable que Fichte n'ait pas admis la réalité effective du moi absolu. Et cela non seulement parce que l'ensemble des résultats auxquels nous sommes parvenus jusqu'ici conduit inéluctablement à cette hypothèse, mais aussi parce que la logique la plus élémentaire exige qu'il l'ait admise.

En effet, il en va ici comme de la supposition kantienne, exprimée dans *Critique de la raison pure*, selon laquelle les deux sources de notre connaissance que sont la sensibilité et l'entendement pourraient être radicalement opposées.[330] L'analyse la plus simple, comme l'expliquait Salomon Maimon dès 1789 dans son *Essai sur la philosophie transcendantale*, suffit à démontrer complètement cette supposition. Car s'il est vrai que la sensibilité et l'entendement soient deux sources radicalement opposées, alors ce qui sent diffère de ce qui pense. Or ce qui pense est le sujet, c'est-à-dire le moi. Par conséquent, la sensibilité est opposée au moi. Mais dans ce cas, demande Maimon, comment puis-je me penser comme être sensible, comment puis-je penser ma sensibilité précisément comme étant *mienne* ? Le même argument, poursuit Maimon, vaut en ce qui concerne l'affirmation de Kant selon laquelle la

---

[330] Voir Kant, Ak, III, p. 46/trad. Z, p. 113.

raison théorique pourrait peut-être différer de manière radicale de la raison pratique, c'est-à-dire de la faculté de vouloir. En effet, en admettant qu'ils diffèrent, ce qui pense ou ce qui se représente le monde ou la réalité n'est pas le même que ce qui se pense comme soumis à l'impératif catégorique. Mais dans ce cas, comment puis-je affirmer que le sujet de la connaissance et du devoir sont tous les deux = moi ?[331] Cet argument, que Fichte connaissait sans aucun doute mieux que personne, et qui constitue fort probablement l'une des principales inspirations de l'idée fichtéenne selon laquelle le principe unificateur de toutes choses n'est nul autre que le moi[332], s'applique évidemment, *mutatis mutandis*, à la thèse de Philonenko. Si comme le croit ce dernier ce qui *est* diffère de ce qui *doit être*, alors comment puis-je les penser tous deux comme étant = moi ? Selon Philonenko, je suis fini, mais je dois devenir absolu. Il s'agit là cependant d'une affirmation pleinement contradictoire. En effet, si je suis fini, alors je ne puis poser l'absolu que je dois devenir comme étant identique au moi. Mais si c'est l'absolu érigé en idéal moral qui constitue le moi, alors comment puis-je être pour moi-même = moi tout en étant fini ?

La conclusion qui s'impose, à tout le moins d'un point de vue logique, est donc la suivante : l'intuition intellectuelle, selon Fichte, est l'acte moyennant lequel le moi absolu se saisit comme réalité *effective*, et non simplement *idéale*. Cependant, il est vrai que cette affirmation soulève une question : cela étant, comment Fichte peut-il affirmer par ailleurs la réalité du non-moi ? Ou ce qui est la même chose : comment l'affirmation fichtéenne du caractère absolu de la réalité du moi se laisse-t-elle concilier avec l'affirmation de l'altérité, de la finitude, ainsi qu'avec l'attitude pratique qui trouve évidemment son fondement dans cette affirmation ? Cette question fait l'objet de la seconde partie de l'ouvrage.

---

[331] Voir Maimon, *Versuch über die Transzendentalphilosophie*, p. 62 et *sq*. Sur ce point, voir M. Frank, « Einleitung », *in* Schulze, *Aenesidemus*, p. XXXIII-XXXIV.
[332] Fichte, qui avait le plus grand respect pour Maimon, le cite d'ailleurs à quelques reprises. Voir par exemple Fichte, SW, I, p. 101/GA, I, 2, p. 264/trad. T, p. 24 ; et Fichte, SW, I, p. 387-389/GA, I, 3, p. 189-191/trad. T, p. 222-223. Ce dernier passage tiré du *Grundriss* de 1795 réfère d'ailleurs à l'*Essai sur la philosophie transcendantale* de Maimon dont l'argument qui vient d'être exposé est tiré (voir Fichte, GA, I, 3, p. 190, n. 7).

SECONDE PARTIE

La synthèse de l'idéalisme et du réalisme

Chapitre 8

L'altérité objective

J'ai tenté dans les chapitres précédents de déterminer le plus précisément possible la tâche proprement philosophique telle que Fichte se la représentait. D'après les conclusions auxquelles je suis parvenu, il s'agit pour la philosophie, selon ce dernier, d'expliquer comment le moi peut reconnaître l'existence d'une altérité sans nier par le fait même le caractère absolu de la réalité du moi, de manière à rendre compréhensible le fait de la conscience théorique. À travers la démonstration exposée dans la doctrine de la science, donc, l'attitude pratique face au monde (altérité objective) et face à autrui (altérité subjective) se trouve expliquée et justifiée, mais sans que le caractère absolu de la réalité du moi soit remis en question. Il m'est impossible d'expliquer ici cette démonstration dans le détail, ce qui serait beaucoup trop long. Cependant, comme je l'ai souligné dans l'introduction, la présente étude peut être comprise comme une tentative d'opposer à la lecture *phénoménaliste* popularisée par Philonenko une interprétation idéaliste tenable de la doctrine fichtéenne de la science, c'est-à-dire une interprétation idéaliste de Fichte qui rende précisément compréhensible le réalisme pratique dont Fichte fait preuve en matière d'éthique et de politique. Or cet objectif ne serait pas atteint si la démonstration qui, à mon avis, se trouve exposée dans la doctrine de la science n'était présentée ici à tout le moins dans ses grandes lignes. Aussi est-ce l'objet de la seconde partie de cet ouvrage que d'expliquer, en présentant la ligne générale de l'argument développé par Fichte dans la doctrine de la science, comment ce dernier parvient à démontrer la compatibilité de l'affirmation du caractère absolu de la réalité du moi et l'affirmation d'une altérité. Et puisque l'affirmation de l'altérité comprend pour ainsi dire deux aspects : l'affirmation de la réalité du monde objectif d'une part, et l'affirmation de la réalité d'autrui d'autre part, cette seconde partie de l'ouvrage comprend également deux chapitres. Dans le premier de ces deux chapitres (c'est-à-dire dans le présent chapitre), j'explique en quel sens et de quelle manière l'affirmation du caractère absolu de la réalité du moi est selon Fichte compatible avec l'affirmation de la réalité du monde objectif. Dans le second (chapitre 9), j'explique en quel sens et de quelle façon l'affirmation du caractère absolu de la réalité du moi est selon Fichte compatible avec l'affirmation de la réalité d'une communauté humaine.

Dans la présentation des grandes lignes de cet argument, je ferai surtout appel à la première exposition de la doctrine de la science, la *Grundlage der gesammten Wissenschaftslehre* de 1794-95. Ceci parce que cette exposition demeure la plus importante dans l'histoire de la réception de Fichte, et aussi bien entendu pour mieux faire contrepoids à la lecture de Philonenko, dont l'interprétation, comme on le sait, est surtout fondée sur la lecture de cette version de la doctrine fichtéenne de la science. Cette présentation, je l'espère, échappe en grande partie au reproche – malheureusement très fondé – adressé par Wayne M. Martin à la quasi-totalité des commentaires récents concernant la *Grundlage*, à savoir qu'ils négligent presque entièrement les §4 et suivants pour se concentrer exclusivement sur les § 1 à 3.[1]

* * *

Il s'agit donc de démontrer que la proposition *je suis je* ou *je suis* est le principe de la conscience empirique. Que cette proposition soit le principe de la conscience empirique signifie : la proposition *je suis je* constitue le critère absolu de la vérité ; toute proposition admise comme vraie, à savoir toute proposition comprise dans la conscience empirique, n'est admise que parce que la validité de la proposition *je suis je* est admise. En d'autres termes, cela signifie que toute proposition comprise dans la conscience empirique, d'une manière ou d'une autre, est identique à la proposition *moi = moi*, que toute proposition comprise dans la conscience empirique est affirmation de l'identité du moi, à savoir de la réalité absolue de l'activité réflexive de la pensée ; ou ce qui est encore la même chose : cela signifie qu'aucune proposition com-

---

[1] Voir W. M. Martin, *Idealism and Objectivity*, p. 4.

prise dans la conscience empirique n'est opposée à l'affirmation de l'absolue réalité du moi.

Il a déjà été établi, dans un chapitre antérieur (chapitre 6), que tout moi est immédiatement pour lui-même (que tout moi se saisit lui-même sur le mode de l'intuition), ou ce qui est la même chose : que tout moi saisit et affirme spontanément (inconditionnellement) sa propre réalité au sens susdit. Cette démonstration, je le rappelle, fait l'objet du §1 de la *Grundlage*. Ainsi, la question à laquelle la *Grundlage*, en tant que doctrine de la science, doit répondre devient maintenant parfaitement claire. Il s'agit de la question suivante : *y a-t-il, oui ou non, dans la conscience empirique, une proposition contredisant l'affirmation de la réalité absolue de l'identité subjective ?* Ou ce qui est la même chose : *le moi, outre sa propre réalité, affirme-t-il encore de surcroît la réalité de quelque chose qui lui soit extérieur ou étranger ; affirme-t-il* autrement dit, pour employer le vocabulaire de Fichte, *la réalité d'un non-moi ?*

À cette question, la réponse qui s'impose est naturellement la suivante : une telle proposition affirmant la réalité d'un non-moi est effectivement présente dans la conscience empirique ; le moi, de toute évidence, reconnaît une réalité extérieure à la sienne propre. À la rigueur, il n'est pas même nécessaire, bien entendu, d'argumenter à ce propos. Chacun, sur ce point, n'a qu'à s'en remettre à sa propre expérience. Néanmoins, il est tout de même possible de démontrer que, dans les faits, chacun la pose effectivement et que l'affirmation de la réalité du non-moi est effectivement comprise dans toute conscience empirique. Comment ? Moyennant la démonstration de ceci qu'une autre proposition, que chacun admet comme certaine (c'est-à-dire comme étant effectivement dans la conscience empirique), est fondée sur cette proposition. Fichte écrit à ce propos :

> *Outre l'acte de position du moi par lui-même, il doit y avoir encore un acte de position* [à savoir l'acte de position du non-moi]. A priori, *ceci n'est qu'une simple hypothèse ; et l'on ne peut montrer qu'il existe un tel acte de position que par un fait de conscience, et chacun doit se le prouver par ce fait ; personne ne peut le démontrer à quelqu'un d'autre au moyen de raisons. (On pourrait sans doute, au moyen de raisons, réduire un fait quelconque et admis à ce fait suprême ; mais une telle preuve ne pourrait rien faire d'autre que de convaincre autrui qu'en accordant ce fait quel-*

conque il a aussi accordé ce fait suprême.) ²

C'est précisément ce que fait Fichte au §2 de la *Grundlage*. Il part d'une proposition dont tout un chacun reconnaîtra qu'elle est comprise dans la conscience empirique (à savoir dans l'ensemble des propositions reconnues comme certaines). Cette proposition comme chacun le sait s'énonce : *non-A n'est pas = A*, c'est-à-dire *le contraire de A n'est pas identique à A*. Puis il démontre que la possibilité de cette proposition est fondée sur la proposition : *le contraire du moi est*. Ainsi, il est démontré que la conscience empirique de tout un chacun (du moment que tout un chacun admet la proposition non-A n'est pas = A) comprend la proposition *un non-moi existe*.

Ces deux propositions : *je suis* et *le contraire du moi est*, sont ainsi dans la conscience. Et elles doivent subsister dans la conscience sans se supprimer l'une l'autre. Or ce sont des propositions opposées. En effet, le moi, d'après ce qui précède, se pose sans restriction. C'est-à-dire qu'il se pose comme parfaitement identique à lui-même, ou ce qui est la même chose : comme *réalité absolue*. En tant qu'il affirme la réalité de quelque chose d'extérieur à lui, donc, le moi nie sa propre réalité en tant que moi. Se pose alors la question suivante : comment ces deux propositions contraires sont-elles compatibles, comment peuvent-elles toutes deux subsister dans la conscience sans se supprimer mutuellement ? Comme l'écrit Fichte :

> *Nous devons donc, comme précédemment, faire une expérience et nous demander : comment A et –A, être et non-être, réalité et négation, peuvent-ils être pensés ensemble, sans se nier et se supprimer ?* ³

C'est là la question que la suite du texte de Fichte aura pour fonction de résoudre. La *Grundlage* dans son ensemble, à partir du §3, n'est rien d'autre qu'une réponse à cette question.

Globalement, la démarche suivie par Fichte dans la *Grundlage* pourrait être ainsi résumée de la sorte :

Fichte a pour but d'élever la philosophie au statut de science. D'après ce qui précède, cela signifie qu'il cherche à établir que la conscience empiri-

---

² Fichte, SW, I, p. 252-253/GA, I, 2, p. 390/trad. T, p. 127.
³ Fichte, SW, I, p. 108/GA, I, 2, p. 269/trad. T, p. 29.

que, telle qu'elle nous est donnée, n'est rien d'autre que le système du savoir. Autrement dit, il cherche à vérifier l'hypothèse selon laquelle l'expérience empirique, en tant qu'ensemble des propositions que nous admettons spontanément comme certaines, s'enracinerait dans un principe unique, relativement auquel elle serait consistante. Au §1 de la *Grundlage*, il a été démontré que, si cette hypothèse est juste, alors le principe ne peut être que la proposition *je suis*. Dès lors, il s'agit simplement de démontrer que la totalité de la conscience empirique est consistante relativement à ce principe. Ainsi, la suite de la démarche de Fichte, dans la *Grundlage*, doit être comprise de la manière suivante : après avoir identifié la proposition qui, dans la conscience, paraît directement contredire le principe, à savoir la proposition *il existe quelque chose d'extérieur au moi*, il s'agira de démontrer ensuite comment cette proposition se laisse en réalité synthétiser avec ce dernier. Le système sera alors achevé, puisqu'il est évident qu'il ne saurait y avoir dans la conscience qu'une seule proposition opposée au principe (si le principe est = A, la proposition opposée au principe est = non-A, et aucune autre proposition opposée au principe n'est possible en dehors de non-A).

***

Ceci étant admis, poursuivons notre explication.

Nous avons deux propositions opposées : la proposition *je suis* et la proposition *un non-moi est*. Ces deux propositions, c'est un fait établi, se trouvent dans la conscience empirique. Or si la conscience empirique obéit à l'impératif de consistance rationnelle, comme nous le posons hypothétiquement, il doit y avoir dans la conscience une troisième proposition qui nous permette de concilier les deux premières. Cette proposition doit exprimer la *raison* pour laquelle le moi, alors même qu'il affirme la réalité du non-moi, persiste néanmoins à poser son propre être. Je m'explique.

Originairement, d'après ce qui précède, le moi, en tant que moi, se pose lui-même et ne pose que lui-même. Par ailleurs, nous avons vu que le moi pose également la réalité du non-moi et que, dans cette mesure, il se nie lui-même. Si le moi se niait radicalement, toutefois, il ne serait pas pour lui-même = moi, car le moi consiste en ce qu'il se pose, et non en ce qu'il se nie. Par conséquent, le moi affirme la réalité du non-moi, mais il ne se nie pas ; c'est-à-dire que son affirmation de la réalité du non-moi ne l'empêche pas de persister à poser sa propre réalité. Il doit donc y avoir une *raison* pour laquelle le moi, alors même qu'il pose la réalité du non-moi, se juge autorisé à persister dans l'affirmation de sa réalité absolue (ce qui paraît éminemment paradoxal). Et comme il est démontré que le moi se pense comme réel malgré le fait qu'il admette la réalité d'autre chose, il faut en conclure que *le moi sait déjà pourquoi ces deux propositions peuvent et doivent être posées ensemble sans se supprimer*. Il connaît déjà la raison pour laquelle le moi qui nie sa propre réalité reste en mesure de se penser comme réalité absolue. Notre tâche n'est donc pas de produire à ce propos un argument jusqu'ici ignoré, mais simplement de faire parvenir à la claire conscience ce que nous avons toujours pensé à ce propos. Nous devons simplement identifier, dans notre conscience, la proposition exprimant cette raison. L'identification de cette raison fait l'objet du §3 de la *Grundlage*. J'explique brièvement l'essentiel de ce paragraphe.

D'après ce qui précède, il doit y avoir une raison en vertu de laquelle le moi se considère autorisé à admettre sa propre réalité absolue alors même qu'il la nie moyennant la position d'une réalité extérieure au moi. Or quelle pourrait être cette raison, sinon que le moi et le non-moi, du point de vue du moi lui-même, ne sont pas *absolument* opposés l'un à l'autre, mais *en partie* seulement ? *En partie*, c'est-à-dire : *dans une certaine mesure*, ou ce qui est encore la même chose : *en un certain sens*. Le moi pose qu'il n'est lui-même, en tant que moi, qu'*en un certain sens* et que, en ce sens précis, le non-moi n'est absolument pas ; de même, il pose que le non-moi n'est réel qu'en un sens précis ou limité, opposé au sens relativement auquel le moi est lui-même réel. Ainsi, le moi peut admettre la réalité de quelque chose d'extérieur à lui sans devoir se nier lui-même, puisque l'altérité admise n'est autre qu'en un sens relativement auquel la réalité du moi ne se trouve pas compromise.

Ainsi, dans la mesure où les deux propositions contraires : *je suis* et *le non-moi est* sont certaines, une troisième proposition, par le fait même, est également certaine, à savoir l'affirmation de la *divisibilité* du moi et du non-moi. Fichte formule cette proposition de la manière suivante : « *J'oppose dans le moi un non-moi divisible au moi divisible.*[4] » Cette proposition signifie tout simplement ceci : le moi ne pose sa propre réalité que *dans une certaine mesure* ou *en un certain sens*, tandis qu'il pose dans une certaine mesure ou en un certain sens que c'est le non-moi qui est, et que lui-même en tant que moi n'est pas. Ou mieux : il pose en un certain sens que ce qui est est = moi et que, dans une certaine mesure ou en un certain sens, ce qui est est = non-moi. La même réalité est tantôt = moi tantôt = non-moi, selon qu'on la regarde d'une manière ou d'une autre, selon qu'on la considère de tel ou tel point de vue. Le moi est donc en partie la même chose que le non-moi, mais en partie non. Il est en partie la même chose que le non-moi, puisque le moi et le non-moi ne sont qu'une seule et même chose considérée sous différents aspects ; mais ce sont deux choses différentes dans la mesure précisément où l'on considère chacun de ces deux aspects de la réalité comme opposés et, ainsi, comme deux choses ou deux réalités différentes. Par cette première synthèse, donc, le moi et le non-moi sont posés comme *divisibles*, c'est-à-dire comme *limités*, comme comprenant une certaine *quantité* de réalité seulement (une quantité de réalité inférieure au *quantum* de réalité total). Autrement dit, non seulement le moi pose que le moi et le non-moi sont, d'une manière générale, réels, mais il pose encore de surcroît qu'ils sont quelque chose de limité, c'est-à-dire quelque chose de précis ou de *déterminé*. C'est pourquoi Fichte appelle cette synthèse *synthèse de la détermination* (*Bestimmung*) : en vertu de cette synthèse, le moi et le non-moi sont posés comme étant quelque chose de déterminé, à savoir : très précisément le contraire de ce qu'est l'autre (à l'un revient la partie de la réalité qui ne revient pas à l'autre, et inversement).

Ainsi, lorsque Fichte affirme que le moi et le non-moi sont divisibles, il ne veut pas dire, il est important de le comprendre, que le moi est lui-même constitué de plusieurs parties opposées les unes aux autres d'une part, et que le non-moi est lui aussi constitué de plusieurs parties opposées les unes aux autres d'autre part. Plusieurs commentateurs adoptent cette lecture, et supposent que, selon Fichte, le moi n'existe que relativement à certaines de ses parties, tandis qu'il n'existe pas relativement à d'autres ; et de même concernant le non-moi, qu'il est constitué de plusieurs parties, dont certaines existent

---
[4] Fichte, SW, I, p. 110/GA, I, 2, p. 272/trad. T, p. 30.

et d'autres non. C'est ce que suggère par exemple Hegel, qui comme nous l'avons vu plus haut (voir introduction) sera repris sur ce point par la très grande majorité des commentateurs (dont Philonenko et son école), lorsqu'il affirme que le moi, selon Fichte, constitue pour lui-même sa propre tâche, d'ailleurs irréalisable : le moi dans cette perspective aurait à se construire, à gagner les unités de réalité qui lui manquent afin de constituer son être.[5] Or cette lecture, me semble-t-il, est indéfendable, puisque le troisième principe, la proposition : *le moi oppose un non-moi divisible au moi divisible*, compris en ce sens, contredirait directement les deux premiers, en vertu desquels la réalité du moi et du non-moi se trouvent posées sans restriction. Encore une fois, les propositions *le moi est* et *un non-moi est*, suite aux paragraphes 1 et 2 de la *Grundlage*, sont des faits acquis, que la suite de l'argument ne doit pas nous amener à nier, mais au contraire à maintenir. Ce point est fondamental, puisqu'en vertu de ces explications, toutes les interprétations de la doctrine de la science aboutissant à l'idée selon laquelle Fichte poserait le moi comme entité à réaliser, n'étant susceptible d'exister que de façon partielle, se trouvent déjà réfutées. Le moi et le non-moi existent sans restriction, voilà le point de départ de toute la démarche de Fichte. Par conséquent, il ne peut aboutir à l'idée qu'ils n'existent que relativement à une petite partie de ce qu'ils sont par essence.

Il en résulte que le sens du troisième principe est autre que celui qu'on lui attribue le plus souvent. Il ne signifie pas que le moi et le non-moi n'existent que relativement à certaines de leurs parties, tandis qu'ils participeraient du néant relativement à d'autres, mais simplement que la réalité elle-même est divisible, c'est-à-dire qu'elle peut être considérée sous deux aspects, de deux points de vue différents : l'un relativement auquel *la totalité de la réalité* doit être posée dans le moi et refusée au non-moi, et l'autre relativement auquel *la totalité de la réalité* doit être posée dans le non-moi et refusée au moi. En d'autres termes encore, la proposition *le moi oppose un non-moi divisible au moi divisible*, sous la plume de Fichte, signifie simplement que le moi s'attribue la totalité de la réalité en un sens différent du sens auquel il attribue la réalité au non-moi. Fichte, commentant lui-même dans la *nova methodo* ce

---

[5] Voir Hegel, GW, IV, p. 45/trad. BB, p. 120.

passage équivoque de la *Grundlage*, écrit d'ailleurs précisément à ce propos :

> IBIDEM, *point 9* [Fichte ici fait référence à la *Grundlage*, §3, partie B, point 9] *: « Le moi et le non-moi sont posés comme divisibles*[6] *». Cette phrase peut provoquer des malentendus. Le moi et le non-moi ne sont que des parties du divers, ils se trouvent dans la même conscience, ils ne doivent pas être séparés, tous deux en sont des PARTIES INTÉGRANTES. L'acte de limitation consiste en ceci : ce qu'est l'un, l'autre ne l'est pas. Mais cela ne veut pas dire que l'on doive diviser à nouveau le moi et le non-moi. Cela veut dire que la conscience est divisible en moi et non-moi.*[7]

Fichte ici le dit clairement : c'est la réalité dans son ensemble qui est ici posée comme divisible : elle possède deux parties, ou si l'on préfère : elle peut être considérée sous deux aspects, l'un relativement auquel elle est = moi, l'autre relativement auquel elle est = non-moi. Lorsque Fichte affirme que le moi en partie existe, et en partie n'existe pas, il veut simplement dire qu'une partie de la réalité lui revient, tandis qu'une autre partie de la réalité ne lui revient pas, et non que certaines parties de son propre être en tant que moi sont manquantes ; ce qui serait absurde, puisque le moi, comme nous l'avons vu, en tant qu'il n'est pas absolument, n'est tout simplement pas = moi.

Pour s'exprimer d'une autre manière encore, on pourrait dire que, si le moi peut poser à la fois sa propre réalité et la réalité du non-moi, c'est qu'il pose que le moi et le non-moi se *limitent réciproquement*. Comme l'écrit Fichte :

> *Comment A et −A, être et non-être, réalité et négation, peuvent-ils être pensés ensemble, sans se nier et se supprimer ?*
> *(...) On ne doit pas s'attendre à ce que quelqu'un réponde à cette question autrement que de la façon suivante : ils doivent se* limiter *réciproquement.*[8]

En effet, limiter quelque chose, comme l'écrit Fichte c'est supprimer sa réalité, non pas en totalité cependant, mais *en partie* seulement, c'est-à-dire *en*

---

[6] Fichte, SW, I, p. 109/GA, I, 2, p. 270/trad. T, p. 29.
[7] Fichte, GA, IV, 3, p. 55/trad. D, p. 110.
[8] Fichte, SW, I, p. 108/GA, I, 2, p. 269-270/trad. T, p. 29.

un certain sens[9] : « Limiter *quelque chose signifie : en supprimer la réalité par négation non pas* totalement, *mais en* partie.[10] » Que le moi pose la réalité du moi et la réalité du non-moi comme se limitant réciproquement signifie par conséquent : il pose d'une part que la réalité du moi empêche le non-moi d'exister, non pas totalement, mais *en partie*, c'est-à-dire : *en un certain sens* ; et pose d'autre part que la réalité du non-moi empêche le moi d'exister, non pas totalement cependant, mais seulement en partie (ou *en un certain sens*). Ce n'est donc qu'une autre façon d'exprimer ce qui vient d'être expliqué.

Parvenus à ce stade, il peut être bon de préciser de nouveau le sens de la démarche que nous avons accomplie jusqu'à présent avec Fichte. Il s'agit de démontrer que la conscience empirique est en accord avec elle-même. Or nous avons découvert deux propositions dans la conscience : l'une qui affirme l'identité de la pensée, son accord avec elle-même, et par conséquent l'unité et la réalité absolue de l'activité réflexive du moi ; l'autre qui affirme qu'il existe encore autre chose en dehors de cette activité réflexive. En vertu de la seconde affirmation, le moi nie le caractère absolu de sa propre réalité, ce qui revient à dire qu'il nie sa réalité en tant que moi. Ainsi, le moi pose d'une part sa propre réalité, mais d'autre part la nie : ce sont là, selon Fichte, pour ainsi dire, des *faits* démontrés ou, à tout le moins, *indéniables* pour quiconque est à même de suivre la démarche exposée dans les deux premiers paragraphes de la *Grundlage*. En aucun cas on ne saurait dire que Fichte ici, comme le voudrait Alexis Philonenko, part du faux.[11] Voici ce qu'il en est : le moi se pense comme identique à lui-même d'une part et pense un non-moi comme

---

[9] Lorsque Fichte parle de « *partie* », il l'entend pour ainsi dire davantage au sens qualitatif que quantitatif. C'est ce qu'il suggère par exemple dans un passage du §4 de la *Grundlage*. Après avoir expliqué que l'activité du moi et du non-moi devaient être pensées comme n'étant qu'en partie indépendantes l'une de l'autre, il fait la précision suivante : « *Ou pour nous exprimer d'une autre façon : l'activité indépendante du moi et du non-moi ne doit être indépendante qu'en un certain sens.* » (Fichte, SW, I, p. 149/GA, I, 2, p. 305/trad. T, p. 58) C'est là une subtilité qui, peut-être, échappe à plusieurs lecteurs et qui est susceptible générer plusieurs contresens.
[10] Fichte, SW, I, p. 108/GA, I, 2, p. 270/trad. T, p. 29.
[11] Voir par exemple A. Philonenko, « Fichte and the Critique of Metaphysics », p. 125 : « *La doctrine de la science commence par penser le faux.* »

lui étant opposé d'autre part ; *ce sont des faits*. Il n'y a rien là d'illusoire et il ne peut rien y avoir là d'illusoire. Car il s'agit simplement, aux §1 et 2 de la *Grundlage*, de savoir ce que pense le moi, et non pas de savoir si ce qu'il pense fait sens ou non, si cela est cohérent ou non et peut, par voie de conséquence, correspondre ou non à quelque chose. La question de savoir si cela fait sens ou non se pose seulement au §3 : étant posé et admis que le moi pose à la fois sa propre réalité et celle du non-moi (à la fois se pose et se nie), on demande alors si et comment ces deux affirmations sont conciliables, ce qui revient à demander si ce que pense le moi est cohérent ou non.

À cette question, Fichte répond : *si* elles sont conciliables, *alors* le moi doit nécessairement poser que le moi et le non-moi se limitent réciproquement. Car deux contraires, d'une manière générale, ne peuvent être pensés ensemble sans contradiction à moins que ne soit posée entre eux une relation de limitation réciproque. Il n'y a pas de preuve de cela. Il s'agit simplement, encore une fois, d'un fait de conscience ; le moi trouve en lui-même cette règle : *des opposés doivent se limiter réciproquement, sans quoi ils ne peuvent coexister*. Si je veux suivre Fichte dans sa démarche, je dois être attentif à ma propre pensée à ce propos, puis opérer un constat et procéder à ce que Fichte appelle un « *décret (Machtspruch)*[12] » par lequel j'affirme : *il en est ainsi*. Qu'il soit impossible de produire un argument en faveur de cette loi, il est essentiel de le comprendre, n'invalide absolument pas la légitimité de la démarche de Fichte, comme le suggère par exemple Heidegger.[13] Car il n'importe pas, dans la doctrine de la science – on ne saurait trop insister sur ce point – de savoir si quelque chose est vrai *en soi* (question qui selon Fichte n'a d'ailleurs aucun sens), mais simplement de savoir si le moi s'accorde avec lui-même (si la conscience empirique est consistante). C'est donc une question, ici, qui est adressée par Fichte au lecteur : es-tu d'accord avec toi-même en cette règle,

---

[12] Fichte, SW, I, p. 106/GA, I, 2, p. 268/trad. T, p. 27.
[13] Voir Heidegger, *Der Deutsche Idealismus*, p. 91 : « *Ce qui donne son contenu à ce troisième principe n'est ni déduit ni conquis d'aucune manière, mais il est au contraire constamment présupposé. Ce qui est décisif, c'est-à-dire la question de savoir comment l'acte de position, d'une manière générale, peut être compris comme "limitation", repose sur un décret de la raison. Contre ce décret, on ne peut rien faire, mais nous devons nous l'attribuer, que dis-je, nous devons nous en réclamer, le reconnaître comme répondant à notre place.* »

admets-tu qu'il en est ainsi, est-ce là pour toi un fait de conscience ? Celui qui, à cette question, répond : *il en est ainsi, je trouve effectivement cette règle dans ma conscience* – celui-là, dis-je, doit en conclure : *dès lors, moi et non-moi sont pour moi liés selon un rapport de limitation réciproque, je pense moi et non-moi comme se limitant réciproquement.*

Ceci étant admis, nous avons trois faits de conscience : a) je pose ma propre réalité comme réalité absolue ; b) je pose la réalité du non-moi ; c) je pose que deux contraires ne peuvent coexister sans se limiter réciproquement. De ces trois faits de conscience peut être tirée une proposition *problématique* : si la conscience empirique est consistante (ce qui signifie, je le rappelle : si la conscience empirique est fondée sur la proposition *je suis*), alors les deux premiers faits de conscience s'accordent l'un avec l'autre moyennant le troisième. En d'autres termes : si la conscience empirique obéit à l'impératif de cohérence, alors la réalité du moi et la réalité du non-moi peuvent être pensées sans contradiction moyennant le principe de limitation réciproque, c'est-à-dire encore : alors il est possible de penser sans contradiction que la réalité du moi et la réalité du non-moi se limitent réciproquement. Or il nous importe précisément, dans la doctrine de la science, de savoir si la conscience empirique s'accorde avec elle-même. Notre tâche nous est ainsi clairement donnée : il s'agit tout simplement d'examiner la question de savoir si le moi, en tant qu'il pose (ou pense) la limitation réciproque du moi et du non-moi, se contredit ou non. Que le moi pose la limitation réciproque du moi et du non-moi, est-ce là quelque chose de contradictoire, ou bien est-ce là quelque chose de pensable ? Voilà la question à laquelle nous devons maintenant répondre.

La marche ou la procédure à suivre, du même coup, se trouve également déterminée. Il n'y a qu'à examiner cette proposition : *le moi pose la limitation réciproque du moi et du non-moi*, cela dans le but de faire ressortir les contradictions apparentes qui y sont contenues d'une part, et découvrir d'autre part si possible un moyen de les concilier – ou, comme le dit Fichte, de les *synthétiser*. Notre procédé sera ainsi tout entier *synthétique*. Comme l'écrit Fichte :

> *Cela nous indique aussi de la façon la plus précise la voie que nous devons suivre dans notre science. – Il s'agit de synthétiser* (Synthesen sollen es seyn) *; par conséquent, notre méthode tout entière à partir d'ici (...)*

doit être synthétique.[14]

À ce stade, une vue imprenable nous est offerte sur l'ensemble de la *Grundlage*, relativement à sa démarche, son résultat et son but. Et cette vue, me semble-t-il, laisse clairement apparaître que, pas plus que Fichte ne part de la proposition *je suis* comme d'une proposition fausse, il ne cherche à démontrer qu'elle est fausse ou parvient à la conclusion qu'elle est fausse. Fichte au contraire cherche simplement à expliquer comment le moi peut *maintenir* cette proposition malgré l'affirmation de la réalité du non-moi. Il s'agit de concilier le *je suis* avec l'affirmation du non-moi. Et à travers l'explication de cette possibilité, la validité de la proposition *je suis* (pas plus que celle de la proposition *le non-moi est*, d'ailleurs) n'est aucunement remise en question ; mais simplement son véritable sens est révélé. C'est-à-dire que nous est par là révélé le procédé par lequel le moi, de son propre sein, sans que n'intervienne quoi que ce soit d'extérieur à lui, parvient à admettre l'existence d'un non-moi. Il existe une manière de comprendre comment le moi peut poser sa propre réalité comme absolue tout en admettant la réalité du non-moi, et la doctrine de la science, aux §4 et suivants, en synthétisant les contradictions contenues dans la proposition : *le moi se pose en rapport de limitation réciproque avec le non-moi*, produit cette façon de voir au grand jour.

La suite du présent chapitre vise à exposer les grandes lignes de cette démonstration.

A. Synthèse de la détermination réciproque

Considérons maintenant la proposition qui nous intéresse. Elle s'énonce comme suit : *le moi pose la réalité du moi et la réalité du non-moi comme se limitant (se supprimant en partie) l'une l'autre*. Cette proposition comprend les deux propositions suivantes : a) *le moi pose sa propre réalité comme supprimant en partie celle du non-moi* ; b) *le moi pose la réalité du non-moi comme supprimant en partie celle du moi*. Ne parlons pas pour commencer de la première. Celle-ci ne peut avoir pour l'instant aucune signification pour nous.

---

[14] Fichte, SW, I, p. 114/GA, I, 2, p. 275/trad. T, p. 33.

En effet, il nous importe ici de penser la possibilité de la limitation réciproque du moi et du non-moi, mais sans nier ce que sont le moi et le non-moi dont la réalité est posée dans les §1 et 2. Or, d'après le §1, le moi se pose lui-même comme comprenant toute la réalité, comme comprenant tout l'être. Au non-moi, d'après le §2, revient le contraire de ce qui est posé dans le moi. D'où il résulte que le moi doit poser dans le non-moi la totalité du non-être. C'est-à-dire que le non-moi n'est absolument rien. Par conséquent, le moi ne peut admettre la réalité du non-moi. D'où il suit qu'il ne peut pas non plus affirmer que le moi supprime une partie de la réalité du non-moi. En effet, comment poserait-il que le moi supprime une partie de la réalité du non-moi, quand il ne lui en reconnaît aucune? Pour que cette proposition fasse sens pour nous, il faudrait donc d'abord comprendre dans quelle mesure le moi peut penser le non-moi comme ayant une réalité, c'est-à-dire qu'il lui faudrait comprendre comment il peut en arriver à poser la réalité comme étant opposée à elle-même. Fichte écrit à ce propos:

> Le moi pose le non-moi comme limité par le moi. *Il n'est pas possible, c'est du moins ce qu'il semble, de faire usage immédiatement de cette proposition qui jouera un grand rôle par la suite, en fait dans la partie pratique de la doctrine de la science. En effet, jusqu'à maintenant le non-moi n'est rien; il ne possède aucune réalité, de sorte qu'on ne voit pas comment le moi pourrait supprimer dans le non-moi une réalité qu'il ne possède pas du tout, ni comment il pourrait être limité alors qu'il n'est rien. Cette proposition paraît donc parfaitement inutilisable jusqu'à ce qu'une réalité puisse d'une façon ou d'une autre être attribuée au non-moi. La proposition sous laquelle celle-ci est comprise, à savoir:* le moi et le non-moi se limitent réciproquement, *est certes posée; mais savoir si la proposition énoncée ici est posée par cette dernière et comprise en elle est tout à fait problématique.*[15]

Considérons par conséquent plutôt pour commencer la seconde: *le moi pose la réalité du non-moi comme supprimant en partie celle du moi.* Cette proposition, comme le fait remarquer Fichte, paraît contradictoire, puisqu'elle

---

[15] Fichte, SW, I, p. 125/GA, I, 2, p. 285/trad. T, p. 40-41.

comprend les deux propositions suivantes : a) *c'est le non-moi qui limite le moi* (qui supprime une partie de sa réalité) ; b) le moi se reconnaît et s'affirme de lui-même comme limité par le non-moi et, en ce sens, il est lui-même ce qui se limite. Se pose alors la question : comment le moi peut-il se penser à la fois comme *subissant* la limitation du non-moi et comme *s'imposant à lui-même* cette limitation ? Car s'il la subit, il ne se l'impose pas ; et s'il se l'impose, il ne la subit pas. Autrement dit : soit le moi est actif, soit c'est le non-moi : si le moi est actif, alors le non-moi est passif ; si le non-moi est actif, alors le moi est passif. Néanmoins, l'activité et la passivité des deux termes doivent être préservées. Comment est-ce possible ?

Réponse de Fichte : d'après ce qui précède, deux contraires ne peuvent coexister sinon en tant qu'ils se limitent réciproquement. Par conséquent : le moi et le non-moi sont en partie actifs et en partie passifs. Plus précisément : *au sens* ou *dans la mesure où* le moi est actif (dans la mesure où le moi se limite lui-même), le non-moi est passif (il ne limite pas le moi) ; mais au sens ou dans la mesure où le non-moi est actif (dans la mesure où le non-moi limite le moi), le moi est passif (il ne se limite pas lui-même). Autrement dit : dans une certaine mesure ou en un certain sens, le moi se limite lui-même ; et dans une certaine mesure ou en un certain sens, il est limité par le non-moi. Se limiter soi-même ou être limité par le non-moi doivent, pour le moi, constituer une seule et même chose, mais considérée sous deux angles différents. Se pose alors la question : comment se limiter soi-même et être limité par le non-moi peuvent-ils être pensés par le moi comme constituant une seule et même chose ?

À cette question, la réponse naturelle est la suivante : ces deux actions sont pensées comme une seule et même action dans la mesure où le moi pose en lui-même une quantité limitée de réalité, ou ce qui est la même chose : dans la mesure où le moi pose qu'il n'est qu'*en un certain sens*. En effet, dans la mesure où il affirme qu'il n'est que dans une certaine mesure ou en un certain sens, le moi pose également par le fait même que, dans une certaine mesure ou en un certain sens, il n'est pas. Autrement dit, il pose alors en lui-même un certain *quantum* (une certaine quantité) de non-être. Or le moi, en tant que moi, consiste en ce qu'il se pose, et non en ce qu'il se nie. Par conséquent, il doit conclure que la raison pour laquelle il nie une partie de sa réalité réside dans le non-moi, et non pas en lui-même. Ainsi, dans la mesure même où le moi se limite, c'est-à-dire : dans la mesure même où il nie une partie de sa réalité, il se pose comme limité par le non-moi, *ce qu'il fallait démontrer*.

Une relation de détermination réciproque (*Wechselbestimmung*), il est important d'insister sur ce point, se trouve posée de la sorte entre le pâtir et l'agir du moi et du non-moi (ou – puisque le terme actif, d'après ce qui précède, est celui qui supprime la réalité de l'autre, et que le terme passif est celui dont la réalité est supprimée par l'autre – ce qui est la même chose : entre l'être et le non-être du moi et du non-moi). En effet, il est posé, d'après ce qui précède, que, dans la mesure où le *quantum* d'activité (ou de réalité) de l'un des deux termes est déterminé, le *quantum* de passivité (de négation ou de non-être) de l'autre terme l'est également, et inversement : il est posé que, dans la mesure où le *quantum* de passivité de l'un des deux termes est déterminé, le *quantum* d'activité de l'autre terme l'est également. En d'autres termes, il est posé qu'un agir du moi et un pâtir du non-moi (la réalité du moi et le non-être du non-moi) sont une seule et même chose, et inversement. C'est pourquoi Fichte appelle cette synthèse la synthèse de la détermination réciproque : « *Cette détermination plus précise pourrait, à juste titre (par analogie avec l'action réciproque), être appelée* détermination réciproque. *Cela correspond à ce que Kant appelle* relation.[16] »

B. Synthèse de la causalité :

Poursuivons notre démarche et considérons maintenant, de manière isolée, la première proposition contenue dans la proposition : *le moi se pose comme limité par le non-moi*. Il s'agit, je le rappelle, de la proposition suivante : *le moi pose que c'est le non-moi qui supprime une partie de sa réalité*. Or d'une manière ou d'une autre, d'après ce qui précède, si une partie de la réalité du moi doit être supprimée par le non-moi, ce ne peut être que parce que le non-moi a en lui cette réalité (puisque toute réalité est activité, étant donné que toute réalité est originairement posée dans le moi, qui est activité pure (pur acte de position de soi)). Nous nous retrouvons ainsi face au paradoxe

---

[16] Fichte, SW, I, p. 131/GA, I, 2, p. 290/trad. T, p. 44.

suivant : a) d'une part : le moi pose la réalité du non-moi ; b) d'autre part : le moi, en vertu du premier principe, pose toute la réalité en lui-même, et aucune réalité dans le non-moi.

Ces deux propositions contraires doivent être conciliées. Comment est-ce possible ?

Originairement, toute réalité est posée = moi. Or le moi, originairement, est pure activité. Par conséquent, en tant qu'il pose en lui-même un pâtir, le moi se pose comme opposé à lui-même, c'est-à-dire qu'il se pose = non-moi. Ainsi, le moi n'accorde aucune réalité au non-moi, sinon dans la mesure où il pose en lui-même un pâtir (c'est-à-dire dans la mesure où il se pose comme affecté).

Le paradoxe susdit se trouve ainsi résolu : si le moi peut à la fois poser et nier la réalité du non-moi, c'est qu'il ne pose la réalité du non-moi que dans la mesure où il reconnaît en lui-même un pâtir. Par conséquent, le non-moi, du point de vue du moi, ne possède aucune réalité indépendante relativement au moi. Le non-moi n'a pour le moi de réalité que dans la mesure où ce dernier se pose lui-même comme passif, *ce qu'il fallait démontrer*.

Cette synthèse est la « *synthèse de la* causalité[17] » : l'affection ou l'affect est l'*effet*, l'action supposée à l'origine de l'affect est la *cause*. En vertu du principe de causalité, tout affect du moi doit avoir une cause extérieure au moi. Le principe de causalité, il peut être bon de le préciser, est ici posé ou déduit à titre de condition de possibilité de la *Wechselbestimmung*. En effet, en vertu du principe de *Wechselbestimmung*, les quantités d'agir et de pâtir sont posées comme étant en rapport de détermination réciproque. Nous affirmons donc par exemple d'après ce principe : si un *quantum* de pâtir est posé dans le moi, alors un *quantum* équivalent d'agir doit être posé dans le non-moi. Dans la synthèse de la causalité, nous ne faisons que préciser cette affirmation en répondant à la question de savoir *pourquoi* un agir du non-moi doit être posé suite à la position d'un pâtir du moi. Nous concluons à ce propos : c'est parce que la position d'un tel pâtir doit avoir une *cause*, en vertu de laquelle la possibilité de cet acte de position soit rendue compréhensible ; or le fondement de la possibilité de cet acte ne saurait être posé dans le moi, car le moi ne pose

---

[17] Fichte, SW, I, p. 136/GA, I, 2, p. 294/trad. T, p. 48.

en lui-même que de la réalité ou de l'activité ; par conséquent, il doit s'agir d'une activité du non-moi.

C. Synthèse de la substantialité :

Considérons maintenant la deuxième proposition contenue dans notre proposition de départ : *le moi se pose comme limité par le non-moi*. Cette deuxième proposition, on s'en souviendra, était la suivante : *le moi se limite lui-même*. Cette proposition, à son tour, est contradictoire ou paradoxale. En effet, elle comprend les deux propositions contraires suivantes : a) *le moi est l'agent déterminant, et en tant que tel il est actif* ; b) *le moi est le terme déterminé, et il est en tant que tel passif*. Pour résoudre ce paradoxe, il faudrait comprendre comment se poser comme actif et se poser comme passif peuvent être, pour le moi, une seule et même chose.

D'après le premier principe, le moi, en tant que moi, pose en lui-même la totalité de la réalité (de l'activité). Par conséquent, dans la mesure où il ne pose en lui-même qu'une partie de la réalité ou de l'activité, l'activité originaire, comme totalité, se trouve niée. Ainsi, l'acte par lequel le moi pose en lui-même un *quantum* d'agir inférieur au *quantum* d'activité totale est lui-même, en un certain sens, un acte de négation de la réalité ou, ce qui est la même chose : de l'activité du moi. D'où il résulte que le moi pâtit précisément dans la mesure où il agit. Le moi, en tant qu'il se pose comme actif, se pose également comme passif, *ce qu'il fallait démontrer*.

Cette synthèse est la synthèse de la *substantialité* : dans la mesure où le moi est regardé comme comprenant toute la réalité, il est *substance* ; dans la mesure où il ne pose en lui-même qu'une partie de son activité, il est *accident*. Par exemple, en tant qu'il pense tel objet précis, il est opposé à lui-même en tant que pure activité (puisqu'il se limite). En vertu du principe de substantialité, le moi pose toute activité déterminée du moi comme un accident du moi (comme quelque chose d'accidentel par rapport au moi : en tant que moi, il comprend accidentellement, pour ainsi dire à titre de simple moyen en vue de la substance ou, plus simplement : à titre de partie de la substance, cet aspect ou cette possibilité).

Le principe de substantialité, il peut être bon de le préciser encore une fois, tout comme le principe de causalité, n'est posé ou déduit qu'à titre de condition de possibilité de la *Wechselbestimmung*. En effet, nous affirmons qu'une certaine *Wechselbestimmung* doit avoir lieu : le moi doit poser un agir du non-moi suite à la position d'un pâtir dans le moi (un *quantum* d'agir du non-moi est déterminé moyennant la détermination d'un *quantum* de pâtir du moi). La question est : comment cette *Wechselbestimmung* peut-elle avoir lieu ? Cette question peut être à son tour divisée en deux sous-questions. Tout d'abord : en admettant comme une donnée l'acte par lequel le moi pose en lui-même un pâtir (c'est-à-dire sans questionner les conditions de possibilité de la position de ce pâtir), comment ce dernier conclut-il à la nécessité de poser un agir équivalent dans le non-moi ? À cette question, nous avons répondu, au point précédent (point B.) : il le conclut par la négative, dans la mesure où il reconnaît qu'il ne peut se trouver lui-même au fondement de l'acte par lequel il pose en lui-même un pâtir. Une question différente, comprise dans la question des conditions de possibilité de la *Wechselbestimmung* en général, est maintenant la suivante : comment le moi en arrive-t-il à poser tout d'abord en lui-même un pâtir ? À ce propos, la conclusion à laquelle nous sommes parvenus est la suivante : puisque le moi ne peut poser en lui-même que de la réalité ou de l'activité, il faut que la position de ce pâtir dépende de la position d'un agir ; or agir et pâtir, considérés absolument, sont opposés ; par conséquent, c'est moyennant la position en lui-même d'une quantité limitée d'agir que le moi parvient à poser en lui-même un pâtir ; en effet, un *quantum* d'agir limité, relativement à l'activité absolue, est lui-même un acte de négation et, partant, un pâtir.

D. Le passage de la philosophie théorique à la philosophie pratique :

Nous disons donc : le moi doit opérer une *Wechselbestimmung*, il doit poser en lui-même un pâtir et, dans cette mesure, en vertu du principe de causalité, poser un agir dans le non-moi. Pour ce faire, cependant, il doit d'abord poser en lui-même une quantité d'agir limitée et, dans cette mesure, en vertu du principe de substantialité, poser en lui-même un *quantum* équivalent de pâtir. Ainsi, *si* le moi pose en lui-même une quantité limitée d'activité, *alors* il pose en lui-même un certain *quantum* de pâtir et, conséquemment, un certain agir dans le non-moi. Ou dans les mots exacts de Fichte : « *Si le moi pose en lui-même un degré d'activité moindre, il pose en lui-même une passivité et pose une activité dans le non-moi.*[18] » Toute la démarche du moi, dont nous avons jusqu'à présent déduit la nécessité, dépend ainsi de la possibilité de cet acte par lequel le moi doit poser en lui-même un *quantum* d'activité inférieur au *quantum* d'activité total. La question est alors la suivante : comment le moi peut-il poser en lui-même une telle quantité d'activité limitée ? Or sur ce point, il semble que nous nous trouvions enfermés dans un cercle. Comme le dit Fichte : « *Mais de telles réponses nous font entrer dans un cercle.*[19] »

En effet, considérons cet acte par lequel le moi doit poser en lui-même une quantité d'activité inférieure à l'activité totale. La possibilité de cet acte paraît hautement problématique. D'une part, le moi, en tant que moi, c'est-à-dire : de manière spontanée, en tant qu'il est laissé à lui-même (indépendamment de toute intervention extérieure), d'après ce qui précède (premier principe), pose en lui-même non pas *une partie*, mais *la totalité* de la réalité ou de l'activité. Par conséquent, en tant qu'il ne pose qu'une simple partie de la réalité, il ne saurait, en vertu de ce principe, la poser dans le moi. S'il doit néanmoins poser en lui-même ce *quantum* d'activité limité, donc (comme c'est assurément le cas toujours d'après ce qui précède (point C.)), cela doit pouvoir s'expliquer : il doit y avoir à cela une *raison*. Autrement dit, si le moi pose en lui-même un *quantum* d'activité limité, ce ne peut être que parce qu'il juge que ce *quantum* d'activité, bien que limité, lui appartient (possède son fondement dans le moi). Or à l'activité du moi, si l'on exclut le caractère de l'intégralité (le fait qu'elle soit absolue, qu'elle comprenne toute réalité), ne revient plus que le caractère de la *spontanéité*, c'est-à-dire le caractère de son indépendance à l'égard de tout objet extérieur (elle constitue elle-même son propre fondement). Par conséquent, si le moi pose en lui-même un *quantum* limité d'activité, il ne peut s'agir que d'un *quantum* d'activité spontanée, parfaitement libre à l'égard du non-moi. Fichte écrit à ce propos :

> *L'activité diminuée est opposée à la totalité de l'activité ; or la totalité est posée dans le moi ; donc, d'après la règle d'opposition susdite, l'activité*

---

[18] Fichte, SW, I, p. 146/GA, I, 2, p. 302/trad. T, p. 55.
[19] Fichte, SW, I, p. 145-146/GA, I, 2, p. 302/trad. T, p. 55.

> *diminuée, en tant qu'opposé de la totalité, devrait être posé dans le non-moi. Mais si elle y était posée, elle ne serait liée avec la totalité absolue par aucune raison de relation ; la détermination réciproque n'aurait donc pas lieu et tout ce qui a été déduit jusqu'ici serait nié.*
>
> *Il s'ensuit que l'activité diminuée, qui en tant qu'activité en général ne saurait être mise en rapport avec la totalité, possède nécessairement quelque autre trait caractéristique qui puisse fournir la raison de relation ; un trait caractéristique tel que, en vertu de celui-ci, cette activité diminuée serait une activité du moi et ne pourrait aucunement être une activité du non-moi. Or ce caractère du moi, qui ne peut être attribué au non-moi, est le poser et l'être-posé absolument et sans fondement (§1). Cette activité diminuée devrait par conséquent être absolue.*[20]

Dans ces conditions, toutefois, c'est-à-dire : dans la mesure où c'est *de manière spontanée* que le moi pose en lui-même un *quantum* limité d'agir, la possibilité de la démarche du moi que nous avons établie se trouve compromise. En effet, le moi, certes, pose bien en lui-même un *quantum* limité d'agir et, dans cette mesure, en vertu du principe de substantialité, un *quantum* équivalent de pâtir. Mais on ne comprend plus pourquoi, à ce *quantum* de pâtir, il opposerait un *quantum* d'agir dans le non-moi. Car la cause de ce pâtir serait maintenant connue : il ne s'agirait pas d'un agir du non-moi, mais d'un agir du moi. Fichte écrit à ce propos :

> *Posez (...), d'après le simple concept de substantialité, que le moi ait la faculté de poser arbitrairement en soi un* quantum *moindre de réalité, absolument et indépendamment de toute action du non-moi ; cette présupposition est celle de l'idéalisme transcendant et en particulier de l'harmonie préétablie, qui constitue un idéalisme de ce type. Faisons abstraction du fait qu'une telle présupposition contredit déjà le principe premier et absolu. Accordez encore au moi le pouvoir de comparer cette quantité moindre à la totalité absolue et de mesurer celle-là par rapport à celle-ci. Posez, suivant cette proposition, le moi au moment A avec une activité réduite de deux degrés, et au moment B de trois degrés. On comprend*

---

[20] Fichte, SW, I, p. 159/GA, I, 2, p. 313/trad. T, p. 64.

> *alors fort bien comment le moi peut se poser, à chacun des deux moments, comme limité, et comme plus limité au moment B qu'au moment A ; mais on ne voit pas du tout comment il pourrait rapporter cette limitation à quelque chose dans le non-moi comme en étant la cause. Le moi devrait bien plutôt se considérer lui-même comme la cause de cette limitation. Ou pour exprimer ceci dans les termes mêmes de notre proposition : le moi se pose sans doute comme déterminé, mais non pas comme déterminé* par le non-moi.[21]

D'où l'on sera sans doute tenté de conclure que le moi ne saurait se limiter lui-même spontanément, et que la cause de l'autolimitation du moi doit être posée dans une influence du non-moi. Cette hypothèse, toutefois, moyennant un bref examen, apparaît tout aussi insatisfaisante que la première. En effet, admettons que quelque chose d'extérieur au moi (un non-moi) agisse effectivement sur le moi et, moyennant cet agir, supprime tout aussi effectivement une partie de sa réalité. Le moi pour sa part, à cette occasion, demeure entièrement passif, sans quoi il ne se poserait pas comme limité par le non-moi, mais du fait de son propre agir (tel qu'établi précédemment). Or en tant qu'il demeure passif, le moi ne prend pas non plus acte de la limitation que lui impose le non-moi. Par conséquent, non seulement il ne se pose pas comme limité par le non-moi, mais il ne se pose pas comme limité du tout. Il *est* limité, mais il n'en a pas conscience. C'est ce qui était déjà établi au point B. (synthèse de la *causalité*) : aucun agir ne saurait être posé dans le non-moi sinon moyennant la position d'un pâtir dans le moi. Fichte écrit à ce propos :

> *Posez (...), d'après le concept de causalité, que la limitation du moi procède seulement d'une activité du non-moi. Supposez que le non-moi n'agit pas sur le moi à l'instant A, de sorte que toute réalité est dans le moi et qu'il n'y a pas de négation en lui ; par conséquent aussi, d'après ce qui précède, aucune réalité n'est posée dans le non-moi. Supposez de surcroît qu'à l'instant B le non-moi agit sur le moi avec trois degrés d'activité ; il s'ensuit, conformément au concept de détermination réciproque, que trois*

---

[21] Fichte, SW, I, p. 147/GA, I, 2, p. 303-304/trad. T, p. 56.

> *degrés de réalité sont supprimés dans le moi et qu'à leur place trois degrés de négation sont posés. Toutefois le moi est ici purement passif ; les degrés de négation sont sans doute bien posés en lui ; mais ils sont aussi simplement posés – pour un quelconque être intelligent extérieur au moi, qui observerait et jugerait d'après la règle de détermination réciproque le moi et non-moi dans cette action, mais non pas pour le moi lui-même. (...) Dans le cas présent, le moi serait sans doute limité, mais il ne serait pas conscient de sa limitation. Ou pour exprimer ceci dans les termes mêmes de notre proposition, le moi serait effectivement déterminé ; mais il ne se poserait pas comme déterminé ; seul un être lui étant extérieur pourrait le poser comme déterminé.*[22]

Ainsi, ce qu'il s'agissait de comprendre, à savoir comment le moi parvient à se penser comme limité par le non-moi, paraît incompréhensible. En effet, tout le problème, d'après ce qui précède, est de savoir comment le moi peut à la fois reconnaître sa limitation (c'est-à-dire poser en lui-même un pâtir) et poser l'origine de cette limitation dans l'action d'un non-moi. Car s'il est lui-même à l'origine de cette limitation, il ne pose pas la raison de la limitation dans le non-moi. Il paraît donc logique de penser que ce n'est pas suite à la position d'un *quantum* limité d'agir en lui-même qu'il pose en lui-même un pâtir, mais au contraire suite à la position d'un agir du non-moi. Se pose alors la question suivante : mais pourquoi donc le moi poserait-il un agir dans le non-moi, si ce n'est pour avoir reconnu tout d'abord qu'il était affecté, ou ce qui est la même chose : si ce n'est pour avoir tout d'abord posé en lui-même un pâtir ? Nous sommes donc enfermés dans un cercle : le moi ne se pose comme limité que dans la mesure où il pose d'abord un agir du non-moi ; mais il ne pose l'agir du non-moi que dans la mesure où il se pose tout d'abord comme limité. Comme l'écrit Fichte :

> *Le moi ne peut poser aucune passivité en soi sans poser d'activité dans le non-moi, mais il ne peut poser aucune activité dans le non-moi sans poser une passivité en soi : il ne peut faire l'un sans l'autre ; il ne peut accomplir spontanément aucun de ces deux actes, il ne peut par conséquent les*

---

[22] Fichte, SW, I, p. 146-147/GA, I, 2, p. 303/trad. T, p. 55-56.

accomplir ni l'un ni l'autre. [23]

L'impasse paraît totale.

Qu'est-ce à dire ? Faudra-t-il en conclure que la conscience empirique comporte des contradictions insolubles, qu'elle ne s'accorde pas avec elle-même et que, par conséquent, il n'y a pas de *système du savoir* et que le *je suis* ne constitue pas le principe de la conscience empirique ? Pas encore.

Reprenons le paradoxe auquel nous sommes maintenant confrontés et tâchons de mieux comprendre ce qui s'y trouve en jeu.

Il s'agit de comprendre comment le moi peut se penser comme limité par le non-moi. Or d'après ce qui précède, le moi, pour ce faire, doit d'abord poser librement en lui-même un *quantum* d'agir déterminé et, par suite, en vertu du principe de substantialité, poser, en lui-même toujours, un *quantum* équivalent de pâtir. Puis, dans un deuxième temps, en vertu cette fois-ci du principe de causalité, il doit opposer à ce pâtir qu'il reconnaît en lui-même un *quantum* équivalent d'agir dans le non-moi. La question est simplement de savoir pourquoi le moi, tandis qu'il est lui-même à l'origine de son propre pâtir, pose tout de même la cause de ce pâtir dans le non-moi.

Ainsi, nous avons deux propositions contradictoires : a) le moi oppose au *quantum* de pâtir qu'il pose lui-même un quantum d'agir équivalent dans le non-moi ; b) le moi n'oppose pas au *quantum* de pâtir qu'il pose lui-même un *quantum* d'agir équivalent dans le non-moi. Ces deux propositions sont vraies. Elles doivent être admises, puisqu'elles constituent toutes deux des conclusions directes de l'argument que nous avons suivi jusqu'à présent, qui est supposé sans faille. Or il est acquis depuis le §3 que des propositions opposées doivent être conciliées moyennant le principe de limitation réciproque. Nous avons donc : a) en partie le moi oppose au *quantum* de pâtir qu'il pose lui-même un *quantum* d'agir équivalent dans le non-moi ; b) en partie le moi n'oppose pas au *quantum* de pâtir qu'il pose lui-même un *quantum* d'agir équivalent dans le non-moi. Ou ce qui est la même chose : le moi pose un certain *quantum* d'agir dans le non-moi, en partie (ou *en un certain sens*) parce qu'il a d'abord posé en lui-même un *quantum* équivalent de pâtir, mais en partie (ou *en un certain sens*) indépendamment de tout *quantum* de pâtir

---

[23] Fichte, SW, I, p. 148/GA, I, 2, p. 304/trad. T, p. 56.

préalablement posé en lui. Comme l'écrit Fichte : « *Le moi pose* en partie *de la passivité en soi*, dans la mesure où *il pose de l'activité dans le non-moi ; mais il* ne *pose* pas en partie *de la passivité en soi* dans la mesure où *il pose de l'activité dans le non-moi : et inversement.*[24] »

Récapitulons, il existe originairement une seule et unique action du moi, à savoir l'action de se limiter soi-même librement, c'est-à-dire l'action de poser en soi-même une quantité déterminée d'activité, ou ce qui est encore la même chose : une certaine quantité de pâtir. Or il s'agit maintenant de découvrir la raison pour laquelle cette action du moi, sans lui être tout à fait équivalente, est néanmoins en partie équivalente à l'action de poser un agir du non-moi. Autrement dit, il s'agit de découvrir comment ces deux actions du moi : poser en soi-même un pâtir et poser un agir dans le non-moi, pourraient être pensées comme étant, *en un certain sens*, équivalentes.

Sans passer par tous les méandres de la démonstration de Fichte, j'expose tout de suite la solution de ce paradoxe. Le moi, originairement, c'est-à-dire du fait de son essence propre, pose sa propre réalité sans aucune restriction, c'est-à-dire qu'il pose sa propre activité comme absolue, ou ce qui est la même chose : comme illimitée. Maintenant s'il ne pose néanmoins en lui-même qu'un *quantum* limité d'activité, il doit y avoir à cela une raison. En d'autres termes, si le moi ne pose en lui-même *qu'une partie* de l'activité totale, ce ne peut être que parce que quelque chose l'empêche de poser en lui la totalité de l'activité. Ce quelque chose ne pouvant être en lui, il doit être posé = non-moi. Certes l'activité en question fut posée librement, et en tant que telle elle appartient au moi, le moi en est lui-même la cause, et il le reconnaît. Aussi pose-t-il cette activité en lui. Mais en tant que limitée, elle ne lui appartient pas, de sorte qu'il la rapporte à un non-moi.

La démarche qui doit amener le moi à se poser comme limité par le non-moi est donc la suivante. Le moi, par nature, tend à poser en lui-même une activité sans limite. Dans l'effectuation de cette action d'étendre son action à l'infini, cependant, il se heurte à une force contraire, face à laquelle son simple agir se transforme en effort (sentiment de peine[25]). Dans les termes de

---

[24] Fichte, SW, I, p. 148-149/GA, I, 2, p. 304-305/trad. T, p. 57.
[25] Sur ce point, voir Fichte, SW, I, p. 211/GA, I, 2, p. 355/trad. T, p. 97.

Fichte, le moi, dans son « *activité tendant à prendre de l'expansion (weiter hinaus strebende Thätigkeit)*[26] » doit subir un « *choc (Anstoß)*[27] », à l'occasion duquel elle soit pour ainsi dire refoulée en elle-même et transformée en soif d'infini (ou *tendance* vers l'infini).

Ainsi, bien que cela ne suffise pas à expliquer comment il peut y avoir un non-moi pour le moi, il demeure certain qu'il n'existe pour le moi aucun non-moi, sinon dans la mesure où le moi agit lui-même de son côté, et cela d'un agir libre. De même, il n'est pas nécessaire, pour que le moi en arrive à poser la réalité du non-moi, que le moi fasse effectivement l'expérience d'un non-moi, mais *il suffit qu'il fasse l'expérience de sa propre incapacité à étendre son activité à l'infini*. Autrement dit, le moi n'expérimente pas positivement la réalité du non-moi, le non-moi de son point de vue n'est pas réellement actif, il n'agit pas réellement sur le moi, mais il ne fait que s'opposer à l'action du moi. Bref, il s'agit d'une force négative, ou ce qui est la même chose : d'une force d'*inertie*, qui ne limite pas activement, mais qui porte le moi à réfléchir sur lui-même et à reconnaître librement sa limitation. Fichte écrit à ce propos :

> *L'être objectif qui doit être exclu n'a nul besoin d'exister ; il n'est besoin, pour ainsi dire, que d'un choc existant pour le moi. En d'autres termes, en vertu d'une raison quelconque, mais étrangère à l'activité du moi, l'être subjectif doit ne plus pouvoir être étendu plus loin. Une telle impossibilité concernant une extension plus considérable constituerait (…) ne limiterait pas le moi, en tant qu'actif ; mais il lui imposerait comme tâche de se limiter lui-même.*[28]

À ce stade, la partie de la *Grundlage* concernant la fondation du savoir théorique (§4), dont le but était d'expliquer comment le moi parvient à se penser comme limité par le non-moi, peut être considérée achevée. Bien sûr, la tâche que nous nous étions fixée dans cette partie n'est pas encore pleinement atteinte. En effet, une question, de toute évidence, demeure : comment le moi peut-il à la fois reconnaître qu'il se heurte à un obstacle extérieur, c'est-

---

[26] Fichte, SW, I, p. 212/GA, I, 2, p. 356/trad. T, p. 98.
[27] Fichte, SW, I, p. 210 *sq.*/GA, I, 2, p. 355 *sq.* /trad. T, p. 97 *sq.*
[28] Fichte, SW, I, p. 210/GA, I, 2, p. 354-355/trad. T, p. 97.

à-dire se reconnaître lui-même comme limité, et se poser néanmoins en tant que moi ? Il est aisé toutefois d'apercevoir la réponse exigée par cette question : si le moi, tout en se reconnaissant limité par le non-moi, c'est-à-dire : tout en reconnaissant que le non-moi fait obstacle à son action, peut néanmoins se poser et se reconnaître lui-même en tant que moi, *ce ne peut être que parce qu'il se pose lui-même à son tour comme limitant le non-moi*. Autrement dit, ce ne peut être que parce qu'il pose que la force avec laquelle le non-moi s'oppose à son action est destinée à être peu à peu, de manière asymptotique, réduite à néant. De cette façon, le moi pose certes son action comme limitée, mais comme destinée à l'être de moins en moins. Ainsi, on voit que la résolution de la question de la possibilité de la relation théorique, à savoir la question de savoir comment le moi en vient à se poser comme limité par le non-moi, dépend de la résolution d'un autre question, qui ne relève pas pour sa part de la fondation du savoir théorique, mais au contraire de la fondation du savoir pratique, c'est-à-dire la question de savoir comment le moi en vient à se poser comme limitant lui-même à son tour le non-moi. En d'autres termes, la possibilité de penser sans contradiction la proposition : *le moi se pose comme limité par le non-moi*, dépend de notre aptitude à penser sans contradiction cette autre proposition : *le moi se pose comme limitant le non-moi*. Nous ne comprendrons comment le moi parvient à se poser lui-même comme *moi fini*, ce qui paraît éminemment paradoxal, que si nous parvenons à comprendre comment le moi parvient à se penser, sans contradiction, comme limitant le non-moi. C'est pourquoi, comme le dit Fichte, la philosophie théorique doit précéder la philosophie pratique. À savoir précisément parce que celle-ci fonde la possibilité de celle-là, étant donné que le procédé philosophique, comme il ressort de ce qui précède, consiste à remonter de condition en condition jusqu'à ce que les propositions à élucider soient entièrement comprises quant à leur possibilité.[29]

C'est aussi pourquoi il faut dire que, dans la partie de la *Grundlage* concernant le fondement du savoir théorique, il est impossible de trancher la question de savoir si le non-moi est pour le moi quelque chose de réel ou quelque chose de simplement idéal, ou ce qui est la même chose : *de trancher défini-*

---

[29] Voir Fichte, SW, I, p. 126/GA, I, 2, p. 286/trad. T, p. 41.

tivement en faveur de l'idéalisme ou du réalisme. À l'issue de cette première partie, comme l'écrit Fichte, chacun de ces deux systèmes apparaît tout aussi défendable, ou mieux : tout aussi *indéfendable*, que l'autre. Car aucun des deux systèmes ne peut rendre compte, à ce stade, de la possibilité de l'affirmation proprement théorique selon laquelle le moi est limité par le non-moi. Le réaliste peut certes expliquer pourquoi l'idéalisme est insoutenable, étant donné qu'il est apparu impossible d'expliquer comment le moi peut être lui-même à l'origine de la limitation qui le pousse à admettre un non-moi. De même, l'idéaliste peut fort bien expliquer pourquoi le réalisme est insoutenable, étant donné que la position du non-moi ne peut avoir son origine que dans l'acte d'autolimitation du moi. Bref, chacun des deux systèmes peut se faire valoir par la négative, mais aucun des deux ne peut démontrer qu'il est effectivement pensable. Voici ce qu'écrit Fichte à ce propos :

> *Il s'ensuit que la véritable question qui oppose le réalisme et l'idéalisme est la suivante : quelle voie faut-il suivre pour expliquer la représentation ? On verra que, dans la partie théorique de notre doctrine de la science, cette question demeure absolument sans réponse ; plus exactement, elle recevra la réponse suivante : ces deux voies sont correctes ; d'un certain point de vue on est obligé d'en suivre une et dans le cas opposé il faut suivre l'autre ; et par là, la raison humaine, c'est-à-dire toute raison finie, se voit mise en contradiction avec elle-même et prise dans un cercle. Un système en lequel ceci est mis en lumière est un idéalisme critique, lequel a été exposé par Kant de la façon la plus conséquente et la plus complète.*[30]

Reste que l'idéaliste, à l'issue de la partie théorique de la *Grundlage*, possède un avantage non négligeable sur le réaliste : c'est que la thèse qu'il défend, si elle reste encore à démontrer, demeure néanmoins théoriquement possible, tandis que la thèse matérialiste ou réaliste pour sa part se trouve déjà irrémédiablement ou définitivement réfutée. En effet, la possibilité de la compréhension de la relation théorique dépend maintenant de la compréhension de la relation pratique. Or dans la mesure où celle-ci est comprise, le moi est posé comme disposant d'un pouvoir de limitation sur le non-moi,

---

[30] Fichte, SW, I, p. 155-156/GA, I, 2, p. 310-311/trad. T, p. 62.

c'est-à-dire qu'il est démontré que le moi a le pouvoir de repousser à l'infini les limites que lui imposent le non-moi. Mais dans ces conditions, le non-moi n'a plus aucune réalité en soi, aucune réalité substantielle, puisqu'il n'est rien d'irréductible ; tout ce qu'il est est destiné, éventuellement, à disparaître complètement. Ainsi, tout l'espoir de la science est entre les mains de l'idéaliste.

* * *

Afin de clarifier et de faire ressortir l'originalité et la spécificité des conclusions auxquelles nous sommes parvenus à travers l'étude de la première partie de la déduction, comparons maintenant ces conclusions à l'interprétation la plus courante de la *Grundlage*, à savoir l'interprétation popularisée par Philonenko (mais se trouvant déjà en grande partie chez Hegel).

D'après celle-ci, Fichte, dans les trois premiers paragraphes de la *Grundlage*, expose le paradoxe qui doit être résolu dans la suite du texte. Ce paradoxe réside en ceci que, dans la conscience empirique, le sujet trouve aussi bien l'affirmation de la réalité du moi comme identité à soi que l'affirmation de la réalité d'un non-moi opposé au moi. La question est alors de savoir comment ces deux affirmations peuvent être conciliées. Jusqu'ici, l'interprétation proposée dans la présente étude pourrait encore s'accorder avec l'interprétation concurrente. Relativement aux §4 et 5 de la *Grundlage*, cependant, les conclusions auxquelles nous sommes parvenus s'opposent radicalement à cette interprétation.

D'après l'interprétation dominante, Fichte au §4 démontrerait que le paradoxe soulevé aux §1 à 3 est insoluble théoriquement ; c'est-à-dire qu'il démontrerait que la coexistence actuelle du moi et du non-moi est absolument impensable. Autrement dit, le §4 de la *Grundlage*, d'après l'interprétation courante issue de Philonenko, doit être comprise en tant qu'échec de la raison théorique ou spéculative à concilier l'existence du fini (le moi dans son opposition au non-moi) et de l'infini (le moi comme conscience de son identité pure). Conséquemment, le rapport entre le fini et l'infini ne doit pas être compris comme rapport de coexistence actuelle, mais comme rapport de la réalité effective à la réalité idéale, ce qui ferait l'objet de la démonstration du §5. Dans cette optique, le moi en tant qu'identique à lui-même n'aurait aucune réalité effective, mais ne serait affirmé qu'en tant que réalité idéale, pratique ou régulatrice, tandis que le moi dans son opposition au non-moi détiendrait le monopole de la réalité proprement dite.

D'après les conclusions auxquelles nous sommes parvenus, cependant, cette interprétation apparaît fausse. En effet, l'idée selon laquelle le §4 de la *Grundlage* n'aurait qu'une portée négative, ne servant qu'à démontrer l'impossibilité de penser la coexistence du moi absolu et du moi fini, s'accorde si peu avec le texte du §4 qu'elle rend inintelligible jusqu'à son titre : *Fondation du savoir théorique*. Qu'est-ce que le savoir théorique ? C'est la conscience objective, c'est-à-dire la conscience de la limitation du moi par le non-moi. Autrement dit, la question soulevée au §4 est la question de savoir comment le moi peut se penser comme limité par le non-moi tout en continuant de se penser comme moi. Se pose alors la question : en quoi le fait de démontrer l'impossibilité de la synthèse du moi absolu et du moi fini permettrait-il de comprendre la possibilité du savoir théorique ? Bien loin d'expliquer la possibilité du rapport théorique, une telle démonstration le rendrait au contraire pleinement inintelligible. Car il va de soi que, s'il était impossible de penser ensemble la réalité du moi et celle du non-moi, il serait également impossible de penser que le moi est affecté par un non-moi. On peut d'ailleurs faire très exactement le même raisonnement en ce qui concerne le §5 de la *Grundlage*, qui doit fonder cette fois-ci la possibilité du savoir pratique. Qu'est-ce que le savoir pratique ? C'est la conscience de ceci que le moi limite le non-moi. Or il est évident que, dans la mesure où le §4 démontre qu'il est impossible de penser la coexistence effective du moi et du non-moi, il est également démontré qu'on ne peut penser un moi agissant sur le non-moi. Comme le dit si bien John Lachs encore une fois : « *Les parties théorique et pratique de la doctrine de la science constituent une tentative en vue de comprendre la relation qui existe entre le moi et le non-moi ; par conséquent, moi et non-moi doivent être posés comme existant, sans quoi cette investigation n'aurait pas de sens.*[31] » Ainsi, non seulement l'interprétation dominante rend incompréhensible la première partie de la déduction de la *Grundlage*, en compromettant la possibilité du savoir théorique, mais elle ruine également la possibilité de com-

---

[31] J. Lachs, « Is There an Absolute Self ? », p. 176.

prendre l'articulation qui existe entre le §4 et le §5 concernant la fondation du savoir pratique.

Pour comprendre cette articulation, il faut comprendre la raison pour laquelle il est nécessaire, à l'issue du §4, de s'interroger quant à la possibilité du savoir pratique. Or, puisque Fichte, comme il l'explique lui-même dans un passage déjà cité en introduction[32], procède en remontant du conditionné à la condition, cette raison ne peut être que la suivante : il est nécessaire, à l'issue du §4, de s'interroger quant à la possibilité du savoir pratique, parce que la conclusion du §4 est que la possibilité du savoir théorique est conditionnée par la possibilité du savoir pratique. Comme il l'écrit :

> *On verra plus loin (...) pour quelle raison la réflexion devait commencer par la partie théorique ; et cela, comme on le verra par la suite, bien que ce ne soit pas la faculté théorique qui rende possible la faculté pratique, mais que c'est au contraire la faculté pratique qui rend d'abord possible la faculté théorique (la raison en soi n'étant que pratique et ne devenant théorique que dans l'application de ses lois à un non-moi qui la limite). – La raison est essentiellement pratique, parce que la* pensabilité (Denkbarkeit) *du principe pratique se fonde sur celle du principe théorique. Or la* pensabilité *est précisément ce dont il s'agit dans la réflexion.*[33]

Autrement dit, s'il est nécessaire de se demander, au §5, comment le moi peut se penser lui-même comme agissant sur le non-moi, c'est parce qu'il s'est révélé, à la fin du §4, qu'il était nécessaire de résoudre cette question afin de comprendre comment le moi pouvait se penser comme limité par le non-moi. Ce n'est donc pas l'impossibilité ou l'échec de quoi que ce soit qui ressort à la fin du §4, mais simplement le caractère conditionné d'un premier état de choses, et la nécessité d'examiner les conditions de possibilité d'un second. Comme l'écrit John Lachs : « *Les deux déductions* [c'est-à-dire celles du §4 et celle du §5] (...) *dépendent l'une de l'autre et forment un unique tout ; aucune des deux ne peut réussir si son opposée est un échec complet.*[34] »

---

[32] Voir Fichte, SW, I, p. 445-446/GA, I, 4, p. 204-205/trad. T, p. 261-262.
[33] Fichte, SW, I, p. 126/GA, I, 2, p. 286/trad. T, p. 41. Voir aussi Fichte, SW, I, p. 264/GA, I, 2, p. 399/trad. T, p. 135.
[34] J. Lachs, « Is There an Absolute Self ? », p. 175.

Si l'on admet ce qui précède, c'est-à-dire : si l'on accepte de considérer que Fichte au §4 de la *Grundlage* fait ressortir que la compréhension de la possibilité du savoir théorique dépend de la compréhension de la possibilité du savoir pratique, alors il est facile de comprendre également que la doctrine réaliste selon laquelle il existerait quelque chose en dehors de la représentation, à l'issue du §4, se trouve déjà réfutée. En effet, reconnaître que la compréhension de la possibilité du savoir théorique dépend de la compréhension de la possibilité du savoir pratique signifie : reconnaître que le moi ne peut se penser comme limité par le non-moi que s'il se pense en même temps comme limitant le non-moi. Or se penser comme limitant le non-moi signifie : se penser comme susceptible de repousser à l'infini la limite que le non-moi oppose au moi, ce qui est très précisément la même chose que de penser le non-moi comme n'ayant en dernière analyse absolument aucune réalité en soi (aucune réalité irréductible). Bref, c'est poser que la relation théorique n'est pensable que d'un point de vue idéaliste. À la fin de la première partie de la *Grundlage*, concernant le fondement de la raison théorique, donc, le réalisme naïf, consistant à affirmer que le monde existe effectivement en dehors ou indépendamment du moi ou de l'esprit, est déjà réfuté, et le seul système encore recevable ou possible demeure l'idéalisme. C'est bien entendu ce que veut dire Fichte lorsqu'il déclare, dans une célèbre lettre à Reinhold, que « *la question fondamentale dont s'occupe sans cesse la doctrine de la science* », à savoir : « *puisque le moi ne pose originairement que lui-même, comment en arrive-t-il à poser encore autre chose comme lui étant opposé ? Comment en parvient-il à sortir de soi ?* », est « *résolue jusqu'à un certain point dans la partie théorique* », mais ne « *l'est complètement* » que « *dans la partie pratique*[35] ». En effet, cette question, dans la partie théorique, est partiellement résolue, c'est-à-dire qu'il est démontré, dans la partie théorique, qu'il est absolument impensable que quelque chose existe réellement en dehors de moi (en dehors de ma représentation). Elle ne reçoit une réponse pleinement satisfaisante que dans la partie pratique, cependant, parce que c'est dans la partie pratique que sera démontré comment le moi peut admettre la réalité d'un non-moi alors qu'il n'existe originairement rien d'autre que

---

[35] Fichte, GA, III, 2, p. 345.

le moi comme activité réflexive. Alexis Philonenko, dans son ouvrage sur la *Liberté humaine dans la philosophie de Fichte*, interprète le passage de la lettre qui vient d'être cité comme suit : la question de la doctrine de la science, dans la partie théorique de la *Grundlage*, est résolue jusqu'à un certain point, car elle démontre qu'il est « *dans une certaine mesure* » possible de « *comprendre la doctrine de la connaissance sans tomber dans l'idéalisme absolu* », que « *dans la philosophie théorique le moi sort de lui-même et que "jusqu'à un certain point" la théorie de la connaissance (...) est réaliste*[36] ». Pour Philonenko, « *le point essentiel* », à savoir : « *dépasser l'idéalisme et surtout à travers lui le solipsisme ou "égoïsme"* », après les §1-4 de la *Grundlage*, « *est au fond déjà obtenu*[37] ». Cependant, il ressort de ce qui précède que c'est exactement l'inverse qui est vrai : dans la partie théorique de la *Grundlage*, il est « *jusqu'à un certain point* » déjà démontré que rien n'existe à l'extérieur du moi, au sens où il est déjà démontré que la thèse réaliste est rationnellement inconsistante ; tandis que la possibilité de la consistance demeure du côté de l'idéalisme. En d'autres termes encore, la thèse réaliste, à l'issue de la partie de la *Grundlage* concernant la fondation du savoir théorique, ne subsiste encore que sur le mode de l'antithèse, c'est-à-dire dans la seule et unique mesure où la thèse idéaliste reste encore à démontrer : la force de la thèse réaliste réside tout entière dans l'incapacité de l'idéaliste à démontrer la sienne ; tout le discours du réaliste consiste à identifier les failles du discours idéaliste.

C'est là la conclusion du §4 de la *Grundlage*. Fichte prend d'ailleurs la peine de le démontrer en détail à la toute fin du §4, à savoir dans la *Déduction de la représentation* : étant donné le moi comme activité réflexive de la pensée et, en lui, le simple *Anstoß* susdit, c'est-à-dire la force d'inertie empêchant le moi de poser immédiatement en lui-même la totalité de la réalité, la totalité de la représentation, ou ce qui est la même chose : la totalité de la nature, est donnée. Il écrit en ce sens :

> *En effet, si un moi est posé et si un non-moi lui est opposé, alors – c'est ce qu'explique la doctrine de la science tout entière – un pouvoir de représentation avec toutes ses déterminations est également posé. En outre, le*

---

[36] A. Philonenko, *La liberté humaine*, p. 26.
[37] *Ibid.*, p. 24.

> *moi, dans la mesure où il est déjà posé comme intelligence, n'est déterminé que par soi, ainsi que nous l'avons rappelé et prouvé dans la partie théorique.*[38]

Autrement dit : rien ne correspond au monde en dehors de notre représentation :

> *Au cours de notre recherche, l'hypothèse réaliste d'après laquelle la matière de la représentation pourrait venir du dehors s'est effectivement présentée ; elle devait être pensée, et la pensée dont elle fit l'objet était un fait de conscience réfléchissante ; mais nous vîmes, après un examen plus approfondi, qu'une telle hypothèse contredisait le principe établi, étant donné que ce à quoi une matière serait donnée du dehors ne serait absolument pas un moi, comme il doit l'être effectivement d'après l'exigence fondamentale, mais un non-moi ; et partant que rien d'extérieur à cette idée ne pouvait vraiment lui correspondre, qu'elle était totalement vide, et qu'il fallait la rejeter comme étant l'idée d'un système non pas transcendantal, mais transcendant.*[39]

Aussi est-ce une erreur que d'affirmer, comme on le fait souvent depuis Schelling[40], que le *matérialisme* admettant l'existence d'une chose en soi extérieure à la représentation et l'*idéalisme* qui la nie constituent selon Fichte, d'un point de vue strictement théorique, deux systèmes philosophiques tout aussi recevables l'un que l'autre. Fichte le dit d'ailleurs très clairement dans une lettre à Schelling datant de l'été 1801 : cette interprétation témoigne, déclare-t-il, d'une mauvaise compréhension de la doctrine de la science :

> *Votre ancienne déclaration parue dans le* Journal Philosophique *à propos de deux philosophies, l'une idéaliste, l'autre réaliste, qui, toutes deux vraies, pourraient coexister – déclaration que j'ai tout de suite gentiment contredite, parce que je la considérais comme inexacte, éveilla en moi, bien sûr, le soupçon que vous n'aviez pas pleinement compris la*

---

[38] Fichte, SW, I, p. 249/GA, I, 2, p. 387/trad. T, p. 125. Sur ce point, voir aussi Fichte, SW, I, p. 248/GA, I, 2, p. 386/trad. T, p. 124.
[39] Fichte, SW, I, p. 220/GA, I, 2, p. 363/trad. T, p. 103.
[40] Voir Schelling, HA, I, 3, p. 75/trad. CC, p. 83.

doctrine de la science.[41]

Cette erreur commise par Schelling et, jusqu'aujourd'hui, par un grand nombre de commentateurs, repose essentiellement sur l'usage abusif qu'on a fait de certaines déclarations de Fichte, tirées notamment de la *Première introduction à la doctrine de la science* de 1797, sans les rapporter à leur contexte d'origine. Selon ces déclarations bien connues, le choix d'adhérer à telle ou telle philosophie dépend « *de l'homme que l'on est*[42] », c'est-à-dire de l'intérêt dont on est animé[43], et non de la supériorité scientifique de l'un ou l'autre système, de telle sorte que l'idéaliste et le dogmatique ne peuvent se réfuter l'un l'autre.[44] Certains commentateurs ont déduit de ces déclarations qu'il n'existait selon Fichte aucun argument permettant de démontrer la supériorité scientifique de l'un sur l'autre, mais que l'adhésion à l'un ou l'autre de ces systèmes n'était selon Fichte qu'une question de caractère ou de goût personnel, ou encore l'effet d'un choix pleinement arbitraire. C'est ainsi que Tom Rockmore, par exemple, conclut à ce propos de la manière suivante :

> *La faiblesse évidente de cette analyse « psychogénétique » est que, s'il est vrai que les deux points de vue soient de valeur égale, aucune raison ne peut être invoquée afin de trancher en faveur d'une méthode plutôt que de l'autre.*[45]

Or Fichte, s'il est vrai que ce soit selon lui l'intérêt qui détermine en bout de ligne l'adhésion d'un individu à l'un ou l'autre système, n'admet pas pour autant leur égalité scientifique. Bien au contraire, Fichte, comme le fait remarquer Daniel Breazeale dans son article *How to Make an Idealist*[46], insiste à plusieurs reprises sur la supériorité théorique de l'idéalisme, et fournit effectivement toute une série d'arguments propres à faire ressortir cette supé-

---

[41] Fichte, GA, III, 5, p. 43-44.
[42] Fichte, SW, I, p. 434/GA, I, 4, p. 195/trad. T, p. 253.
[43] Fichte, SW, I, p. 433/GA, I, 4, p. 194/trad. T, p. 252.
[44] Fichte, SW, I, p. 429/GA, I, 4, p. 191/trad. T, p. 250.
[45] T. Rockmore, « Fichte's Idealism and Marx's Materialism », p. 193.
[46] D. Breazeale, « How to Make an Idealist », p. 98-99.

riorité, notamment dans la *Première introduction à la doctrine de la science*[47] et dans les *Annales du ton philosophique*[48], où il anéantit littéralement la thèse matérialiste. Il existe donc des arguments, et des arguments décisifs, dans l'esprit de Fichte, en faveur de l'idéalisme et en défaveur du matérialisme. Et en effet, Fichte ne se fait-il pas un point d'honneur de ne jamais affirmer quoi que ce soit sans en fournir la démonstration ? Comme il l'affirme dans les *Annales du ton philosophique* :

> *Nous ne reconnaissons dans toute la littérature, et tout particulièrement dans la littérature philosophique, rien de respectable hormis des* raisons, *et nous sommes si intimement persuadés de la légitimité de cette opinion, que respecter quoi que ce soit d'autre relève à notre avis de la bêtise pure et simple. (...)*
> *Puisque nous ne respectons rien d'autre que des raisons, il s'ensuit que nous avons la ferme résolution d'exprimer librement tout ce que nous pouvons démontrer au moyen de raisons ; et de ne nous laisser lier les mains par rien, si ce n'est par l'indémontrabilité.*[49]

Cependant, prévoit Fichte, les adversaires de l'idéalisme resteront sourds à ces arguments, pour la simple et bonne raison qu'il n'est pas dans leur intérêt, du moins tel qu'ils se le figurent, de les comprendre. Ainsi, ils trouveront toujours une façon d'échapper aux conclusions de la preuve la plus irréfutable, parce qu'*ils ne veulent tout simplement pas comprendre*, étant donné que leur intérêt dans leur esprit se trouve lié à l'hypothèse de la chose en soi :

> *On peut montrer au dogmatique* [c'est-à-dire au réaliste ou au matérialiste] *l'insuffisance ou l'inconséquence de son système, ce dont nous parlerons bientôt ; on peut le troubler et l'angoisser de toute part ; mais on ne peut le convaincre, car il est incapable d'entendre et d'examiner avec calme et froideur une doctrine qu'il ne peut absolument pas supporter.*[50]

Fichte ici, me semble-t-il, est on ne peut plus clair : le système matérialiste

---

[47] Voir Fichte, SW, I, p. 434-440/GA, I, 4, p. 195-199/trad. T, p. 253-257.
[48] Voir Fichte, SW, II, p. 471-479/GA, I, 4, p. 304-310.
[49] Fichte, SW, II, p. 463-464/GA, I, 4, p. 296.
[50] Fichte, SW, I, p. 434/GA, I, 4, p. 195/trad. T, p. 253.

est absolument insoutenable et parfaitement réfutable ; cependant, plusieurs ne sont pas disposés à apercevoir ses failles, parce qu'ils sont animés d'un intérêt qui les en empêche. Chez certains individus, cependant – plus rares, concède Fichte – l'intérêt dominant est lié à la volonté d'être libre, de sorte qu'ils sont naturellement réceptifs à l'argument de l'idéaliste, qui prétend leur fournir la preuve de cette liberté. Il n'y a donc pas deux systèmes valables ou démontrables, selon Fichte, mais un seul : l'idéalisme, que certains, du fait de l'intérêt qui les anime, sont disposés à comprendre, tandis que les autres ne le sont pas.

Bref, le système matérialiste ou phénoménaliste, à la fin du §4 de la *Grundlage*, apparaît insoutenable ; la seule chose qui soit encore incertaine, à ce stade, c'est la question de savoir s'il est possible de *démontrer* que l'objet de l'expérience se laisse réduire à la représentation, ou ce qui est la même chose : s'il est possible d'expliquer comment le moi peut être lui-même à l'origine de l'*Anstoß*, du *choc*, c'est-à-dire de la force d'inertie, qu'il est nécessaire de supposer à titre de condition de possibilité de la représentation empirique. Fichte écrit à ce propos :

> *Le non-moi lui-même est un produit du moi se déterminant soi-même et nullement quelque chose d'absolu et de posé en dehors du moi. Un moi qui se pose* comme *se posant lui-même, c'est-à-dire un* sujet, *n'est pas possible sans un objet produit en la façon qui a été décrite (la détermination du moi, sa réflexion sur lui-même en tant qu'il est quelque chose de déterminé, n'est possible qu'à la condition qu'il se limite lui-même moyennant l'intervention d'un opposé). – Seule doit rester pour le moment sans réponse la question de savoir comment et en vertu de quoi s'opère sur le moi le choc qu'il faut admettre pour expliquer la représentation ; en effet, cette question outrepasse les limites de la partie théorique de la doctrine de la science.* [51]

C'est la question qui doit être résolue dans la partie concernant le savoir pratique. Je procède donc maintenant sans plus tarder à la résolution de cette question.

---

[51] Fichte, SW, I, p. 218/GA, I, 2, p. 361-362/trad. T, p. 102.

***

Sans passer par tous les méandres de la solution de Fichte, je me contente de présenter l'essentiel de l'argument.

D'après ce qui précède, le moi originaire n'est rien d'autre que le produit de l'activité réfléchissante de la pensée ; en tant que la pensée fait retour sur elle-même, elle est pour elle-même = moi. Comme cette activité réflexive a lieu sur le mode de l'intuition, cependant, la conscience dont il s'agit ici n'est également qu'une conscience intuitive. Dans cette conscience, aucun objet n'est opposé au moi, car le moi de l'intuition est absolu. Or nous disons maintenant : ce moi absolu doit passer de la conscience intuitive à la conscience théorique ou conceptuelle, ce qui n'est possible que dans la mesure où son activité se heurte à une force d'inertie, dont il puisse poser l'origine = non-moi, et cela bien qu'elle ait dans les faits son origine dans le moi lui-même. C'est cette démarche que nous devons comprendre. Voici ce qu'il en est de cette démarche selon Fichte :

Dans l'acte originaire par lequel le moi fait retour sur soi, ce dernier accède à l'intuition de soi comme réalité absolue. En effet, il se saisit de la sorte – de manière intuitive il est bon de le répéter – comme étant absolument identique à lui-même, c'est-à-dire comme quelque chose d'absolument incommensurable, à quoi rien n'est opposé. En accédant à l'intuition de soi, le moi accède donc à l'intuition de ceci qu'il est absolument libre, qu'il n'existe absolument rien en dehors de lui-même pour lui imposer quelque contrainte que ce soit, de sorte que son être est absolument sans limite, ou ce qui est la même chose : *infini*. Or en tant qu'il se saisit lui-même immédiatement comme sans limite, et non pas comme opposé à quelque chose d'extérieur à lui, le moi, semble-t-il, n'est pour lui-même rien de déterminé et ne peut pas accéder à la conscience de soi conceptuelle. Pourtant, il doit y accéder et, par conséquent, il doit se saisir lui-même comme quelque chose de déterminé. Comment est-ce possible ? À ce propos, la réponse de Fichte est la suivante : quelque chose de déterminé ou de limité, c'est une *quantité*. Le moi ne peut donc se concevoir lui-même que dans la mesure où il pose en lui-même une certaine quantité de réalité ou d'activité. Cependant, s'il se contentait de poser en lui une quantité *limitée* de réalité, il ne se poserait pas comme réalité *absolue*, et ne serait pas pour lui-même = moi. Par conséquent, afin d'accéder à la conscience conceptuelle, le moi doit non seulement poser en lui-même une quantité de réalité, mais poser également cette quantité de réalité comme *infinie*. Or qu'est-ce qu'une quantité infinie, sinon une *quantité éternellement croissante* ? Ainsi, le paradoxe en question trouve sa solution : que le moi se saisisse comme réalité infinie ne signifie pas qu'il se saisisse comme n'admettant *actuellement* aucune limite, comme si l'infini était un être fixe, mais cela signifie simplement qu'il saisit la quantité déterminée de réalité actuellement comprise en lui comme destinée à croître à l'infini, comme étant essentiellement en expansion. Comme l'écrit Fichte :

> *Le moi est posé comme réalité et, dans la mesure où une réflexion a lieu concernant la question de savoir s'il est réel, il est nécessairement posé comme* quelque chose, *comme un* quantum *; or il est posé comme étant toute réalité ; il s'ensuit qu'il est nécessairement posé comme un* quantum *infini, comme un* quantum *remplissant l'infini.* [52]

Dans les deux tendances séparées que nous étions jusqu'à présent forcés d'attribuer au moi : l'une en vertu de laquelle il s'intuitionne lui-même et se pose comme réalité infinie, l'autre par laquelle il se conçoit lui-même et se pose comme réalité finie, nous reconnaissons maintenant deux aspects d'une seule et même tendance, à savoir la tendance à remplir l'infini, à s'accroître infiniment. Originairement, le moi fait retour sur soi et se saisit immédiatement lui-même comme pure identité, ce qui veut dire comme réalité infinie. Cependant, cette réalité infinie qu'il pose en lui de la sorte n'est pas un infini *donné*, mais un infini *mathématique*, c'est-à-dire une quantité croissante. Autrement dit, ce qu'il pose en lui de la sorte n'est rien d'autre la capacité de conquérir et d'accumuler en lui-même une à une, à partir du degré *un* de la réalité, chacune des unités de réalité faisant partie de l'ensemble infini des unités de réalité possibles. Or il ne doit pas y avoir de saut dans cette opération du moi, mais celle-ci doit consister en une patiente juxtaposition des unités de réalité ou d'activité les unes à côté des autres, de manière que le moi puisse apercevoir sa réalité ou son activité comme croissant de manière constante. Dans le cas contraire, en effet, il ne serait pas identique à lui-même, puisqu'il

---

[52] Fichte, SW, I, p. 274/GA, I, 2, p. 407/trad. T, p. 141.

y aurait dans la conscience elle-même un *hiatus* qui empêcherait le moi de s'apercevoir comme tel. Le moi, dans l'acte de s'accroître, c'est-à-dire dans le processus par lequel il change, doit demeurer identique à lui-même s'il doit pouvoir s'apercevoir *comme moi*. Autrement dit, l'activité par laquelle le moi tend à remplir l'infinité doit pour ainsi dire s'accomplir *dans le temps*. Il s'agit d'un processus qui «prend du temps». Ainsi, la tendance du moi, en vertu de laquelle il cherche à s'accroître infiniment, est frustrée dans ce processus. Car elle se heurte à la résistance de la temporalité dans laquelle est plongé le moi du fait de l'opération d'accumulation des unités qu'il doit accomplir afin de pouvoir s'apercevoir lui-même. Le moi aspire à l'infinité actuelle, il voudrait *être infini*, comme si l'infini pouvait être une donnée achevée. Or il ne peut être moi pour lui-même qu'en tant qu'il se voit progresser sans cesse (infiniment) dans l'accumulation des unités de réalité. Cette progression n'admettant aucun saut, le moi se sent alors limité dans sa progression par quelque chose qui lui est étranger. Car si le moi, en s'intuitionnant lui-même, s'est pour ainsi dire librement voué à la *déterminité* en général (le fait d'être limité d'une manière générale), il n'est pas libre de déterminer la limite particulière à laquelle il est confronté de manière actuelle, cette limite particulière lui étant imposée de manière nécessaire d'après son cheminement antérieur. Cette limite particulière, moyennant le travail de l'imagination – il s'agit bien sûr de l'imagination transcendantale –, prend alors l'aspect de l'extériorité et devient = non-moi. En tant que telle, elle constitue ce que l'on appelle communément le monde. Qu'est-ce que le monde ? C'est la représentation de ce qui constitue actuellement ma limite, que je dois précisément dépasser. Ainsi, ce qu'on appelle le monde est une simple représentation, qui n'a pour moi de réalité que parce que j'ai, sans aucune raison, c'est-à-dire tout à fait librement, fait retour sur moi dans l'acte d'auto-intuition. La résistance qu'oppose le monde à mon vouloir et mon action ne suppose aucunement l'existence effective de quelque chose qui lui corresponde en dehors de ma représentation, mais elle s'explique du simple fait que le moi, en tant qu'il cherche à s'apercevoir lui-même, doit procéder d'une certaine manière et qu'il était nécessaire, à ce moment précis, qu'il se représente sa limite de cette façon. Ainsi, il n'est pas nécessaire d'admettre l'existence effective d'un objet extérieur à la représentation pour expliquer la possibilité de l'expérience, dans la perspective fichtéenne, mais l'objet selon Fichte n'est rien d'autre que la représentation de la résistance à laquelle se heurte le moi dans l'action de remplir ou de parcourir l'infinité.

C'est là le sens de la pulsion morale dont tout être humain (tout être conscient de sa propre existence) se trouve animé : j'ai conscience de moi comme devant agir sur le monde, au sens où j'ai conscience de devoir repousser toujours un peu plus les limites dans lesquelles je me représente être enfermé. J'ai conscience de devoir me prouver sans cesse à moi-même que ces limites sont susceptibles d'être repoussées, ou ce qui est la même chose : de me prouver à moi-même que mon propre être est susceptible de s'accroître sans cesse davantage, que je puis me libérer de l'emprise que le monde exerce sur moi et affirmer mon indépendance par rapport à lui. Il m'est impossible de renoncer à repousser davantage ces limites, c'est-à-dire qu'il m'est impossible de penser ces limites comme étant définitives et à jamais infranchissables, de penser mon propre être comme étant irrémédiablement limité à telle quantité ou à tel degré d'être, sans quoi je cesserais immédiatement d'être un moi pour moi-même (d'avoir conscience de ma propre existence). Ce serait comme m'anéantir moi-même. En effet, d'après ce qui précède, je ne me saisis en tant que moi qu'en tant que je me saisis comme infini. Je dois donc me penser comme n'ayant aucune limite fixe, ce qui n'est possible qu'en tant que je me prouve sans arrêt à moi-même que je suis en mesure de me dépasser, de dépasser les limites dans lesquelles je me trouvais enfermées jusqu'à présent, et de m'affranchir de mes déterminations historiques ou matérielles. Au moment où je renonce à dépasser telles ou telles limites, au moment où j'admets telle ou telle limite comme infranchissable pour moi, je cesse d'être pour moi-même = moi, ou en d'autres mots : alors je m'anéantis moi-même. D'où l'affirmation de Fichte : « *Ce n'est que par le médium de la loi morale que je puis m'apercevoir* moi-même [53] ».

L'impasse dans laquelle nous nous trouvions à la fin de la partie théorique se trouve ainsi pleinement résolue. La question, je le rappelle, était de savoir quel est le fondement de l'*Anstoß* qui doit amener le moi à se limiter librement lui-même, ou ce qui est la même chose : à se reconnaître librement comme limité. Il nous paraissait incompréhensible, alors, que l'activité du

---

[53] Fichte, SW, I, p. 466/GA, I, 4, p. 219/trad. T, p. 274.

moi puisse à la fois rencontrer une force d'inertie et être lui-même à l'origine de cette force. En effet, cette possibilité paraissait supposer que le moi se saisisse comme limité de l'extérieur d'une part, tandis qu'une telle aperception de soi comme étant limité de l'extérieur paraissait compromettre la possibilité pour le moi de se concevoir *en tant que moi* d'autre part. Or nous savons maintenant que, dans la mesure où le moi s'intuitionne lui-même, il pose en lui-même non pas un infini *actuel*, mais un infini dynamique, c'est-à-dire une pulsion d'accumulation des unités de réalité, pulsion qui doit nécessairement se trouver frustrée et se vivre elle-même en tant qu'*effort*, ce qui amène le moi à considérer qu'il se trouve limité de l'extérieur. D'où la possibilité de la conscience théorique. Celle-ci est possible parce que s'intuitionner comme absolu ou infini, comme le fait le moi de manière originaire, c'est se saisir non pas comme un infini actuel, mais comme une progression sans fin. En tant que le moi s'intuitionne comme absolu, il s'intuitionne donc à la fois comme infini et comme fini, à la fois comme croissant et comme contraint de se trouver à un stade déterminé de sa croissance. Et de l'opposition de ces deux aspects saisis dans l'intuition, le moi ne connaissant aucune contrainte, et le moi contraint d'incarner une condition d'existence déterminée, résulte la conscience théorique (ou objective).

Et par là se trouve également résolu le problème général qui était le nôtre au tout début de notre investigation. En effet, nous cherchions à comprendre comment le moi peut parvenir à penser le moi et le non-moi comme se limitant réciproquement, ou ce qui est la même chose : nous cherchions à comprendre comment le moi peut se poser lui-même et poser le non-moi à la fois comme étant et comme n'étant pas, cela en des sens opposés. Car nous posions : le moi peut poser à la fois la réalité du moi et la réalité du non-moi dans la mesure où il pose que le moi est en un certain sens et que, en ce sens précis, le non-moi n'est pas ; et inversement. Or nous comprenons maintenant pleinement cette proposition.

Tout d'abord, le moi pose lui-même, dans une certaine mesure ou en un certain sens, sa propre réalité et, en ce sens ou dans cette mesure, nie la réalité du non-moi. En effet, il est moi pour lui-même dans la mesure où il pose en lui-même une quantité de réalité progressant à l'infini ou, en termes populaires : dans la mesure où il pose en lui-même la faculté de s'améliorer infiniment. Tout moi pose nécessairement que les limites qui sont les siennes doivent pouvoir être repoussées à l'infini, et c'est précisément de ce fait qu'il est pour lui-même = moi. Et en tant qu'il se pose comme susceptible de réduire infiniment les limites qui sont les siennes, il pose qu'il n'y a pour lui, en dernière analyse, absolument aucune limite, ou ce qui est la même chose : il pose que le non-moi n'est absolument pas. Fichte sur ce point fait appel, à quelques reprises, à une analogie : de même que l'obscurité ne peut être pensée comme absolue, mais seulement comme une petite quantité de lumière, de même le non-moi ne peut être pensé comme absolu, mais doit être pensé comme une petite quantité de moi.[54]

Mais par ailleurs, je pose la réalité du non-moi et, dans cette mesure, la non-réalité du moi. En effet, je me pose comme moi en tant que je pose ma limite comme réductible à l'infini (asymptotiquement). Mais si ma limite peut être repoussée à l'infini, elle doit l'être progressivement, degré par degré, et dans ce processus de réduction de la limite, je suis précisément toujours confronté à une limite que j'ai, au stade où je me trouve actuellement, à dépasser. Or cette limite déterminée, à laquelle je suis actuellement confronté, n'a pas été spécialement posée par moi, mais ce que j'ai posé, c'est simplement la *déterminité* en général. Cette limite déterminée m'est donc, en un certain sens, imposée de l'extérieur. À cet égard, par conséquent, je pose la réalité du non-moi et je suis pour moi-même limité, c'est-à-dire que je ne suis pour moi-même absolument pas.

---

[54] Voir Fichte, SW, I, p. 144-145/GA, I, 2, p. 301/trad. T, p. 54.

Chapitre 9

L'altérité subjective

Je crois avoir démontré par ce qui précède que la doctrine fichtéenne de la science n'admet aucune réalité extérieure au moi. Le non-moi dans son ensemble, selon Fichte, n'existe qu'à titre de représentation du moi. La présente étude confirme ainsi la lecture traditionnelle, selon laquelle Fichte nie l'existence d'une chose en soi indépendante de l'esprit, à ceci près qu'elle montre que cela ne signifie pas pour autant que Fichte pose le monde empirique comme illusoire. À cet égard, cependant, l'interprétation proposée se heurte à une difficulté importante qui doit être examinée avec soin. Je veux parler de la difficulté à laquelle se trouve nécessairement confrontée la lecture idéaliste lorsque vient le moment d'aborder la question, devenue aujourd'hui incontournable lorsqu'on aborde la pensée de Fichte, du rapport intersubjectif dans lequel ce dernier pose tout moi possible. Ce point est d'une importance cruciale pour la présente étude, car c'est précisément comme on le sait la question du statut de *l'autre* dans la philosophie de Fichte qui est devenue, pour toute une génération de commentateurs inspirée par Alexis Philonenko[55] et Reinhard Lauth[56], le talon d'Achille de l'interprétation idéaliste de Fichte.

Cette difficulté à laquelle se heurte sur ce point l'interprétation idéaliste de Fichte se pose dans les termes suivants. Fichte, à quelques reprises au cours de son œuvre, affirme que la possibilité de la conscience de soi est conditionnée par l'intervention d'une conscience extérieure. Par essence, donc, le moi s'inscrit dans un rapport à l'autre, il s'agit par essence d'un être social. Le passage le plus clair et le plus éloquent à ce propos se trouve dans le *Fondement*

---

[55] Voir A. Philonenko, *La liberté humaine*, p. 22 *sq.*
[56] Voir R. Lauth, « Le problème de l'interpersonnalité chez J. G. Fichte ».

du droit naturel de 1796-97 :

> *L'homme (c'est-à-dire tout être* [raisonnable] *fini en général) ne devient homme que parmi les hommes ; et puisqu'il ne peut être rien d'autre qu'un homme, et qu'il n'existerait aucunement s'il n'était pas cela – si en général il doit y avoir des hommes, il faut qu'ils soient plusieurs. Ce n'est pas là une opinion arbitrairement admise, étayée sur l'expérience que l'on a eue jusqu'à présent, ou sur d'autres raisons vraisemblables, mais c'est une vérité qui peut être établie rigoureusement à partir du concept d'être humain. Dès que l'on détermine complètement ce concept, on est conduit, à partir de la pensée d'un individu, à en admettre un deuxième, afin de pouvoir expliquer le premier. Le concept d'être humain n'est donc nullement le concept d'un être isolé, car c'est là quelque chose d'impensable, mais c'est celui d'un genre.* [57]

Comment concilier cette explication de Fichte, d'après laquelle un moi isolé est impossible, avec le principe de base de l'idéalisme selon lequel le moi est par essence *un* et absolu ?

Pour le comprendre, reprenons le problème essentiel de la doctrine de la science tel qu'il se pose, comme nous l'avons vu (voir chapitre 8), à l'issue de la seconde section de la *Grundlage* concernant le fondement du savoir théorique. Ce problème, je le rappelle, se présente ainsi : le moi doit à la fois pouvoir se penser en tant que moi, c'est-à-dire comme absolu, comme étant libre de toute influence extérieure, d'une part, et se reconnaître comme étant limité par quelque chose d'extérieur à lui d'autre part. La question est alors précisément de savoir comment il peut se poser comme étant à la fois libre et contraint, infini et fini.

Considérons maintenant de nouveau la manière dont ce paradoxe fut résolu. En dernière analyse, la possibilité de résoudre ce paradoxe dépend de notre capacité à concevoir correctement l'infini. La manière habituelle de concevoir l'infini comme étant absolument opposé au fini, comme ce qui est effectivement ou *actuellement* sans aucune limite, est erronée. À partir de cette définition de l'infini, le mystère de la conscience théorique reste inso-

---

[57] Fichte, SW, III, p. 39/GA, I, 3, p. 347/trad. Q, p. 54-55.

luble. Il ne faut pas concevoir l'infini comme une donnée, comme quelque chose de fixe, mort et sans mouvement. C'est alors en effet qu'on fait de l'infini quelque chose de fini, de définitif, qui se trouve pour ainsi dire à disposition, ce qui est contradictoire. Mais l'infini, compris correctement, est une réalité dynamique, c'est un mouvement, un être en expansion, bref : c'est une quantité croissante. Kant l'avait déjà bien compris, qui dans la *Critique de la raison pure* explique que le concept d'infini, en tant que concept d'une grandeur indépassable est erroné.[58] Il poursuit à ce propos de la sorte :

> *Le véritable concept (transcendantal) de l'unité réside en ceci que la synthèse successive de l'unité, dans la mesure d'un* quantum, *ne peut jamais être achevée. Ce* quantum *contient ainsi une multiplicité (d'unités quelconques) qui est plus grande que tout nombre, ce qui est le concept mathématique de l'infini.*[59]

Dans la mesure où l'on admet que l'infini ne peut être conçu correctement que de cette façon, on se rend compte que le problème soulevé est aisément résolu. En effet, il est dès lors clair que, dans la mesure où le moi doit faire l'objet d'une conscience théorique, c'est-à-dire dans la mesure où il doit non pas simplement s'*intuitionner* en tant que moi (c'est-à-dire en tant qu'absolu ou infini), mais se *penser conceptuellement* comme tel également, il ne pourra le faire que moyennant le concept de l'infini mathématique.[60] On aperçoit dès lors la raison pour laquelle le moi qui se conçoit comme infini doit nécessairement se concevoir en même temps comme fini : il est infini en tant qu'activité synthétique des unités de réalité qu'il ajoute successivement les unes aux autres, mais il est fini en tant que produit *actuellement* fini de

---

[58] Voir Kant, Ak, III, p. 297/trad. Z, p. 432.
[59] Kant, Ak, III, p. 299/trad. Z, p. 434.
[60] Il est à noter qu'on n'affirme pas ici que l'infini, en tant qu'absolument opposé au fini, n'existe pas. Au contraire, le moi originaire, qui n'est rien d'autre qu'un infini de ce genre, constitue bien plutôt d'après ce qui précède la seule et unique réalité proprement dite. Cependant, il s'agit là d'un inconcevable, qui ne peut être saisi par conséquent que sur le mode de l'intuition. Dans la mesure où il s'agit de concevoir l'infini, cependant, c'est-à-dire dans la mesure où il s'agit de faire de l'infini l'objet d'une conscience théorique, il ne peut être question que d'un infini mathématique, comme quantité actuellement limitée, mais croissante.

cette activité synthétique. D'où la nécessité dans laquelle se trouve le moi de reconnaître l'existence d'un objet extérieur à lui : car si en tant que pure activité synthétique il est absolument infini, ne se reconnaît aucune limite et n'admet par conséquent aucun objet extérieur à lui, il se reconnaît une limite en tant que produit actuel de cette activité, et surtout en tant qu'activité synthétique ne pouvant admettre de *hiatus* dans l'activité d'accumulation des unités de réalité. C'est ce qui amène le moi à se représenter qu'il existe quelque chose d'extérieur à lui (quelque chose qui ne dépend pas de sa volonté) : un non-moi, qui, quoiqu'infiniment réductible, l'empêche pour ainsi dire de brûler des étapes dans cette activité de réduction. L'affirmation de Copleston se trouve ainsi confirmée, selon laquelle Fichte, comme les autres grands penseurs de l'idéalisme allemand, conçoit « *l'infini non pas comme quelque chose qui se trouve au-dessus du fini, mais comme vie ou activité infinie s'exprimant dans et par le fini*[61] ».

Telle est la conclusion générale de la *Grundlage*. La possibilité de la conscience théorique ne suppose pas seulement que le moi se saisisse comme limité par l'objet. Car dans ce cas, il ne serait pas pour lui-même absolu, ce qui revient à dire qu'il ne serait pas pour lui-même = moi. Mais elle suppose aussi et surtout que le moi se pense comme limitant lui-même l'objet, comme exerçant sur l'objet une activité causale, c'est-à-dire une activité par laquelle il soit en mesure de repousser infiniment les limites que lui impose l'objet. Alors il peut se penser comme absolu tout en étant pour lui-même actuellement fini, parce que se penser comme susceptible de repousser à l'infini les limites objectives revient à penser ces limites objectives comme n'ayant en elles-mêmes aucune réalité. C'est ce que veut dire Fichte lorsqu'il affirme que la possibilité de la conscience théorique est conditionnée par la conscience pratique : le moi est essentiellement pratique, parce que s'il ne se pensait pas comme susceptible de repousser infiniment la limite que l'objet lui impose, il ne pourrait pas non plus se penser comme limité par l'objet et parvenir à la conscience théorique.

À la fin de la *Grundlage*, donc, il semble bien que le paradoxe philosophique (identifié au chapitre 7) soit résolu une fois pour toutes. Fichte, dans la

---

[61] F. Copleston, *A History of Philosophy*, VII, p. 19.

première section de la *Doctrine du droit* de 1796-97, revient cependant sur cette conclusion pour démontrer que ce n'est pas tout à fait le cas. Il reprend tout d'abord le résultat final de la *Grundlage* qui vient d'être exposé : le moi ne peut se penser comme limité par un objet, ni donc par conséquent parvenir à la conscience théorique, que s'il s'attribue également une causalité sur l'objet. Comme il l'écrit : « *L'être raisonnable ne peut (...) poser (percevoir ou concevoir) un objet sans en même temps, dans la même synthèse indivise, s'attribuer une causalité.*[62] » Or s'attribuer une libre causalité revient à s'attribuer une faculté de représentation permettant de visualiser la fin qu'on se propose relativement à un objet. Se pose alors la question suivante : comment le moi peut-il se proposer de modifier un objet d'après la représentation d'une fin, et donc se représenter lui-même comme capable d'agir d'après la représentation d'une fin, avant même qu'un objet existe pour lui ? Il paraît bien plutôt nécessaire qu'un objet existe d'abord pour lui, qu'il pourra ensuite se proposer de modifier d'après un concept quelconque.

La conclusion de la *Grundlage* est donc à tout le moins problématique et paradoxale : d'un côté, il n'existe aucun objet avant que le moi ne s'attribue une causalité ; d'un autre côté, le moi ne peut s'attribuer de causalité sans avoir admis d'abord la réalité de l'objet. Ce paradoxe doit être résolu, sans quoi tout le travail de réflexion accompli dans la *Grundlage* devient inutile et la conscience théorique demeure inexpliquée. Voici comment :

D'après ce qui précède, le moi ne peut se proposer de modifier un objet d'après la représentation d'une fin avant d'avoir admis la réalité d'un objet. De ce point de vue, il apparaît que le moi doit nécessairement poser la réalité de l'objet avant de se proposer d'agir d'après la représentation d'une fin. Néanmoins, nous avons par ailleurs reconnu que la position de la réalité de l'objet n'était possible qu'à condition que le moi s'attribue le pouvoir d'agir d'après la représentation d'une fin. Cependant, *se proposer d'agir effectivement* d'après une fin précise, et *s'attribuer une causalité libre en général*, sont deux choses différentes. Ainsi, bien qu'aucun objet ne puisse exister pour moi sans que je m'attribue le pouvoir d'agir librement, il pourrait exister un objet pour moi sans que je me sois effectivement proposé d'agir d'après un concept

---

[62] Fichte, SW, III, p. 30/ GA, I, 3, p. 340/trad. Q, p. 46.

précis, dans la mesure où je m'attribue, d'une manière générale, la *capacité* d'agir d'après un concept. Or, d'après ce qui précède, il doit y avoir un objet pour moi avant que je me sois effectivement proposé d'agir librement. Par conséquent, je dois pouvoir m'attribuer, indépendamment de toute action libre effective de ma part, le pouvoir d'agir librement. En d'autres termes, si la réalité d'un objet doit être posée par moi – et c'est effectivement le cas – je dois pouvoir reconnaître en même temps cet objet comme modifiable par un moi d'après la représentation d'une fin, et cela sans même qu'il ait été nécessaire que je me propose moi-même aucune fin précise à son égard. Cette double exigence ne peut être comprise que de la manière suivante : il faut que je reconnaisse l'objet comme ayant déjà été modifié, indépendamment de ma propre activité, d'après la représentation d'une fin ; c'est-à-dire que je dois pouvoir reconnaître cet objet comme le produit de la libre causalité d'un moi. Et comme ce moi ne doit pas être le mien, du moment que je n'ai pas pas encore moi-même agi, il doit s'agir d'un être raisonnable différent de moi, d'un *alter ego*. Dans la mesure où je pose l'objet comme ayant été modifié d'après la représentation d'une fin qu'un *alter ego* s'est proposée, j'attribue au moi, d'une manière générale, un pouvoir de libre causalité, mais sans qu'il ait été nécessaire que je me sois moi-même déterminé à agir d'après la représentation d'une fin.

Ainsi, le moi ne peut s'élever à la conscience théorique, il ne peut se représenter lui-même comme un moi limité par un non-moi, sans admettre en même temps l'existence d'un *alter ego*. Afin d'expliquer la possibilité de la conscience théorique, il faut faire intervenir un moi fini extérieur à la conscience dont il s'agit d'expliquer la possibilité. C'est ici précisément que vient se greffer, dans le système de Fichte, la *doctrine de l'intersubjectivité*. Pour que je devienne moi-même un moi fini, ayant la conscience conceptuelle de soi, il fallait nécessairement qu'un autre moi fini préexiste à ma propre finitude, et qu'il laisse dans le monde objectif une marque patante et indéniable de sa liberté. Or comme le dit Fichte, la seule chose qui ne puisse être expliquée sinon par une libre causalité, c'est-à-dire par une action effectuée d'après un concept ou d'après la représentation d'une fin, ou ce qui est encore la même chose : d'après une connaissance, c'est le concept ou la connaissance eux-mêmes. Reconnaître l'objet comme le produit d'une causalité libre extérieure à la mienne, à cet égard, revient donc à reconnaître cet objet comme ayant été produit dans le but exprès de communiquer une connaissance.[63] Ainsi, je ne deviens un être humain que dans la mesure où d'autres êtres humains cultivent en moi l'humanité. C'est pourquoi il faut dire avec Fichte, pour revenir au passage déjà cité, que « *l'homme ne devient homme que parmi les hommes* », et que « *si en général il doit y avoir des hommes, il faut qu'ils soient plusieurs*[64] ».

Nous disons donc : le moi de l'intuition, afin de s'élever à la conscience de soi théorique, doit se poser à la fois comme limité par le non-moi d'une part et comme limitant lui-même à son tour le non-moi d'autre part, ce qui d'après les conclusions auxquelles nous sommes parvenus n'advient qu'en tant qu'il se pose comme appelé de l'extérieur, par une autre conscience finie, à l'activité de connaître. Ainsi, au moment même où le moi parvient à se poser face à un objet, il se pose comme un être raisonnable fini parmi d'autres, c'est-à-dire comme un individu au sein d'une communauté. En effet, la possibilité du rapport à l'objet, d'après ce qui précède, est conditionnée par le rapport à autrui.

***

Ces conclusions de toute évidence sont problématiques en regard de la lecture idéaliste de Fichte défendue dans la présente étude. Elles paraissent compromettre sérieusement sa cohérence. Selon les résultats auxquels nous sommes parvenus dans les chapitres précédents, le moi originaire accomplit selon Fichte de manière absolument spontanée l'acte de réflexion à l'occasion duquel il parvient à l'intuition de soi. Néanmoins, cet acte a lieu de manière nécessaire. Qu'il s'agisse d'un acte spontané signifie simplement qu'il a lieu de manière inconditionnée, qu'il ne suppose pas l'intervention de quelque chose d'extérieur. Et aussi certainement que se produit l'acte d'auto-intuition du moi, celui-ci pose également la réalité d'un objet qui le limite d'une part et qu'il limite d'autre part, et s'élève de la sorte à la conscience théorique. Ainsi, la conscience théorique existe tout aussi nécessairement qu'il est nécessaire

---

[63] Voir Fichte, SW, III, p. 38-39/ GA, I, 3, p. 346-347/trad. Q, p. 53-54.
[64] Fichte, SW, III, p. 39/ GA, I, 3, p. 347/trad. Q, p. 54.

que le moi originaire saisisse lui-même sa propre existence sur le mode de l'intuition et nécessite l'intervention d'aucun agent extérieur au moi. D'après ce qui vient d'être expliqué dans le présent chapitre, cependant, la possibilité de la conscience théorique ne serait pas possible sur la simple base de l'activité spontanée du moi de l'intuition, mais supposerait l'intervention d'une autre conscience. En apparence du moins, il y a donc ici contradiction : d'un côté, l'activité auto-intuitive du moi doit suffire à expliquer la possibilité de la conscience théorique ; mais d'un autre côté, la possibilité de la conscience théorique ne se laisse pas réduire à la conscience intuitive et ne peut être expliquée que par elle-même (la possibilité de la conscience théorique ne peut s'expliquer que par l'intervention d'un moi ayant déjà accédé à la conscience théorique).

Ainsi, la doctrine fichtéenne de l'intersubjectivité paraît inconciliable avec l'idée fondamentale de l'idéalisme selon laquelle toute réalité peut être pensée comme produit d'un moi absolu, conçu comme auto-intuition d'une intelligence pleinement englobante. Les conclusions auxquelles nous sommes parvenus jusqu'à maintenant dans le présent chapitre viennent donc, selon toute apparence, détruire la totalité de l'édifice théorique mis en place dans les chapitres précédents et réduire à néant tous les efforts que nous avons déployés afin de comprendre la possibilité de la relation théorique. C'est ici bien entendu que la lecture de Philonenko et de ses continuateurs puise toute sa force et sa pertinence. À ce stade, en effet, la question indéniablement s'impose : n'avons-nous pas là tout de même enfin la preuve que Fichte, en faisant ressortir le caractère contradictoire de la notion de moi absolu, niait la possibilité même d'un tel moi ? Ne faut-il pas, en dernière analyse, donner raison à Philonenko et son école, et refuser à la doctrine fichtéenne de la science le statut d'*idéalisme moïque* ? Je crois pour ma part que cette conclusion, encore une fois, bien qu'elle paraisse s'imposer de prime abord, est trop hâtive.

L'apparence paradoxale, ici, me semble-t-il, vient tout d'abord du fait qu'on ne porte pas suffisamment attention à la nature du moi que Fichte, d'après ce qui précède, érige en absolu. Car s'il est vrai, comme c'est bien le cas d'après les conclusions auxquelles nous sommes parvenus, que l'idéalisme fichtéen consiste à poser la possibilité de la conscience théorique comme conditionnée par la seule activité réflexive du moi, il est bien entendu que ce moi n'est pas le *moi individuel*. Fichte le dit d'ailleurs explicitement dans une lettre à Jacobi :

> *Mon moi absolu, de toute évidence, n'est pas l'individu : les flagorneurs offensés et les philosophes contrariés m'ont interprété de la sorte pour pouvoir m'attribuer la honteuse doctrine de l'égoïsme pratique.*[65]

Tout en affirmant la réalité de son moi absolu, Fichte ici rejette clairement l'interprétation selon laquelle ce moi ne serait rien d'autre que le moi de chacun, compris comme individualité, comme si la doctrine de la science visait à justifier l'attitude de l'égoïste se comportant comme si rien n'avait d'existence effective en dehors de sa propre personne.

On ne saurait donc y insister suffisamment : c'est l'activité réflexive de l'intelligence, non pas telle qu'elle rencontre telles ou telles limites chez tel ou tel individu déterminé, mais *en général*, qui est caractérisée par Fichte comme absolue. En d'autres termes, l'intelligence comprenant l'absolu n'est pas *mon* activité intellectuelle, comprise par opposition à l'activité intellectuelle des autres, mais c'est l'intelligence ou l'activité intellectuelle comprise par opposition à l'objet, c'est-à-dire par opposition à ce qui ne fait pas retour sur soi.[66] Bref, le moi absolu de Fichte, celui qui comprend toute réalité, n'est rien d'autre que ce que nous avons appelé le plus souvent jusqu'à maintenant, dans cet ouvrage, le *moi de l'intuition*. C'est pourquoi nous ne devons pas conclure de l'existence de plusieurs mois individuels à l'inexistence du moi absolu. Car si les mois individuels diffèrent les uns des autres sous un certain rapport, ils n'en sont pas moins identiques sous un autre, à savoir précisément en tant que ce sont des mois, ou ce qui est la même chose : en tant qu'ils s'opposent à l'objet. Autrement dit, ce n'est pas en tant que mois que les différents mois individuels se distinguent les uns des autres, mais précisément en tant qu'ils ne sont pas = moi, c'est-à-dire en tant qu'ils sont identiques à l'objet, relativement aux limites qui sont imposées à leur moïté pour les raisons identifiées au chapitre précédent (chapitre 8). L'individualité est elle-même l'objet en moi. Considéré simplement dans leur opposition à l'ob-

---

[65] Fichte, GA, III, 2, p. 392. Sur ce point, voir également Fichte, SW, I, p. 516-517/GA, I, 4, p. 267/trad. T, p. 311. Fichte dans ce dernier passage dénonce aussi l'interprétation solipsiste de la doctrine de la science.
[66] Voir Fichte, SW, I, p. 501-504/GA, I, 4, p. 254-257/trad. T, p. 300-302.

jet, donc, c'est-à-dire : abstraction faite de leur caractère objectif ou objectal, par quoi ils se distinguent les uns des autres, les différents moi individuels ne sont rien d'autre qu'une activité d'auto-intuition indifférenciée. Le moi intuitif que Fichte pose comme absolu est l'opposé de l'individualité. Comme l'écrit ce dernier :

> *En un mot : égoïté et individualité sont des concepts très différents, et l'on peut très aisément apercevoir la composition dans ce dernier. Par le premier nous nous opposons tout ce qui est extérieur à nous et non pas seulement les personnes ; nous ne nous représentons pas simplement à travers lui notre personnalité déterminée, mais plutôt notre spiritualité en général ; c'est ainsi qu'on use du terme dans la langue commune et dans la langue philosophique.*[67]

Beaucoup de commentateurs négligent cette distinction entre l'individualité et le moi proprement dit. Alexis Philonenko, par exemple, lorsqu'il suggère que l'autre, en tant que *soi*, n'existe pas seulement *pour moi*, mais qu'il possède une existence extérieure au moi, montre qu'il n'est pas attentif à cette distinction.[68] En effet, il est faux à strictement parler de supposer que le moi puisse admettre un moi extérieur à lui. Car le moi, qu'il s'agisse du mien propre ou de celui de l'autre, n'est pas en dehors du moi, mais il est identique à lui-même et se trouve en soi. En tant que moi, je suis absolument identique à l'autre et je me confonds absolument avec lui. Et c'est en tant que je ne suis pas = moi, c'est-à-dire en tant que telles et telles limites objectives me sont imposées, que je diffère de l'autre. (En termes populaires : je diffère de l'autre corporellement, et non spirituellement.)

Ainsi, lorsque nous concluons avec Fichte que le moi de l'intuition ne peut s'élever à la conscience théorique sans se poser comme y ayant été appelé par un moi fini extérieur à lui, nous ne concluons rien qui soit contraire à l'hypothèse idéaliste, dans la mesure où nous posons que cette seconde conscience théorique est elle aussi le produit du moi intuitif, qui est absolument identique à l'activité réflexive posée au fondement du moi fini dont il conditionne la possibilité.

---

[67] Fichte, SW, I, p. 504/GA, I, 4, p. 257/trad. T, p. 302.
[68] Voir par exemple A. Philonenko, *La liberté humaine*, p. 24.

D'un point de vue fichtéen, donc, si nos conclusions sont justes, il nous faut nous représenter les choses de la manière suivante. Comme nous l'admettons naturellement dans la vie ordinaire, il existe une multitude de mois individuels finis. Ces mois se pensent comme opposés à l'objet d'une part, et comme opposés les uns aux autres d'autre part. Or une conscience finie ne peut se distinguer d'une autre sinon par son objet. Par conséquent, la multitude des mois individuels ont et n'ont pas le même objet, c'est-à-dire qu'ils ont tous le même objet, mais qu'ils l'aperçoivent d'un point de vue différent. En termes populaires : les individus se représentent qu'ils vivent dans le même monde et au sein de la même communauté humaine, mais chacun occupe dans ce monde une place différente, sur lequel il a par conséquent une perspective propre. Ces individualités, ou ce qui est la même chose : ces représentations diverses d'un même monde ou d'une même réalité, si nombreuses soient-elles, sont toutes le produit de l'acte par lequel le moi de l'intuition, essentiellement *un* et indifférencié, entreprend de s'élever à la conscience théorique, c'est-à-dire de se faire un concept de lui-même. Ainsi, comme le dit John Lachs : « *Les mois individuels et le monde des objets matériels qui leur est corrélatif sont, les uns aussi bien que l'autre, les produits d'un unique moi inconditionné.*[69] »

Mais pourquoi cette division de la conscience intuitive originaire en une multiplicité de consciences théoriques ou individuelles ? s'interrogera-t-on peut-être. La réponse à cette question découle de ce qui précède. S'élever à la conscience théorique, pour le moi de l'intuition, signifie se faire une image finie de quelque chose d'infini. Par conséquent, il ne doit pas, tel qu'établi au chapitre précédent (chapitre 8), se représenter lui-même immédiatement dans son absoluité, mais il doit se représenter lui-même comme étant dans un processus infini – n'ayant donc ni début ni fin – de conquête de sa propre représentation, comme cherchant à se faire une représentation toujours plus juste de lui-même. Dans ce but, il divise sa propre représentation de soi-même en une infinité de points de vue finis, destinés à se compléter et à se corriger les uns les autres au fil du temps. Ces différents points de vue sont ceux des générations successives d'êtres humains, qui s'efforcent incessamment, sur la

---

[69] J. Lachs, « Fichte's idealism », p. 311.

base des efforts de ceux qui les ont précédés, de conquérir une image toujours plus juste de la réalité.

Bref, le moi de l'intuition est un, il est absolument indifférencié, et les multiples individualités sont le produit d'une seule et même activité : celle de l'intelligence universelle que Fichte érige en absolu. C'est en ce sens qu'il faut comprendre les affirmations de Fichte selon lesquelles la synthèse des points de vue des différents moi individuels constitue l'image de l'absolu, ou ce qui est la même chose : de Dieu.[70] En effet, l'absolu ou Dieu correspond au moi de l'intuition, en lui-même absolument infini. Or d'après ce qui précède, la conscience empirique n'est rien d'autre que le produit de l'activité de ce moi absolu, en tant qu'il pose les actions nécessaires en vue de s'élever à la conscience théorique, c'est-à-dire en vue de se faire une image conceptuelle ou finie de lui-même comme être infini. Si donc il est vrai que le moi intuitif ne peut parvenir à cette image de lui-même sans se diviser en une multiplicité d'êtres raisonnables finis[71], il s'ensuit que la synthèse de leurs points de vue n'est rien d'autre que l'image de l'absolu ou de Dieu lui-même.

**

Bien entendu, la doctrine fichtéenne de l'intersubjectivité, même comprise de la sorte, apparaît paradoxale et se heurte à une objection importante. En effet, dans la mesure où l'on admet avec Fichte que le moi de l'activité intuitive, pour s'élever à la conscience théorique, doit y être appelé de l'extérieur par un être raisonnable ayant lui-même déjà atteint cette conscience, la déduction des conditions de possibilité de la conscience théorique apparaît circulaire : elle suppose comme étant déjà existante ce qu'elle était censé expliquer. N'est-ce pas la preuve la plus évidente, dira-t-on peut-être alors,

---

[70] Voir par exemple Fichte, SW, IX, p. 528 : « *Ce n'est pas ce que je suis, moi tel individu particulier, telle personne, mais ce que sont tous les individus réunis, moi compris, qui constitue la manifestation et l'image de son être véritable* [celui de Dieu]. »

[71] Voir Fichte, SW, IX, p. 521-522 : « *La manifestation est en elle-même absolument une, elle forme l'image = y d'un tout. En outre, afin de se manifester à soi-même, afin de se comprendre elle-même en tant que moi à travers son image y, cette manifestation se scinde en une multitude de mois* (Iche). »

que l'activité réflexive de l'intelligence du moi intuitif absolu ne suffit pas à expliquer la possibilité de la conscience théorique, qui doit nécessairement supposer par conséquent l'intervention de quelque chose d'extérieur à cette activité ? Ce serait mal comprendre le propos de Fichte encore une fois, me semble-t-il, que d'en tirer cette conclusion.

Certes, l'explication de Fichte est circulaire, mais il ne s'agit pas là d'un vice relativement à son projet. Qu'il me soit permis de le rappeler : comme j'ai pris la peine de le souligner à sa place (chapitre 4), Fichte annonce dès le départ, en 1794, dans son écrit *Sur le concept de doctrine de la science*, la raison pour laquelle la déduction de la doctrine de la science doit *nécessairement* être circulaire. Le fait que nous nous rencontrions, au cours de la déduction des conditions de possibilité de la conscience théorique, la conscience théorique elle-même, vient simplement confirmer que la série de ces conditions se trouve maintenant épuisée et que le système se trouve achevé.[72] Cette circularité de la déduction ne doit pas être interprétée comme la démonstration de la nécessité de faire appel, dans l'explication de la conscience théorique, à quelque chose d'extérieur à l'activité réflexive du moi absolu ; mais au contraire comme la preuve la plus irréfutable du fait que, de manière originaire, la conscience intuive constitue la condition suffisante et le fondement ultime de la conscience théorique. Je m'explique :

Dans notre tentative d'expliquer la possibilité de la conscience théorique, nous sommes partis de l'activité réflexive du moi intuitif comme de la condition suprême au-delà de laquelle il est impossible de remonter (dont il est impossible de demander raison). Ceci étant admis, nous nous sommes ensuite demandés comment cette conscience intuitive pouvait s'élever à la conscience théorique. Or nous avons conclu à ce sujet qu'admettre l'existence de quelque chose d'extérieur au moi intuitif ne serait d'aucune utilité de ce point de vue, puisque, en plus de contredire directement l'affirmation de la réalité du moi intuitif absolu, posée comme indéniable, cette hypothèse n'expliquerait en rien la possibilité du passage de l'intuition de soi à la conscience de soi. En revanche, nous avons trouvé qu'il était nécessaire, pour expliquer ce passage, d'admettre l'intervention d'un être raisonna-

---

[72] Voir Fichte, SW, I, p. 59/GA, I, 2, p. 130-131/trad. P, p. 49.

ble ayant déjà atteint la conscience théorique. Autrement dit, nous avons découvert que la conscience théorique constituait la condition de sa propre possibilité. Ces deux conclusions, considérées ensemble, nous obligent à poser que l'acte par lequel l'activité réflexive du moi de l'intuition, le moi absolu, s'est élevé à la conscience théorique, s'est déroulé dans un passé *infiniment lointain*, ce qui ne peut être interprété que de la manière suivante : ce passage de la conscience intuitive à la conscience théorique *n'a jamais eu lieu*, pour la simple et bonne raison qu'il n'y a pas eu de moment d'*avant la conscience théorique*. Autrement dit, l'acte par lequel le moi intuitif s'élève à la conscience théorique, en dernière analyse, tout comme l'acte par lequel il s'appréhende lui-même intuitivement, est absolument sans raison, parce qu'il n'existe absolument aucune différence entre la conscience intuitive et la conscience théorique, mais toutes deux, exactement comme je l'ai soutenu au chapitre précédent, ne sont qu'une seule et même chose. D'où l'affirmation de Fichte selon laquelle le philosophe et l'historien n'ont rien à dire « *concernant l'origine du monde et de la race humaine, car il n'y a absolument aucune origine* [au sens d'un commencement dans le temps], *mais uniquement l'être un, intemporel et nécessaire.*[73] » Bien loin de faire ressortir que l'activité réflexive du moi intuitif ne suffit pas à expliquer la possibilité de la conscience théorique, le fait qu'on se rende compte, à travers l'analyse, que la conscience théorique fait elle-même partie de ses propres conditions de possibilité, démontre que la réalité de la conscience théorique est fondée sur quelque chose qui la dépasse. Car il est bien entendu que, si la possibilité de la conscience théorique supposait, de par son essence même, une conscience théorique antérieure, aucune conscience théorique n'aurait jamais existé. Ainsi, la circularité de l'explication de la conscience théorique signifie simplement qu'il ne faut pas se représenter le passage de la conscience intuitive à la conscience théorique comme étant advenu dans le temps. D'un point de vue historique, dans l'ordre de la temporalité, toute conscience théorique suppose une conscience antérieure, mais absolument parlant, la conscience théorique a son origine et son fondement hors du temps, à savoir dans l'acte pur de la conscience intuitive. Et c'est la raison pour laquelle Fichte, dans

---

[73] Fichte, SW, VII, p. 132/GA, I, 8, p. 298/trad. L, p. 142.

la *Doctrine du droit naturel* de 1796-97, conclut sa fameuse déduction de l'intersubjectivité, non pas en déclarant que le moi absolu, la spiritualité pure, ne suffit pas à expliquer la conscience théorique (comme il devrait le faire si la doctrine de la science concluait à l'existence d'un principe absolument extérieur à la conscience de soi, comme le veut Philonenko), mais en établissant au contraire un parallèle entre son explication et le mythe d'Adam et Ève raconté dans la *Genèse* :

> *Tous les individus doivent être éduqués à devenir des hommes, sans quoi ils ne deviendraient pas des hommes. Sur ce point, une question s'impose à chacun : s'il devait être nécessaire d'admettre une origine de l'espèce humaine tout entière, et donc un premier couple d'être humains – et à un certain point de la réflexion, c'est assurément nécessaire –, qui donc éduqua le premier couple d'êtres humains ? (...) Il est (...) nécessaire qu'un autre être raisonnable les ait éduqués, qui n'était pas un homme (...). Un esprit les prit en charge, comme le représente un antique et vénérable document (...).*[74]

Le sens de cette conclusion de Fichte, qui autrement pourrait paraître biscornue, apparaît clairement à la lumière de ce qui précède : puisque la conscience théorique est elle-même comprise dans la série des conditions qui rendent possible le passage de la conscience intuitive à la conscience théorique, il s'ensuit que ce passage doit avoir lieu hors du temps, de manière absolument immédiate, dans un acte qui d'une manière poétique qui évoque en tous points le récit de la Création rapporté dans la *Genèse* selon lequel l'être humain constitue le produit de l'activité gratuite et spontanée de l'Éternel.

En dernière analyse, donc, il se révèle que l'activité réflexive du moi intuitif constitue bel et bien selon Fichte le fondement premier et absolu de la conscience théorique en général. Ainsi, la lecture idéaliste de Fichte, du moins aux yeux de Fichte lui-même, apparaît conciliable avec la doctrine fichtéenne de l'intersubjectivité.

---

[74] Fichte, SW, III, p. 39-40/GA, I, 3, p. 347-348/trad. Q, p. 55.

CONCLUSION

Bilan et perspectives

Bilan

De l'étude attentive de la littérature secondaire concernant Fichte, il ressort que l'un des problèmes majeurs auxquels est aujourd'hui confronté l'interprète, relativement à l'œuvre de Fichte, se pose dans les termes suivants :

La doctrine fichtéenne de la science, de manière traditionnelle, est comprise comme un système idéaliste. Or le propos de l'idéalisme, suppose-t-on communément, est précisément de poser toute la réalité dans l'esprit ou l'intellect et de nier par conséquent la réalité des objets de l'expérience empirique. D'où l'on conclut traditionnellement que la doctrine fichtéenne est absurde et complètement insoutenable, étant donné que l'être humain se sent généralement peu disposé à considérer comme illusoire ce dont la réalité s'impose à lui avec tant de force et d'évidence.

Cette lecture, cependant, du point de vue d'un grand nombre de commentateurs, apparaît contraire à maintes affirmations de Fichte. Ce dernier, en effet, affirme à plusieurs reprises que la doctrine de la science est réaliste, c'est-à-dire qu'elle reconnaît la réalité de tout ce qui pour l'homme fait l'objet d'une expérience empirique au sens large.[1] En outre, le moralisme et le pragmatisme politique et socio-économique de Fichte, qui s'exprime dans les écrits pratiques, notamment dans la *Doctrine du droit naturel* ou *L'État commercial fermé*, paraissent peu compatibles avec la lecture idéaliste susdite. D'où l'on est tenté de conclure (et d'où plusieurs ont effectivement conclu) que Fichte ne saurait être idéaliste, mais qu'il s'efforce au contraire de réfuter cette doctrine. C'est essentiellement la lecture de Philonenko et son école, reprise par plusieurs commentateurs anglo-saxons actuels tels que Wayne M. Martin ; la seule qui, jusqu'à présent, soit véritablement parvenue, dans le milieu des études fichtéenne, à s'imposer contre la lecture idéaliste tradition-

---

[1] Voir par exemple à ce propos Fichte, SW, I, p. 280/GA, I, 2, p. 411/trad. T, p. 145 : « *La doctrine de la science est par conséquent* réaliste. » Voir aussi Fichte, SW, I, p. 281/GA, I, 2, p. 412/trad. T, p. 146.

nelle. D'une manière générale, pourrait-on dire, cette lecture que l'on peut qualifier de *réaliste* ou de *phénoménaliste* argumente en faveur de l'idée selon laquelle Fichte reconnaîtrait l'existence d'une réalité extérieure à l'activité de l'intellect, dont la représentation ne constituerait par conséquent que l'apparence subjective. En d'autres termes, cette lecture vise à faire de Fichte un simple kantien au sens où on l'entend communément : l'homme selon Fichte ne connaît rien des choses telles qu'elles sont en soi – ce qui ne l'empêche pas cependant d'admettre leur existence (Dieu sait sur quelle base) –, mais seulement de leurs phénomènes.

Cependant, cette lecture est tout aussi problématique que la première, puisque Fichte, à plusieurs reprises, comme on a pu le voir tout au long de la présente étude, pose clairement la réalité du moi absolu comme activité réflexive de l'intelligence d'une part, et nie encore plus clairement la réalité d'une altérité extérieure à l'intelligence d'autre part.

Mon but était ici précisément de produire une interprétation de la doctrine de la science qui puisse rendre compréhensible le réalisme pratique de Fichte, mais sans occulter son idéalisme moïque, c'est-à-dire le fait qu'il pose la totalité de la réalité dans le moi comme action réflexive de la pensée. Autrement dit, mon objectif était de découvrir une manière de concilier ou de synthétiser l'idéalisme théorique ou spéculatif et le réalisme pratique de Fichte. Or par le plus singulier des hasards, il s'est avéré que le propos de Fichte, dans la doctrine de la science, était précisément d'expliquer comment le point de vue idéaliste et le point de vue réaliste peuvent être conciliés. L'objectif de la présente étude se confond tout à fait avec l'objectif poursuivi par Fichte dans la doctrine de la science.

Ce dernier dans la doctrine de la science, et notamment dans la *Grundlage*, part du point de vue idéaliste selon lequel toute la réalité doit être posée dans l'activité de l'intelligence, qu'il caractérise comme étant essentiellement réflexive et qu'il appelle pour cette raison *moi*. Et parce qu'il est bien entendu que cette activité d'aperception de soi, dans l'absolu, ne peut avoir lieu comme saisie de soi moyennant le concept, qui n'est possible que par opposition à un non-moi, Fichte pose cette activité réflexive comme ayant lieu sur le mode de l'intuition, c'est-à-dire de manière immédiate. C'est là le fameux premier principe. D'où la question de la doctrine de la science : comment ce principe idéaliste est-il compatible avec la conviction propre à tout être humain qu'il existe quelque chose d'extérieur au moi ? Cette question, il est important de le comprendre, ne sous-entend pas que notre conviction relative à la réalité du non-moi soit illusoire. Mais elle questionne simplement la compatibilité de cette conviction, dont elle reconnaît la légitimité, avec la conscience du caractère absolu de la réalité du moi, qui est tout aussi indéniable. Ainsi, on pourrait dire que Fichte part de l'*Antinomie de la raison pure* développée par Kant dans la première *Critique*, qui expose le conflit de l'idéalisme et du réalisme. Cependant, il en part non pas afin de démontrer que cette *Antinomie* exprime la contradiction insoluble dans laquelle se trouve enfermée l'esprit humain, comme on serait tenté de le penser, mais au contraire afin de la résoudre, c'est-à-dire afin de démontrer que les positions idéalistes et réalistes, en réalité, sont conciliables.

Si les résultats auxquels je suis parvenu sont justes, la solution proposée par Fichte à cet égard est la suivante :

Originairement, l'absolu, d'une manière absolument incompréhensible et sans qu'il soit possible (ou même nécessaire) d'expliquer pourquoi, se saisit ou s'aperçoit lui-même sur le mode de l'intuition. Or en tant qu'entité infinie, l'absolu n'est pas une donnée fixe – puisque le concept d'un infini en acte est contradictoire –, mais il ne peut s'agir que d'un être en expansion. L'absolu, par essence, comprend en lui-même une quantité de réalité croissante ; c'est une entité dynamique, animée d'une pulsion de conquête et d'accumulation des unités de réalité. Or dans ce processus d'accumulation des unités de réalité, il n'y a pas de *hiatus* possible, pas de saut. Il s'agit d'un processus patient, qui suit éternellement son cours, sans que rien ne puisse l'en détourner. Par conséquent, du fait même que l'absolu s'aperçoive lui-même immédiatement et s'appréhende lui-même intuitivement comme infini, il se trouve projeté dans la temporalité et la finitude. En effet, s'intuitionner comme infini, dans ces conditions, c'est s'intuitionner comme progressant vers une quantité destinée à croître sans cesse d'une part, mais c'est s'apercevoir d'autre part comme comprenant de manière actuelle une quantité déterminée de réalité. C'est s'intuitionner d'une part comme étant animé d'un désir de comprendre une quantité toujours plus grande de réalité, comme porté vers un état de perfection toujours plus grand ; mais c'est aussi intuitionner le fait de se heurter, dans l'activité d'accumulation des unités de réalité, à la nécessité de procéder pièce par pièce, dans un certain ordre et avec une certaine méthode, et expérimenter ainsi l'effort déployé en vue d'accélérer le processus d'accumulation, de même que la frustration de ne pas y parvenir d'autre part. En d'autres termes encore, c'est expérimenter le désir de dépasser toutes les limites d'un côté, et avoir l'impression d'un autre côté que le dépassement effectif de ces limites ne dépend pas exclusivement de notre volonté propre, ou ce qui est la même chose : avoir l'impression d'être limité de l'extérieur. Le premier aspect de l'auto-aperception originaire de l'absolu correspond à l'intuition que nous avons de la loi morale, qui nous ordonne de nous libérer de toute limitation ou détermination d'origine extérieure. Le second aspect de cette auto-aperception correspond à l'intuition du non-moi. Or cette intuition du non-moi, comme il ressort du §4 de la *Grundlage* abondamment commenté au chapitre 8 du présent ouvrage, constitue le point de départ de la conscience empirique : c'est l'intuition du non-moi qui, opposée à l'intuition du moi, fonde selon Fichte la totalité de la conscience empirique. Ainsi, c'est parce que l'absolu s'intuitionne lui-même en tant qu'absolu qu'il s'apparaît à lui-même comme étant fini et limité de l'extérieur et qu'une expérience empirique est possible pour lui ; la possibilité de l'expérience empirique dépend de la simple activité réflexive de l'intelligence. Autrement dit, l'expérience empirique n'existe qu'à titre de représentation de l'intelligence. Comme le dit Copleston : « [*Fichte considérait*] *la réalité comme l'automanifestation de la raison infinie.*[2] » Il n'y a donc aucune différence entre l'activité de l'intelligence et la réalité empirique, de sorte qu'on peut indifféremment affirmer que Fichte pose la totalité de la réalité dans l'activité réflexive du moi ou dans l'expérience.

Dans cette optique, me semble-t-il, l'interprétation de Fichte présentée dans cet ouvrage peut à juste titre se présenter comme une voie réconciliatrice. En effet, il ressort de ce qui précède que les deux lectures dominantes à l'heure actuelle – la lecture idéaliste et la lecture phénoménaliste –, qui sont en apparence totalement contradictoires, sont aussi justes l'une que l'autre quant à la thèse principale qu'elles soutiennent, n'étant erronées qu'en ce qui concerne les conséquences qu'elles tirent de cette thèse principale. En effet, la lecture idéaliste de Fichte est juste en ceci qu'il semble indéniable

---

[2] F. Copleston, *A History of Philosophy*, p. 1.

que Fichte ait posé la totalité de la réalité dans l'activité réflexive de l'intelligence, qui constitue ce qu'il convient selon lui d'appeler le *moi* ; cependant, elle est dans l'erreur lorsqu'elle en conclut que Fichte nie la réalité effective de l'expérience empirique. Quant à la lecture phénoménaliste, son point de départ est parfaitement juste, selon lequel Fichte, bien loin de nier la réalité effective de l'expérience empirique, pose l'expérience comme seule et unique réalité ; cependant, elle commet une erreur lorsqu'elle en conclut qu'il n'était pas idéaliste. Car d'après l'argument développé dans cet ouvrage, il est tout aussi juste d'affirmer que la doctrine fichtéenne est un idéalisme selon lequel toute réalité extérieure à l'intelligence doit être niée qu'il est juste d'affirmer qu'il s'agit d'un réalisme en vertu de quoi l'existence effective des objets de l'expérience empirique se trouve reconnue. En vertu de l'interprétation proposée, des lectures qui apparaissaient jusqu'à présent radicalement opposées peuvent donc trouver un terrain d'entente et les commentateurs en conflit peuvent donner raison à leur adversaire sans pour autant renoncer à l'essentiel de leur propre interprétation. Et bien entendu, ce n'est pas là son moindre avantage. Il est certain qu'une interprétation susceptible de réconcilier des partis dont les positions solidement fondées s'opposent depuis longtemps n'en paraît que plus séduisante. Et cela d'autant plus qu'elle permet de résoudre un grand nombre d'apories auxquelles ces deux lectures opposées se retrouvaient confrontée chacune de son côté – en quoi l'interprétation proposée, me semble-t-il, offre également des possibilités particulièrement riches. Afin de donner un aperçu des avantages qu'elle offre à cet égard, de même qu'afin de rendre plus explicite sa nature spécifique, je terminerai en expliquant la manière dont les résultats auxquels je suis parvenu dans la présente étude peuvent être employés afin de résoudre certaines de ces apories ayant parfois donné lieu à de houleux débats.

Perspectives

A. Idéalité et réalité

D'après l'interprétation *phénoménaliste*, Fichte démontrerait dans la doctrine de la science que la conscience de soi, l'activité réflexive de l'intelligence, bien loin d'être absolue, suppose l'existence d'une réalité extérieure. Le moi serait donc par essence pour lui-même un être limité, et la conscience qu'il a de sa limitation fonderait du même coup en lui le désir de l'illimité ou de l'absolu. Ainsi, le moi absolu, dans la perspective fichtéenne, ne serait rien d'autre que l'idéal auquel tend le moi sans jamais pouvoir y accéder – du moins en cette vie –, puisqu'en y accédant il cesserait d'avoir conscience de son existence, et par le fait même d'être un moi au sens propre. Un des aspects essentiels de la lecture phénoménaliste est donc que la démonstration du §1 de la *Grundlage* aboutit, avec l'affirmation du moi absolu, à la position d'un principe qui, au fil de l'argument de Fichte, se révèle essentiellement pratique, c'est-à-dire encore une fois sans aucune réalité effective. Le concept d'un moi identique à lui-même, et donc absolument autonome, libre à l'égard de toute matérialité, ne serait pas *constitutif*, dans l'esprit de Fichte, mais simplement *régulateur*. Jacques Rivelaygue résume à ce propos la thèse de Philonenko :

> *Il faut bien voir – et là est la difficulté qu'a bien levée l'interprétation d'Alexis Philonenko – que le premier principe est une illusion transcendantale ; il n'est pas réel. Fichte part des paralogismes de la* Critique de la raison pure, *il commence par la* Dialectique transcendantale. *Le « moi = moi », c'est précisément l'illusion de l'âme que Kant dénonce (...). (...)*
>
> *Il y a là une transition très subtile entre Hegel et Kant : Fichte part d'une conception kantienne de la dialectique, comme déconstruction de l'illusion, et il arrive à une notion hégélienne de construction du réel avec le cinquième principe : le moi se pose comme déterminé par le non-moi. Et,*

> *à la fin de la déconstruction, on verra que le premier principe n'est pas la réalité, mais l'exigence de la raison pratique de se poser elle-même.*[3]

Il s'agit là d'ailleurs d'une des interprétations les plus récurrentes dans l'histoire de la réception de la pensée de Fichte. Hegel, comme on l'a vu (dans l'introduction), lit le §1 de la *Grundlage* précisément de cette façon, et son interprétation sur ce point fut reprise par un très grand nombre de commentateurs jusqu'à tout récemment. Le thème du moi absolu comme idéal inaccessible, jamais pleinement réalisable et ne correspondant pour cette raison à aucune réalité effective, constitue depuis Hegel l'un des plus grands poncifs en ce qui concerne Fichte. On le retrouve encore par exemple chez des commentateurs d'horizons aussi différents que Xavier Léon[4], Reinhard Lauth[5], Stanley Rosen[6], A. J. Mandt[7] ou Wolfram Hogrebe[8].

Cette lecture paraît d'ailleurs d'autant plus fondée que Fichte lui-même à plusieurs reprises, surtout dans la première partie de son œuvre, suggère que c'est bien là le sens des conclusions auxquelles parvient la doctrine de la science. Voici ce qu'il écrit par exemple dans cet esprit en 1794-95, dans la première exposition de la doctrine de la science :

> *Notre idéalisme n'est pas dogmatique, mais pratique (...) ; il ne détermine pas ce qui* est, *mais ce qui* doit être. *(...) le moi, qui dans cette optique est pratique,* [se trouve] *posé comme devant comprendre en lui-même le fondement de l'existence du non-moi qui amoindrie l'activité du moi intelligent (...).*[9]

Comme on l'a vu au cours de la présente étude (voir par exemple l'introduction), quelques commentateurs s'opposent toutefois à cette lecture tendant à réduire le moi de Fichte à un simple idéal. Fichte, selon plusieurs

---

[3] J. Rivelaygue, *Leçons de métaphysique allemande – tome I*, p. 157.
[4] Voir par exemple X. Léon, *Fichte et son temps*, I, p. 260.
[5] R. Lauth, « Le progrès de la connaissance dans la première *Doctrine de la science* de Fichte », p. 41.
[6] S. Rosen, « Freedom and Spontaneity in Fichte », p. 149.
[7] Voir A. J. Mandt, « Fichte's Idealism in Theory and Practice », p. 128.
[8] Voir W. Hogrebe, « Sehnsucht und Erkenntnis », p. 57.
[9] Fichte, SW, I, p. 156/GA, I, 2, p. 311/trad. T, p. 62.

commentateurs, pose non seulement l'idéalité, mais la *réalité effective* du moi absolu. Il suffit de rappeler à cet égard la manière dont John Lachs prétend réfuter A. J. Mandt en la matière[10], ou encore le jugement qu'Isabelle Thomas-Fogiel oppose à Alexis Philonenko et son école sur ce point[11], pour se rendre compte que la lecture *formalisante* ou *idéalisante* du moi fichtéen ne fait pas l'unanimité. Pourquoi ? Il est déjà possible de le comprendre sur la base des §1 à 3 de la *Grundlage*. En effet, Fichte, au §1 de la *Grundlage*, produit la proposition *je suis absolument* à titre de proposition valable de manière absolument inconditionnée. Cette proposition, comme on l'a vu, est d'après Fichte tout aussi irréfutable, voire plus encore, que la proposition logique A = A, dont elle conditionne la possibilité. Ainsi, le *je* dont la réalité se trouve affirmée au §1 constitue un acquis, sur lequel il est impossible de revenir sous quelque prétexte que ce soit dans la suite du texte. La réalité effective, dès le début de la *Grundlage*, est posée = moi. Et s'il est vrai que Fichte, au §2 du même texte, met en évidence le fait que le moi, tout en se posant lui-même absolument, reconnaît paradoxalement la réalité d'un opposé, il n'en demeure pas moins que c'est du sein de sa propre moïté que le moi reconnaît la réalité de cet opposé. Le non-moi est posé en tant qu'opposé *au moi*. La réalité du moi, ici, n'est donc pas niée. Et il s'agit ici du moi tel que défini au §1, à savoir en tant que conscience de l'identité du sujet et de l'objet, c'est-à-dire comme absolu. Comme le note Daniel Breazeale[12], Fichte affirme d'ailleurs clairement dès 1794, dans la *Recension de l'Énésidème*, que le philosophe doit selon lui partir d'un principe non seulement formel, mais également réel.[13] Par suite, la question à laquelle se trouve confronté le lecteur à l'issue du §2, est celle de savoir comment le moi peut à la fois se penser comme étant absolu et opposé au non-moi, ou ce qui revient encore au même : c'est la question de savoir en quel sens ces deux actions : penser le moi comme absolu et penser le moi comme opposé à un non-moi, n'en

---

[10] Voir J. Lachs, « Is There an Absolute Self ? », p. 169-181.
[11] Voir I. Fogiel, « Présentation », *in* trad. G, p. 36, n. 1.
[12] D. Breazeale, « Inference, Intuition and Imagination », p. 22.
[13] Fichte, SW, I, p. 8/GA, I, 2, p. 46/trad. H, p. 134 : « *Il est vrai que nous devons disposer d'un principe réel, et non pas seulement formel ; mais un tel principe ne doit pas nécessairement exprimer un fait* objectif (*That*sache), *il peut aussi exprimer une That*handlung. »

constituent en réalité qu'une seule. Il est donc tout simplement impossible que Fichte, à l'issue des §4 et 5 de la *Grundlage*, parvienne à la conclusion que le moi absolu n'a aucune existence effective.

Ou pour considérer le même argument sous un autre angle :

D'après ce qui précède, il s'agit dans la doctrine de la science d'expliquer la possibilité de la conscience de soi conceptuelle, c'est-à-dire qu'il s'agit de savoir comment le moi peut avoir une connaissance théorique de sa propre réalité en tant que moi, c'est-à-dire en tant que réalité absolue. Par conséquent, Fichte ne saurait conclure au caractère illusoire du *je suis*, parce que cela reviendrait à affirmer que le moi n'a pas réellement conscience de soi, ce qui contredit directement la prémisse de départ. Il n'est donc pas question, dans la doctrine de la science, d'admettre deux réalité ou deux mondes séparés : l'un effectif et l'autre idéal, l'un fini et l'autre infini ou absolu. Mais il est question de découvrir une façon de penser comme ne faisant qu'*un* la réalité et l'idéalité que le commun des mortels tend à penser comme séparés.

L'interprétation proposée dans la présente étude, me semble-t-il, a l'avantage d'offrir sur l'œuvre de Fichte un point de vue qui, tout en permettant de préserver dans une certaine mesure l'interprétation de Hegel et de Philonenko, permet de résoudre l'aporie à laquelle elle se heurte sur ce point. En effet, il est très certainement juste, d'après les conclusions auxquelles nous sommes parvenus, d'affirmer avec Hegel ou Philonenko que le moi absolu, selon Fichte, en dernière analyse, n'est jamais existant, au sens où l'absolu dans la perspective fichtéenne n'est pas une donnée, une réalité fixe, mais au contraire une activité qui ne peut jamais avoir de fin. Et c'est en ce sens que Fichte affirme que la réalité du moi absolu est une simple idée, dont l'usage est purement régulateur : le concept de moi absolu est régulateur en ce sens qu'un moi absolu donné ou achevé est une entité contradictoire et absolument impensable, que le moi fini, pourrait-on dire, tend à réaliser, de manière asymptotique, dans la mesure où il tend à repousser sans cesse davantage les limites dans lesquelles il se trouve enfermé. C'est également ce qui explique la lecture phénoménaliste, qui n'est donc pas erronée à la base, mais seulement relativement aux conséquences qui sont tirées de ce premier constat. Car s'il est vrai que l'activité du moi ne soit jamais terminée, selon Fichte, il n'en pas moins injuste d'en conclure qu'il admet une rupture radicale entre la réalité et l'idéalité, ou ce qui est la même chose : entre le moi absolu et le moi fini. *Sans fin*, dans la perspective fichtéenne, ne signifie pas *imparfait*. On ne doit pas supposer que la réalité soit condamnée à demeurer en-deçà de la perfection selon Fichte; car ce que démontre la doctrine de la science, c'est précisément que le réel, en tant qu'activité par laquelle le moi s'aperçoit lui-même dans sa progression et son perfectionnement infinis, est lui-même l'idéal. Comme l'écrit Fichte : « *La liberté, ou ce qui est la même chose, l'agir immédiat du moi en tant que tel, est le point d'unification de l'idéalité et de la réalité.*[14] » Le moi est à la fois l'absolu, l'être idéal, et le principe de la réalité empirique finie. Il est l'Alpha et l'Omega. On ne doit donc pas dire : l'idéal ou Dieu selon Fichte doit demeurer inatteignable, hors de la sphère du réel, mais bien plutôt : aucune réalité n'est extérieure à Dieu, extérieure à l'idéal, qui n'est pas quelque chose de mort et de fixe, un état où l'on n'aurait plus rien à faire, rien de mieux à espérer, mais bien potentialité infinie, action de prendre de l'expansion. L'idéal selon Fichte est lui-même, dans son essence la plus intime, l'acte par lequel il se voit ou se représente lui-même comme progressant infiniment – acte qui n'est rien d'autre que l'acte par lequel il comprend toujours plus clairement que les limites qu'il se représente comme étant les siennes n'ont en dernière analyse aucune réalité effective, précisément parce qu'il apparaît toujours plus clairement qu'il est possible de les repousser infiniment. C'est la paresse de l'homme qui l'amène à se représenter l'idéal comme un état où son travail serait achevé une fois pour toutes, à le poser ainsi comme opposé à la réalité qui au contraire l'appelle au travail. En vérité, le travail, l'effort, l'action conquérante, selon Fichte, sont eux-mêmes l'idéal, sont eux-mêmes caractéristiques du divin, qui selon la tradition johannique si chère à Fichte[15], est *Logos* ou *Verbe*, ce qui veut dire non seulement *raison*, mais *action*. Il écrit par exemple dans cet esprit :

> *Réjouissons-nous au spectacle du vaste champ que nous avons à travailler ! Réjouissons-nous de sentir en nous la force et que notre*

---

[14] Fichte, SW, I, p. 371/GA, I, 3, p. 176/trad. T, p. 211. Sur ce point, voir aussi Fichte, SW, II, p. 442/GA, I, 3, p. 253, ou Fichte affirme que le « *point de départ* » de l' « idéalisme critique » est « l'identité de l'idéalité et de la réalité ».

[15] Sur ce point, voir l'*Initiation à la vie bienheureuse* de Fichte, sixième conférence (Fichte, SW, V, p. 475-491/GA, I, 9, p. 115-128/trad. V, p. 182-200).

*tâche soit infinie !*¹⁶

*Être libre n'est rien, devenir libre, voilà le ciel !*¹⁷

Ainsi, Jürgen Mittelstraß a parfaitement raison, me semble-t-il, lorsqu'il écrit :

> *L'absolu, aussi bien sous la forme du savoir absolu que du moi absolu, n'est, en ce sens, jamais* donné, *mais il s'agit bien plutôt d'un être qui se définit comme étant en cours de développement, et plus précisément comme un être* moral. *C'est ainsi qu'être et devoir se joignent en un absolu.*¹⁸

Non pas au sens où l'homme serait investi d'une simple *tendance* vers l'infini destinée à être éternellement frustrée, cependant, mais au sens où il incarne effectivement et pleinement l'infini en tant qu'activité sans cesse croissante.

---

¹⁶ Fichte, SW, VI, p. 346/GA, I, 3, p. 68/trad. J, p. 91.
¹⁷ Cité par Xavier Léon *in* « Schiller et Fichte », p. 86. Xavier Léon note ici l'influence ou la réminiscence de Lessing. Fichte, dit-il, aimait à répéter cette phrase « *en souvenir de l'enseignement de son premier maître, de celui dont au collège de Pforta, il lisait en cachette les pamphlets contre Gœze, de l'incomparable Lessing.* » (*ibid.*)
¹⁸ J. Mittelstraß, « Fichte und das absolute Wissen », p. 176.

B. Philosophie de la connaissance et philosophie pratique

D'après l'interprétation phénoménaliste défendue principalement par Philonenko et son école, la doctrine de la science a pour but de démontrer que le moi, par essence, se pense lui-même comme limité par un objet extérieur, et que l'absolu constitue pour lui l'objet d'une simple aspiration. En d'autres termes, elle démontre que le moi ne connaît pas l'absolu ou l'infini, mais qu'il appartient essentiellement à la réalité finie, de sorte qu'il ne participe pas de l'idéal, sinon dans la mesure où il le produit de lui-même dans le monde fini. Dans cette optique, donc, il apparaît que Fichte n'aborde la question épistémologique – *que puis-je savoir ? une certitude absolue est-elle possible ?* – que dans le but de mettre en évidence l'impossibilité de la connaissance au sens fort du terme et, ainsi, de mettre fin aux vaines recherches et de pousser à l'action (à la transformation du monde en un monde plus conforme à l'idéal). En effet, la connaissance au sens fort, en tant que certitude absolue, n'est possible qu'en tant que saisie immédiate de la réalité telle qu'elle est en soi, c'est-à-dire en tant qu'intuition de la réalité absolue. En démontrant que l'homme n'accède pas à l'absolu, Fichte démontre donc qu'il ne dispose d'aucune connaissance proprement dite. Il le détourne ainsi de la science vers l'action, qui devient son seul espoir de participer un tant soit peu de l'idéal. Ainsi, le système fichtéen, comme le suggère d'ailleurs Fichte lui-même, serait en dernière analyse un « *moralisme*[19] », au sens où il ne serait ultimement rien d'autre qu'une invitation à se soumettre à l'impératif moral, qui exige de lui la réalisation de l'absolu comme idéal de liberté. En d'autres termes, Fichte s'adresserait à l'homme égaré sur le voie de la spéculation, à travers laquelle il cherche à justifier son inaction en se faisant croire qu'il participe effectivement de l'absolu ou de l'idéal, afin de lui démontrer qu'il n'existe qu'en vue de ce combat, et que, dans la mesure où il persiste à ne pas s'engager dans ce combat, il manque à son devoir et passe à côté de sa destination.

---

[19] Voir par exemple Fichte, SW, V, p. 217/GA, I, 5, p. 435/trad. K, p. 58.

Philonenko l'exprime d'ailleurs clairement à plusieurs reprises : Fichte dans la doctrine de la science, selon lui, ne fait rien d'autre que de démontrer l'impossibilité de la philosophie spéculative afin de fonder la vérité de la conscience commune.[20] Or quelle est selon lui la vérité de la conscience commune ? Selon toute apparence, c'est essentiellement l'idée selon laquelle l'homme est limité et ne fait pas et ne peut pas faire l'expérience de l'absolu. En d'autres termes, c'est l'idée selon laquelle l'homme est essentiellement séparé de l'absolu dont il voudrait pouvoir participer. Philonenko suggère de la sorte que la doctrine de la science empêche l'homme de se réfugier dans l'illusion d'un bonheur intellectuel dépendant d'une simple vue de l'esprit (la conviction selon laquelle la réalité serait elle-même l'idéal), et à se prendre en main afin de réaliser de lui-même l'absolu auquel il aspire. Chez ses disciples Luc Ferry, Alain Renaut ou Jean-Christophe Goddard, cette idée de Philonenko selon laquelle Fichte viserait à neutraliser la philosophie spéculative afin d'offrir un fondement à l'action politique et morale se trouve réitérée encore plus clairement. C'est ainsi que, selon J.-Ch. Goddard, la doctrine fichtéenne est à comprendre « *comme action critique et thérapeutique de la philosophie sur elle-même en vue de restaurer en des esprits malades, où la vie s'est exténuée en spéculation stérile, cette confiance en la réalité commune que présuppose l'agir éthique et politique.*[21] »

Cette lecture selon laquelle le projet fichtéen, bien loin d'être de nature épistémologique, répondrait à des préoccupations d'ordre essentiellement pratique, se retrouve d'ailleurs chez un grand nombre de commentateurs encore. C'est ainsi qu'on la devine déjà chez Hegel, par exemple.[22] Parmi les commentateurs plus récents, A. J. Mandt, s'exprime à ce propos de la sorte : « *Tout comme Kant, Fichte considère la philosophie comme un projet moral, et non, en dernière analyse, comme une discipline théorique.*[23] »

Néanmoins, s'il est vrai que Fichte, à plusieurs endroits de son œuvre, af-

---

[20] Voir par exemple A. Philonenko, *La liberté humaine*, p. 43.
[21] J.-Ch. Goddard, *La philosophie fichtéenne de la vie*, quatrième de couverture.
[22] À ce propos, voir par exemple Hegel, GW, IV, p. 45 : « *La synthèse suprême indiquée dans le système est un* devoir-être *; je suis identique à moi-même se change en* je dois être identique à moi-même *; le système ne se termine pas par un retour au point de départ.* »
[23] A. J. Mandt, « The Nature of Philosophy », p. 218.

firme clairement que la bonne compréhension de la doctrine de la science trouve son aboutissement naturel dans l'action, il paraît difficile d'admettre que la philosophie théorique ou spéculative ne remplisse dans son système qu'une fonction négative, consistant simplement à détourner de la spéculation elle-même moyennant la démonstration de l'impossibilité de la métaphysique. Comme je crois l'avoir démontré au premier chapitre, lorsque Fichte affirme vouloir élever la philosophie au rang de science, il n'entend pas simplement par là qu'il souhaite démontrer scientifiquement l'impossibilité de la philosophie, mais il s'agit pour lui de résoudre une fois pour toutes, avec une rigueur scientifique, la question philosophique proprement dite. Or quelle est la question proprement philosophique, selon Fichte ? C'est la question de savoir en quoi consiste la connaissance et quelles sont les conditions de sa possibilité. Il s'agit en ce sens d'une entreprise essentiellement théorique, d'ordre épistémologique. À la rigueur, il suffirait de rappeler à cet égard le texte initiant la période de Iéna, l'écrit de 1794 *Sur le concept de doctrine de la science*, qui définit le projet fichtéen en termes exclusivement épistémologiques, et où l'on peut lire la phrase suivante, déjà citée un peu plus haut (chapitre 4) : « *La question posée est par conséquent celle-ci : (...) comment la science elle-même est-elle possible ?* »[24] Il est facile de découvrir, à travers l'œuvre de Fichte, plusieurs passages ou même plusieurs textes entiers propres à soutenir cette lecture avec beaucoup de force. C'est par exemple le cas des passages suivants, plus tardifs, également déjà cités plus haut :

> *Elle* [à savoir la doctrine de la science] *est tout simplement doctrine, théorie ou, d'une manière générale, science, – du savoir (...).*[25]

> *Délaissant tout savoir particulier et déterminé, la doctrine de la science part du savoir pur et simple, dans son unité, qui se manifeste à elle comme existant ; et elle se pose en premier lieu cette question : comment ce savoir peut-il exister et quel est par conséquent son essence intime et simple ?*[26]

Il existe d'ailleurs une longue tradition de commentateurs, remontant de

---

[24] Fichte, SW, I, p. 43/GA, I, 2, p. 117/trad. P, p. 35.
[25] Fichte, SW, X, p. 317/GA, II, 13, p. 43/trad. B, p. 34.
[26] Fichte, SW, II, p. 696/GA, I, 10, p. 336/trad. H, p. 163. Sur ce point, voir aussi Fichte, SW, X, p. 3.

Isabelle Thomas-Fogiel et Jean-François Goubet aujourd'hui jusqu'à Henrich Rickert et Emil Lask au tournant du siècle, ayant développé sur la base de ces textes une interprétation selon laquelle la doctrine de la science serait essentiellement une théorie de la connaissance, visant à déterminer la nature du savoir et à fonder sa possibilité.

Encore une fois, donc, la lecture phénoménaliste attire l'attention des lecteurs sur un aspect important de l'œuvre de Fichte : il est vrai que la démonstration présentée dans la doctrine de la science conduise à l'action. Mais la conclusion qu'elle en tire, à savoir que la spéculation, dans l'optique fichtéenne, vise simplement à se neutraliser elle-même, paraît pour sa part peu conforme à l'esprit de la pensée de Fichte, et ne peut être maintenue qu'au prix d'une forte contorsion du texte. Or de nouveau, me semble-t-il, l'interprétation proposée ici, tout en permettant de rendre compte du primat de l'intérêt pratique que la lecture phénoménaliste vise à rendre compréhensible, permet également d'éviter les obstacles auxquels elle se heurte sur ce point.

En effet, la doctrine de la science, d'après les conclusions auxquelles nous sommes parvenus, vise à déterminer la nature ou les limites du savoir, à distinguer entre ce qui peut être connu et ce qui échappe à la connaissance (voir chapitre 4). En ce sens, il s'agit d'une entreprise essentiellement théorique, d'ordre épistémologique. Cependant, il ne faut pas rejeter pour autant l'interprétation selon laquelle les préoccupations de Fichte seraient d'ordre essentiellement pratique. Car si les diverses définitions, proposées par Fichte lui-même, du problème résolu par la doctrine de la science ne laissent planer aucun doute quant à la nature épistémologique de son projet, la dimension pratique de son entreprise fichtéenne apparaît aussitôt qu'on considère la manière dont il répond à cette question.

Certes, la doctrine de la science a essentiellement pour but de définir l'objet de la connaissance, mais comment le définit-elle ? Elle le définit, comme j'espère l'avoir abondamment démontré au cours de la présente étude, en tant que *moi absolu*, c'est-à-dire en tant qu'acte par lequel l'intelligence s'intuitionne elle-même comme *infinie*. Toute la réalité selon Fichte se réduit en dernière analyse à cet acte d'auto-intuition, qui constitue donc l'essence de ce que nous sommes. Or, comme j'ai tenté de l'expliquer plus haut (chapitres 8 et 9), l'infini n'est pas une donnée fixe, mais une réalité dynamique, une quantité croissante. L'infini par essence est en expansion. C'est un mouvement, et non une chose. Rien n'est plus parfait que ce qui se perfectionne infiniment. C'est ce qui permet au moi absolu de parvenir à la conscience théorique, c'est-à-dire à la représentation de soi comme *moi fini*. Le moi se saisit comme *fini* parce qu'il se saisit toujours comme comprenant *actuellement* une quantité déterminée de réalité, mais il se saisit également comme *moi*, c'est-à-dire comme absolument identique à lui-même ou *infini*, parce qu'il se saisit comme s'inscrivant dans un mouvement de repoussement de ses limites et de ses déterminations actuelles. Tout moi possible, précisément parce qu'il est par essence absolu, se pose comme étant dans une certaine mesure limité et déterminé. Et puisqu'il n'est pas lui-même ce qui se limite, mais au contraire ce qui s'accroît sans cesse, le moi pose l'origine de ses limitations et déterminations comme étant extérieures à lui. C'est la raison pour laquelle il se représente lui-même comme un être incarné ou fini évoluant dans un monde matériel. Mais il ne se saisirait pas non plus comme moi s'il ne se posait pas en même temps lui-même comme destiné à repousser toujours davantage les limites et les déterminations qu'il se représente comme étant d'origine extérieure. Cette conscience qu'a le moi de s'inscrire dans un tel mouvement de repoussement des limites et des déterminations d'origine extérieure n'est rien d'autre que la conscience morale, c'est-à-dire la conscience d'être soumis à ce que Kant appelle l'impératif catégorique, qui lui ordonne précisément de s'affranchir de celles-ci. En effet, à travers la conscience qu'il a de *devoir* s'affranchir de ces limites et déterminations extérieures, c'est de la condition de sa propre existence en tant que moi dont le moi a conscience. La conscience morale est la conscience de ceci qu'il ne pourrait absolument pas être un moi, persister dans l'être en tant que moi, s'il cessait subitement de s'inscrire dans ce mouvement de libération infini à l'égard du non-moi.

D'où l'affirmation de Fichte, selon laquelle la croyance en l'intuition intellectuelle, c'est-à-dire la conscience immédiate et préconceptuelle de l'action par laquelle l'intelligence absolue se saisit immédiatement elle-même, se trouve confirmée par la conscience morale, qui en constitue la manifestation par excellence. C'est parce que nous avons conscience d'être soumis à la loi morale, qui nous ordonne de ne pas nous laisser déterminer de l'extérieur, mais de nous déterminer nous-mêmes librement, de manière autonome, que nous savons que le fondement de notre être est nécessairement l'intuition intellectuelle. Parce que notre réalité est fondée dans l'intuition intellectuelle, nous disposons de la conscience morale ; parce que nous disposons de la conscience morale, notre réalité est nécessairement fondée dans l'intuition intellectuelle. Comme l'écrit Fichte :

> *Il s'agit de confirmer par quelque chose de plus élevé la croyance en sa réalité* [c'est-à-dire la réalité de l'intuition intellectuelle], *dont part, suivant notre aveu explicite, l'idéalisme transcendantal, et d'indiquer en la raison l'intérêt même sur lequel cette croyance s'appuie. Ceci n'est possible que par le dévoilement de la loi morale en nous, en laquelle le moi est représenté comme dépassant toutes les modifications déterminées par celles-ci, et par conséquent comme sublime ; loi d'après laquelle lui est attribué un agir absolu, fondé en lui-même, et non pas en quoi que ce soit d'autre, de sorte qu'il se trouve caractérisé comme quelque chose d'absolument actif. (...) Ce n'est que par le médium de la loi morale que je puis m'apercevoir moi-même ; et si je me saisis par ce médium, je m'aperçois nécessairement comme agissant de manière autonome (...).*[27]

Bref, la doctrine fichtéenne amène l'homme à comprendre qu'il lui est impossible de se satisfaire des limites dans lesquelles il se trouve enfermé, des déterminations qui sont les siennes. Elle l'oblige à admettre qu'il n'est lui-même qu'en tant qu'il s'efforce de se libérer de l'emprise que le monde extérieur – qui n'est rien d'autre que la représentation de ces limites – exerce sur lui. Or s'il est possible pour l'homme de se déterminer à écouter la voix de sa conscience morale sans avoir étudié et compris la doctrine de la science, il est certain que, selon Fichte, seule la doctrine de la science peut mettre l'homme à l'abri du doute relativement à la validité de la loi morale.

> *Si l'homme croit naïvement en sa conscience, c'est fort bien, mais telle n'est pas la destination du genre humain ; cette destination requiert toujours une connaissance fondée ; l'homme est sans cesse poussé à rechercher une conviction fondée ; et celui qui a ressenti le doute philosophique ne peut revenir en arrière ; il cherche toujours à dissiper son doute. De là naît en l'homme un état pénible qui trouble son repos intérieur et son agir*

---

[27] Fichte, SW, I, p. 466/GA, I, 4, p. 219/trad. T, p. 274.

*extérieur, ce qui, d'un point de vue pratique, est dommageable. (...)
La fin pratique est de dissiper ce doute, de mettre l'homme en accord avec lui-même, de sorte que ce soit par conviction et sur la base de raisons qu'il croit en sa conscience, tout comme il le faisait auparavant par instinct rationnel.* [28]

Sans la preuve fournie par la doctrine de la science, à la lumière de laquelle la conscience morale apparaît clairement comme n'étant pas simplement un produit historique susceptible de varier en fonction de l'éducation reçue, mais comme étant au contraire l'expression par excellence de la liberté originaire du moi comme activité réflexive, la foi qui détermine l'homme à la moralité risque à tout moment d'être ébranlée. Car il s'agit dans ce cas d'une foi aveugle, incapable de se comprendre et de se justifier elle-même. Sans la preuve de la doctrine de la science, l'homme, bien qu'il soit naturellement disposé selon Fichte à s'en remettre à sa propre pensée et à se penser comme libre, demeure une proie facile pour le matérialisme, qui compte sur sa paresse pour le convaincre du fait qu'il est déterminé et limité de l'extérieur par un objet irréductible qui rend nécessairement certaines limites infranchissables. Dès lors, l'homme cesse de placer la source de sa satisfaction dans le dépassement de soi requis par la loi morale, pour rechercher les choses extérieures qui, suppose-t-il, conditionnent la possibilité de son existence et de son bonheur. Et s'il est vrai que l'homme ne puisse jamais cesser tout à fait de croire et d'obéir à la loi morale, sous peine de se détruire entièrement lui-même [29], il n'en demeure pas moins qu'il lui est possible de réduire son effort infiniment, de manière à se rapprocher autant que possible de la passivité et de la dépendance complète. Il apparaît donc que seule la compréhension de la doctrine de la science est en mesure de garantir un véritable progrès dans

---

[28] Fichte, GA, IV, 3, p. 326/trad. D, p. 65. La « *conscience* » dont il s'agit dans cet extrait n'est pas spécialement la conscience morale, mais la conscience empirique au sens large, c'est-à-dire au sens de l'ensemble des idées que l'homme admet spontanément ou instinctivement comme vraies. Par conséquent, bien qu'il ne soit pas ici spécifiquement question de la conscience morale, il est *également* question de celle-ci – comme Fichte le suggère d'ailleurs en affirmant que le « *doute philosophique* » en question peut avoir des conséquences désastreuses sur le plan « *pratique* ».
[29] Sur ce point, voir Fichte, SW, V, p. 185/GA, I, 5, p. 353/trad. N, II, p. 204.

la disposition morale de l'être humain. Sans la démonstration qu'elle fournit, l'homme risque à tout moment de sombrer dans le doute et de régresser moralement.

Ainsi, il paraît faux d'affirmer que Fichte invite l'homme à renoncer à la spéculation pour embrasser l'action ; mais l'action constante et énergique, se manifestant comme véritable effort de dépassement des limites, ou ce qui est la même chose : comme effort de s'affranchir toujours davantage des déterminations socio-historiques qui sont les nôtres, n'est selon lui garantie que par la spéculation : c'est la philosophie spéculative qui révèle l'homme à lui-même comme agissant, et sans la philosophie, il ne peut jamais se saisir *clairement et indubitablement* comme autre chose que le produit des forces aveugles de la nature. Agir, au sens de l'action libre ou indépendante, fondée sur la volonté de combattre les déterminations extérieures, et spéculer, connaître la réalité dans son essence intime, vont de pair et demeurent liés. Renoncer à la spéculation, c'est tôt ou tard s'abandonner à la passivité.

Jean-Christophe Goddard, il est vrai, propose une objection intéressante sur ce point[30], lorsqu'il cite le passage suivant, tiré des écrits relatifs à la *Querelle de l'athéisme* :

> *Toutes deux, la vie et la spéculation, ne sont déterminables que l'une par l'autre.* Vivre, c'est très exactement ne-pas-philosopher ; philosopher, c'est très exactement ne-pas-vivre ; *et je ne connais pas de plus juste définition de ces deux concepts.*[31]

À cette occasion, Goddard rappelle également la seconde moitié de la phrase qui précède directement ce texte, dans laquelle Fichte affirme que « *la spéculation* (...) [n'est pas possible] *sans la vie, dont elle fait abstraction*[32] ». À première vue, ce passage semble effectivement contredire directement les conclusions présentées plus haut, selon lesquelles la spéculation et l'action seraient absolument inséparables selon Fichte. Cependant, un examen attentif du texte cité vient au contraire confirmer ces conclusions. En effet, si Jean-Christophe Goddard a raison de noter que la spéculation selon Fichte

---

[30] Voir J.-Ch. Goddard, *La philosophie fichtéenne de la vie*, p. 24.
[31] Fichte, SW, V, p. 343/GA, II, 5, p. 119/trad. K, p. 140.
[32] *Ibid.*

est impossible sans la vie, il omet de citer la première moitié de la phrase dont il tire cette affirmation, phrase dans laquelle Fichte déclare que l'inverse vaut également, à savoir que la vie est elle-même impossible sans la spéculation.[33] Or ce n'est qu'à la lumière de cette phrase considérée dans son entièreté que la phrase qui suit, citée un peu plus haut, peut être comprise : philosopher et vivre, c'est-à-dire spéculer et agir, sont deux choses opposées, certes, mais qui justement pour cette raison sont inséparables comme le jour et la nuit ; de même que le jour n'existe que parce qu'il y a la nuit, et inversement, toute véritable spéculation aboutit à l'action proprement dite et toute action proprement dite est fondée sur la spéculation.

Fichte il est vrai, toujours dans le même texte, affirme par ailleurs, d'une manière qui peut paraître contradictoire, qu' « *on peut vivre sans spéculer*[34] ». Cependant, il ajoute aussitôt que cela n'est possible que dans la mesure où « *on peut vivre sans reconnaître (erkennen) la vie*[35] », c'est-à-dire sans se rendre compte que l'on vit, sans apercevoir la vie comme vie, bref : sans être pour soi-même vivant, agissant. Pour reconnaître la vie en tant que telle, déclare Fichte, il faut nécessairement spéculer.[36] Par conséquent, Fichte ne saurait nous inviter à choisir la vie contre la spéculation, comme le croient Alexis Philonenko et Jean-Christophe Goddard, puisqu'on ne peut selon lui se penser soi-même comme vivant, comme agissant relativement au monde, qu'à l'issue d'une démarche spéculative à travers laquelle on sera parvenu à se représenter soi-même comme tel : « *l'activité spéculative est (...) le moyen de reconnaître la vie*[37] ». Or cela ne doit pas se produire au sens où on se serait rendu compte en spéculant de la vanité de toute spéculation ; mais se reconnaître soi-même comme vivant, comme agissant relativement au monde, pour Fichte, signifie reconnaître le monde en tant que « totalité *de l'*être rationnel objectif[38] », c'est-à-dire comprendre que le monde, la réalité finie, n'est pas quelque chose qui nous est imposé du dehors, et par rapport à quoi

---

[33] Voir Fichte, SW, V, p. 343/GA, II, 5, p. 119/trad. K, p. 140-141.
[34] Fichte, SW, V, p. 343/GA, II, 5, p. 119/trad. K, p. 140.
[35] *Ibid.*
[36] Voir *ibid.*
[37] Fichte, SW, V, p. 342/GA, II, 5, p. 118/trad. K, p. 140.
[38] Fichte, SW, V, p. 343/GA, II, 5, p. 119/trad. K, p. 140.

nous sommes passifs et impuissants, mais quelque chose relativement à quoi nous sommes absolument actifs, puisqu'il s'agit d'un produit de la rationalité pure, de notre moi, et sur quoi nous avons pour cette raison tout pouvoir (quoique seulement à l'échelle d'un temps infini, il est vrai). Dans les termes de Fichte : la spéculation « *exerce son influence en rendant aux hommes leur indépendance (indem sie den Menschen auf seinen eigenen Füsse stellt)*[39] ».

---

[39] Fichte, SW, V, p. 345/GA, II, 5, p. 123/trad. K, p. 143.

C. La question de l'unité de l'œuvre

D'après la lecture phénoménaliste, le statut du moi absolu de Fichte, à l'issue de la *Grundlage*, se révèle purement idéal, la réalité effective revenant exclusivement au moi fini, c'est-à-dire au sujet compris comme individualité. Ainsi, Fichte poserait l'opposition absolue de la réalité et de l'idéalité, ou ce qui est la même chose : il poserait que la réalité est par essence imparfaite, de manière à exclure complètement Dieu ou l'absolu, qui relativement à l'être humain n'aurait plus qu'un statut régulateur. Cette interprétation des écrits de la période de Iéna, on l'a vu, est essentiellement celle de Philonenko et son école. Or elle conduit à admettre un revirement radical dans la pensée de Fichte entre 1798 et 1800, puisqu'il devient clair que Fichte, à tout le moins à partir de 1801, affirme la possibilité de connaître Dieu ou l'absolu, non seulement comme réalité *idéale* de Dieu, mais comme réalité *effective*, se trouvant à l'origine de la réalité finie qui, en tant que production de ce dernier, en constitue simplement l'image ou le phénomène ; doctrine qui s'accorde relativement bien avec le propos ordinaire de la religion, et tout spécialement de la religion chrétienne. Voici un texte de 1810 particulièrement clair à ce propos :

> *Le fait suivant ne peut lui* [à la doctrine de la science] *demeurer caché. Un seul être est absolument par soi, à savoir Dieu, et Dieu n'est pas le concept mort que nous venons de formuler, mais sa nature propre est au contraire la vie pure. Ce dernier ne peut pas non plus se modifier et se déterminer en lui-même, de manière à se transformer en un autre être ; car à travers son être, c'est son être dans sa totalité qui se trouve donné, de même que tout être possible, de sorte qu'il ne peut naître de nouvel être en lui, ni hors de lui.*
> *S'il faut que le savoir existe et ne soit pas Dieu même, ce savoir, puisque rien n'existe en dehors de Dieu, ne peut être malgré tout que Dieu lui-même, mais en tant qu'extérieur à lui-même ; l'être de Dieu extérieur à son être ; sa propre manifestation, en laquelle il est tout entier tel qu'il est, tout en restant en lui-même parfaitement tel qu'il est. Or une telle*

manifestation est une image ou un schème. [40]

Certes, Philonenko nie la nécessité de ces conclusions concernant à l'unité de l'œuvre. Dans son esprit, admettre que Fichte, avant 1801, enseigne l'opposition absolue de la réalité et de l'idéalité n'implique pas nécessairement qu'il y ait eu rupture dans sa pensée au moment de la *Querelle de l'athéisme*. Comme il l'écrit lui-même :

> *Nous croyons fondamentalement que Fichte ne s'est jamais contredit. (…) À chaque pas, Fichte s'est enrichi, répétons-le ; mais sa richesse s'est toujours accumulée dans le même sens. Il n'y a guère de raison qui permette de distinguer un premier Fichte d'un second, si ce n'est qu'après 1798 il ne publie pas du tout comme il le faisait auparavant.* [41]

Et comment les écrits antérieurs à 1801 sont-ils conciliables avec l'œuvre ultérieure, selon Philonenko ? C'est que les écrits de Fichte, explique-t-il, présentent une seule et même idée, mais relativement à différents aspects. La thèse de Philonenko sur ce point, me semble-t-il, peut être résumée de la manière suivante : Fichte en 1794, moyennant la démonstration du caractère conditionné de la possibilité de la conscience, entend simplement démontrer que l'homme ne connaît rien d'autre que la réalité finie ; il réduit de la sorte à néant la démesure de la conscience finie prétendant accéder à l'infini du sein même de sa finitude. Cependant, l'ignorance dans laquelle il se trouve à cet effet ne l'empêche pas de *croire* en la réalité de l'infini et en la possibilité d'y accéder dans une autre vie. Bien au contraire, une telle ignorance constitue bien plutôt la condition de la foi. C'est ce qui permettrait d'établir le lien entre les écrits de Iéna et l'œuvre ultérieure. Selon Philonenko, Fichte expose à partir de 1801 le système religieux que l'homme est forcé d'admettre sur le mode de la foi, du moment qu'il a compris la démonstration – fournie dans la *Grundlage* – de l'ignorance radicale dans laquelle il se trouve eu égard au monde suprasensible. Il écrit à ce propos ce qui suit :

> *Il n'est pas déraisonnable de supposer que les différentes visions du monde élaborées par Fichte soient les moments d'un unique calcul philosophique,*

---

[40] Fichte, SW, II, p. 696/GA, I, 10, p. 336/trad. H, p. 163.
[41] A. Philonenko, *L'œuvre de Fichte*, p. 211.

partant de l'illusion transcendantale pour parvenir à la foi en 1794 et se poursuivant ensuite à partir de la foi pour s'élever jusqu'à l'exacte pensée de Dieu, de telle sorte que l'achèvement de la « Wissenschaftslehre » de 1804 serait la suprême victoire de l'esprit enfin capable d'opposer à l'illusion transcendantale en laquelle la conscience finie prétend être un Dieu actuel et absolu la représentation claire et pure du Verbe divin.[42]

Or cette lecture proposée par Philonenko à titre de simple hypothèse encore inexplorée dans son ouvrage concernant *La liberté humaine dans la philosophie de Fichte* (« *il n'est pas déraisonnable de supposer que...*[43] »), puis reprise et développée dans son ouvrage ultérieur : *L'œuvre de Fichte*[44], paraît indéfendable. En effet, s'il est vrai comme le soutient Philonenko que la doctrine fichtéenne selon la première façon ne soit que la reprise du projet critique kantien compris comme entreprise de limitation des prétentions de la raison, alors l'objet de la conscience ou de la connaissance, à l'issue de la doctrine de la science, se trouve réduit à la réalité sensible, et la réalité métaphysique devient tout au plus un simple objet de croyance sans fondement véritablement concluant. Or Fichte, à tout le moins à partir de 1801, ne se contente pas de poser le suprasensible comme possible objet de croyance, mais il affirme clairement que le suprasensible ou l'absolu fait l'objet d'une certitude.[45] D'où il résulte que la lecture de Philonenko est inapplicable aux écrits postérieurs à 1800. D'ailleurs, Alexis Philonenko, tout en affirmant l'unité de l'œuvre de Fichte, s'avoue en dernière analyse incapable de produire clairement cette unité.[46]

Aussi plusieurs des commentateurs admettant la thèse de Philonenko (ou l'une de ses variantes) relativement aux écrits antérieurs à 1801 se sont-

---

[42] A. Philonenko, *La liberté humaine*, p. 128.
[43] *Ibid.*
[44] Voir A. Philonenko, *L'œuvre de Fichte*, p. 21-23. Philonenko expose en ces pages la thèse concernant l'unité de l'œuvre qu'il tâchera de faire valoir à travers l'ensemble de son livre.
[45] Voir par exemple Fichte, SW, II, p. 42/GA, II, 6, p. 173/trad. N, I, p. 65 ; Fichte, SW, VII, p. 129-130/GA, I, 8, p. 296/trad. L, p. 140 ; Fichte, SW, XI, p. 180/GA, II, 12, p. 341/trad. M, p. 93.
[46] Voir A. Philonenko, *La liberté humaine*, p. 59, où Philonenko reconnaît que sa thèse est discutable et que, bien que ce ne soit pas là son avis personnel, il pourrait bien y avoir, pour ainsi dire, « deux Fichtes » : l'un avant 1800 et l'autre après 1800.

ils sagement rangés du côté des défenseurs de la thèse affirmant l'évolution de la pensée de Fichte. Parmi ces commentateurs, citons par exemple Alain Renaut[47], Miklos Vetö[48] et Tom Rockmore[49]. Une telle hypothèse affirmant l'évolution de la pensée de Fichte, satisfaisante à maints égards, possède en outre l'énorme avantage d'avoir des racines historiques extrêmement profondes. En effet, elle se rattache, tel que suggéré un peu plus haut, à une longue tradition de commentateurs issue de Schelling[50], admettant *pour des raisons diverses* (qui ne sont donc pas forcément celles des disciples de Philonenko) un revirement radical dans l'œuvre de Fichte. Parmi les commentateurs s'inscrivant dans cette tradition, citons par exemple Johann Eduard Erdmann[51], Eduard von Hartmann[52], Wilhelm Windelband[53], Emil Lask[54], Ernst Bergmann[55]; et, plus récemment, Dieter Henrich[56], Frederick Colpleston[57], Frederick Neuhouser[58] ou Robert Lamblin[59].

Pourtant, cette lecture affirmant l'évolution de la pensée de Fichte n'est pas sans poser à son tour un problème de taille : car ce dernier, comme le font

---

[47] Sur ce point voir A. Renaut, *Le système du droit*, p. 447-460.
[48] Voir M. Vetö, *Fichte. De l'action à l'image*, p. 14 ; et M. Vetö, *De Kant à Schelling – tome I*, p. 333-334.
[49] Voir T. Rockmore, *Fichtean Epistemology and Contemporary Philosophy*, p. 163.
[50] Schelling soutint publiquement, dès 1806, que Fichte, sans vouloir l'avouer, avait abandonné peu à peu à partir de 1801 le système philosophique professé jusque-là pour adopter finalement tout à fait la philosophie de la nature de son ancien disciple. À ce propos, voir Schelling, SSW, I, 7, p. 1-126. Sur ce point, voir L. Ferry et A. Renaut *in* trad. R, p. 21-22, n. 59.
[51] J. E. Erdmann, *Versuchs einer wissenschaftlichen Darstellung der Geschichte der neueren Philosophie*, VI, p. 166-189, le chapitre intitulé „Fichte's veränderte Lehre" ; et J. E. Erdmann, *Grundriß der Geschichte der Philosophie*, II, p. 445-448.
[52] E. von Hartmann, *Geschichte der Metaphysik*, II, p. 63-64.
[53] Voir W. Windelband, *Geschichte der neueren Philosophie*, II, p. 301.
[54] Voir E. Lask, *Fichtes Idealismus und die Geschichte*, p. 172-191, et spécialement p. 176.
[55] Voir par exemple E. Bergmann, *J. G. Fichte der Erzieher*, p. 21-23, et 249.
[56] D. Henrich, *Selbstverhältnisse*, p. 59-60, 66, 72.
[57] F. Copleston, *A History of Philosophy*, VII, p. 21-22.
[58] Sur ce point, voir F. Neuhouser, *Fichte's Theory of Subjectivity*, p. 7 et 33.
[59] R. Lamblin, *Sur la nouvelle interprétation de la philosophie de Fichte*, p. 65.

remarquer certains commentateurs comme Max Wundt[60] ou Alois Soller[61], a toujours beaucoup insisté pour affirmer l'unité de son œuvre (plus précisément de son œuvre ultérieure à 1793, comprenant tout ce qu'il écrit à partir de sa fameuse recension de l'*Énésidème* de Schulze, datant de 1794[62]). Voici un passage de 1806 où il s'exprime à ce sujet avec toute la clarté voulue :

> (...) *à elles toutes, elles* [les conférences prononcées par Fichte au cours des années 1804-1806] *sont le résultat de mon éducation personnelle poursuivie depuis six à sept ans avec plus de loisirs et, durant ces années de maturité, sans relâche, sous l'empire des vues philosophiques qui me furent imparties il y a déjà treize ans* [c'est-à-dire en 1794] *et qui, bien qu'ayant, comme je l'espère, pu opérer maint changement en moi, n'ont pourtant changé elles-mêmes en aucun point depuis ce temps.*[63]

En dehors de l'extrait cité, particulièrement explicite, une multitude d'extraits pourraient être invoqués en faveur du fait que Fichte avait lui-même conscience de l'unité de son œuvre.[64] Or comme le dit si bien Max Wundt : « *Il était certainement plus en mesure de se juger lui-même que les adversaires qui lui étaient hostiles.*[65] » Lui refuser crédit sur ce point paraît difficile. L'exercice d'interprétation n'aurait plus aucune borne, s'il était permis de taxer l'auteur de mauvaise foi et d'exclure de l'œuvre à l'étude les propositions qui contrarient le sens qu'on cherche à lui attribuer. Parmi les commentateurs tout de même nombreux à se rallier à la thèse de l'unité de l'œuvre[66],

---

[60] Voir M. Wundt, *Fichte-Forschungen*, p. 6-7.
[61] Voir A. K. Soller, *Trieb und Reflexion in Fichtes Jenaer Philosophie*, p. 4.
[62] Fichte a désavoué son *Essai d'une critique de toute révélation*, qui date de 1792 (seconde édition en 1793) et ses *Contributions destinées à rectifier le jugement du public sur la Révolution française*, datant pour leur part de 1793. Sur ce point, voir Fichte, SW, V, p. 288-289/GA, I, 6, p. 74-75/trad. K, p. 123-124, où Fichte désavoue plus ou moins explicitement son écrit sur la Révolution ; et Fichte, SW, XI, p. 253/GA, II, 9, p. 424/trad. R, p. 118, où Fichte désavoue son écrit de jeunesse sur la révélation.
[63] Fichte, SW, V, p. 399/GA, I, 9, p. 47/trad. V, p. 97.
[64] Par exemple, voir Fichte, SW, XI, p. 352/GA, II, 10, p. 25 ; Fichte, SW, VIII, p. 369/GA, II, 10, p. 29/trad. R, p. 147 ; Fichte, GA, III, 3, p. 206 ; Fichte, SW, XI, p. 356-357/GA, II, 10, p. 29.
[65] M. Wundt, *Fichte-Forschungen*, p. 7.
[66] Parmi ces commentateurs, citons : F. Harms, *Die Philosophie Fichte's nach ihrer geschicht-*

d'autres ont d'ailleurs ont émis sur ce point un jugement semblable. Voici ce qu'écrit par exemple à ce sujet Alois K. Soller dans son livre intitulé *Trieb und Reflexion in Fichtes Jenaer Philosophie* :

> *D'après la compréhension que Fichte avait de lui-même, sa philosophie est une seule et même pensée exposée « de manière aussi diverse que possible ». C'est ce que déclare rétrospectivement Fichte en 1806. Aucun commentateur bienveillant ne saurait écarter simplement du revers de la main ce jugement d'un auteur à propos de son œuvre propre avant d'avoir tout d'abord essayé de comprendre sa philosophie de cette façon.*[67]

Comme le fait remarquer fort justement Jörg-Peter Mittmann, d'ailleurs, non seulement Fichte affirme tout au long de son parcours l'unité de sa pensée et de son œuvre depuis 1794, mais, alors qu'il prend la décision de ne publier aucune des nombreuses expositions de la doctrine de la science ultérieures à la *Grundlage*, il autorise en outre deux fois la réédition de cette première exposition : une première fois en 1798, et une seconde fois en 1802. Cela, il est important d'y insister, sans avoir jamais donné la moindre indication claire que sa pensée, sur un point ou sur un autre, avait évolué de manière décisive. Mittmann écrit à ce propos :

> *Bien qu'il se soit occasionnellement donné la peine de la réviser, Fichte lui-même, pendant plusieurs années, a jugé indispensable cette première exposition de son système* [il s'agit bien entendu de la *Grundlage*], *à tout le moins quand à son essence. Le fait qu'elle ait été rééditée deux fois entre 1795 et 1802 le prouve. En effet, ces rééditions, contrairement à la*

---

lichen Stellung und nach ihrer Bedeutung; J. H. Lœwe, *Darstellung der Fichteschen Philosophie*; K. Fischer, *Geschichte der neueren Philosophie*, VI, p. 657-667, 669-670, 704-707 ; K. Fischer, *J. G. Fichte und seine Vorgänger*, p. 827-828 ; H. Hielscher, *Das Denksystem Fichtes*, p. 4 et 484 *sq.* ; F. Medicus, *J. G. Fichte*, p. 171 *sq.* ; E. Cassirer, *Das Erkenntnisproblem in der Philosophie und Wissenschaft der neueren Zeit*, III, p. 162-163 ; G. Gurwitsch, *Die Einheit der Fichteschen Philosophie*, p. 4 ; X. Léon, *Fichte et son temps*, I, p. 9-11 ; M. Wundt, *Fichte-Forschungen*, p. 3-9 ; M. Wundt, *Johann Gottlieb Fichte*, p. V ; A. K. Soller, *Trieb und Reflexion in Fichtes Jenaer Philosophie*, p. 4 ; I. Thomas-Fogiel, « Présentation », in trad. G, p. 7 ; I. Thomas-Fogiel, *Fichte*, 7-10, 61-143 ; J.-P. Mittmann, *Das Prinzip der Selbstgewißheit*, p. 76-77.

[67] A. K. Soller, *Trieb und Reflexion in Fichtes Jenaer Philosophie*, p. 4.

seconde édition de la Critique de la raison pure, *par exemple, ne divergent de la version originale que par des notes marginales concernant le vocabulaire.*[68]

En outre, comment négliger la remarque on ne peut plus explicite de Fichte à ce propos, qui se trouve dans un court texte posthume datant de 1806, *Aufsatz, als Einleitung zu einer projektirten philosophischen Zeitschrift*. Fichte dans cet article explique qu'il a eu, pendant longtemps, l'intention de publier une nouvelle version de la doctrine de la science, mais qu'il en est finalement arrivé à la conclusion que la première, la *Grundlage*, était « *bonne* », « *suffisante* » et « *correctement expliquée*[69] ». Et c'est là d'ailleurs aussi la réponse qui s'impose tout naturellement lorsqu'on considère la question soulevée par Walter E. Wright dans son article intitulé *Fichte and Philosophical Method* :

> *Quelles considérations ont pu conduire un homme constamment préoccupé par les questions concernant la sphère publique, préconisant des politiques révolutionnaires en matière d'éducation publique et d'économie nationale, et ayant publié d'édifiants ouvrages « populaires », à garder hors de circulation ses contributions intellectuelles les plus importantes* [c'est-à-dire, selon Wright, les différentes expositions de la doctrine de la science ultérieures à 1795] *?*[70]

À savoir : le simple fait que les expositions ultérieures, comme Fichte le dit lui-même, bien loin d'être plus importantes que la première, n'en déplaise à Wright, n'apportaient rien de fondamentalement nouveau par rapport à la *Grundlage*.

Certes, différents commentateurs ont émis sur cette question des hypothèses sensiblement différentes de celle que je propose ici. Un certain nombre d'entre eux, dont Walter E. Wright et Claude Piché, par exemple, ont mis ce choix de Fichte sur le compte de sa méfiance, grandissante avec les années, à l'égard de l'écrit.[71] Certes, il est indéniable que Fichte ait développé, très tôt, à l'occasion d'expériences décevantes, une sorte de phobie de l'écriture. Mais

---

[68] J.-P. Mittmann, *Das Prinzip der Selbstgewißheit*, p. 76.
[69] Fichte, SW, XI, p. 356-357/GA, II, 10, p. 29.
[70] W. E. Wright, « Fichte and Philosophical Method », p. 65.
[71] *Ibid.*, p. 65-73 ; et C. Piché, « La *Staatslehre* de 1813 et l'éducation chez Fichte », inédit.

cette phobie, me semble-t-il, ne suffit pas à expliquer son choix de ne pas publier les expositions ultérieures de la doctrine de la science. Une telle phobie, à tout le moins, n'explique pas qu'il se soit refusé à livrer au public le texte de la doctrine de la science *nova methodo* en 1797-98, puisqu'il n'hésitait pas, au moment où il se refusait à publier ce texte, à laisser imprimer un grand nombre d'autres textes importants. Le même argument peut être invoqué en ce qui concerne la doctrine de la science de 1801 – d'autant qu'il avait autorisé entretemps la réédition de la *Grundlage*, ce qu'il fera de nouveau en 1802 –, ainsi que toutes les expositions de la doctrine de la science écrites à tout le moins jusqu'en 1808, année de publication des fameux *Discours à la Nation*. En effet, pourquoi la réserve de Fichte à l'égard de l'écrit aurait-elle valu pour les expositions de la doctrine de la science, sans valoir pour les autres textes dits *populaires* ? Or en 1808, la désillusion de Fichte à l'égard de l'écrit avait déjà atteint depuis longtemps son paroxysme (cette désillusion, comme le note Walter E. Wright, s'exprime de façon particulièrement vigoureuse dans l'exposition de 1804). Une telle désillusion, par conséquent, ne peut être invoquée non plus à titre de *raison suffisante* afin d'expliquer pourquoi Fichte n'a rien publié non plus après 1808. D'où il suit que l'hypothèse la plus probable, à ce propos, est que Fichte se soit toujours résolu malgré tout à publier ceux de ses écrits qui contenaient un enseignement nouveau, et ne jugea pas nécessaire de publier les versions ultérieures de la doctrine de la science parce que la première lui paraissait juste et suffisante.

Dans ces conditions, prétendre qu'il existe un tournant radical dans la pensée de Fichte, à l'un ou l'autre moment de son parcours, reviendrait à considérer Fichte ou bien comme un auteur ne comprenant pas lui-même ce qu'il dit et ce qu'il fait, ou bien comme un hypocrite et un menteur, deux lectures évidemment peu invitantes. Or comment éviter ces conclusions inacceptables, sinon en découvrant une manière d'envisager la doctrine de la science telle que nous la présente Fichte à l'époque de Iéna, non pas comme une doctrine affirmant qu'il est impossible de s'assurer de l'existence de Dieu, mais en tant que doctrine essentiellement déiste, cousine des expositions ultérieures à 1800, comme Fichte affirme lui-même qu'elle l'est ? À cet égard, me semble-t-il, l'interprétation proposée dans la présente étude encore une fois satisfait à toutes les exigences. En effet, il suffit pour le comprendre de réexaminer encore une fois, dans cette optique particulière, les résultats auxquels je suis parvenu dans la présente étude.

D'après ces résultats, Fichte démontre qu'il existe pour toute conscience possible une certitude première, absolument évidente ou connue de manière immédiate, à savoir celle du *je suis*. Cet acte, toujours d'après les conclusions auxquelles nous sommes parvenus, exprime le mouvement réflexif originaire par lequel l'intelligence absolue ou l'infinie saisit sa propre réalité infinie sur le mode de l'intuition et, de la sorte, s'engendre elle-même. Or comme le dit Fichte, ce qui constitue pour soi-même le principe de sa propre existence et le fondement de tout être – et en ce sens la seule chose qui soit vraiment et qui constitue le principe de l'unité de l'unité de l'être – n'est rien d'autre que ce qu'on appelle communément Dieu : « *Ce qui est véritablement, qui est un et qui existe absolument par lui-même, est ce que l'on appelle dans toutes les langues* Dieu.[72] » Par conséquent, le moi absolu dont parle Fichte, notamment au §1 de la *Grundlage*, comme l'admettent d'ailleurs certains commentateurs[73], n'est rien d'autre, dans l'esprit de ce dernier, que Dieu lui-même.

Certains commentateurs, il est vrai, soutiennent la position inverse. C'est ainsi que Reinhard Lauth affirme par exemple que « *Fichte n'a jamais posé d'équivalence entre le moi absolu et Dieu (...) dans le sens où le philosophe nierait la transcendance de la divinité*[74] ». D'autres l'ont suivi sur ce point, comme c'est le cas par exemple de George Seidel.[75] Néanmoins, outre le fait que je vois difficilement comment on pourrait distinguer le divin de l'absolu, en tant que constituant soi-même le fondement de sa propre réalité (comme c'est le cas du moi selon Fichte), je rappellerai que Fichte a lui-même écrit, dans une lettre du 30 août 1795 à Jacobi, que, dans la doctrine de la science, le moi était Dieu, le non-moi le monde et le moi divisible fini l'homme :

> *Aussi longtemps que nous nous pensons nous-mêmes en tant qu'individus, et nous nous pensons toujours ainsi dans la vie – sauf lorsque nous considérons les choses en tant que* philosophes *ou en tant que* poètes *–, nous réfléchissons du point de vue que je qualifie de* pratique *(...). Dans*

---

[72] Fichte, SW, VII, p. 129-130/GA, I, 8, p. 296/trad. L, p. 140.
[73] Voir J.-M. Lardic, « Fichte et la querelle des interprétations », p. 22.
[74] Reinhard Lauth, *Le progrès de la connaissance dans la première* Doctrine de la science *de Fichte*, p. 41.
[75] Voir G. Seidel, « Hegel's Early Reaction to the *Wissenschaftslehre* », p. 250.

> *la mesure où nous réfléchissons de ce point de vue, il existe pour nous un monde qui se trouve là indépendamment de nous, que nous pouvons seulement modifier ; de ce point de vue, le moi pur, qui ne disparaît pas pour autant pour nous, se trouve posé en dehors de nous, et s'appelle Dieu. Comment pourrions-nous attribuer à Dieu les qualités que nous lui attribuons et que nous nous refusons, si nous ne trouvions pas effectivement en nous et si nous ne nous les refusions pas que d'un certain point de vue (en tant qu'individus) ?*[76]

Or tout le propos de Fichte, comme je le soutiens dans cette thèse, est de démontrer que le moi absolu et le moi fini, *du moins en un certain sens*, à savoir au sens où l'individualité est un produit de l'activité du moi absolu, sont une seule et même chose. Comme le dit Fichte dans une lettre à Jacobi : « *L'individu doit être déduit à partir du moi absolu.*[77] » Dans cette mesure, donc, Fichte n'affirme pas la transcendance de Dieu.

Ainsi, il ne faut pas dire que l'existence de Dieu est quelque chose d'incertain, dans l'optique fichtéenne, qu'il s'agisse du Fichte de la période de Iéna ou du Fichte de la maturité, mais il faut dire, bien au contraire, que l'existence de Dieu est ce qui est immédiatement certain[78], c'est-à-dire ce qui ne nécessite aucune preuve et ne peut être prouvé, justement parce qu'elle fait l'objet d'une intuition. Une telle certitude immédiate, comme je l'ai expliqué un peu plus haut (chapitre 6), est précisément ce que Fichte, en cela d'accord avec Jacobi, appelle la *foi*. En ce sens très précis, donc, ce qui est premier chez Fichte n'est pas le savoir, mais la croyance, qui est encore plus certaine que le savoir lui-même en tant que produit de la démonstration.

Cependant, bien qu'il se saisisse immédiatement lui-même comme absolu ou infini, selon Fichte, Dieu ne s'apparaît pas à lui-même comme un infini en acte, comme une entité illimitée donnée. Car un tel concept de l'infini est contradictoire : l'infini, par définition, ne se termine jamais ; il ne peut donc se saisir lui-même comme quelque chose de terminé et de simplement existant dans un état de repos, comme s'il s'agissait d'une pierre ou d'un

---

[76] Fichte, GA, III, 2, p. 392.
[77] *Ibid.*
[78] Voir Fichte, SW, V, p. 187-188/GA, I, 5, p. 355-356/trad. N, II, p. 206-207.

objet quelconque. Mais Dieu, au moment où il s'intuitionne lui-même, intuitionne plutôt un acte d'expansion, il saisit une quantité de réalité croissante[79], ou ce qui est encore la même chose : un perfectionnement infini de soi dans le temps. Et de cette façon, ce qui n'était au point de départ qu'une intuition de soi se double d'une représentation conceptuelle de soi comme être fini, parce qu'il saisit toujours son état actuel de perfection limitée par opposition au processus infini du dépassement progressif de toutes les limites ou déterminations. C'est ce que veut dire Fichte lorsqu'il refuse de considérer Dieu en tant que « *Créateur (Schöpfer)* » pour le caractériser plutôt comme action même de « *créer (Schaffen)* » : car la création divine, du point de vue de la doctrine de la science, n'est jamais terminée ; le divin est création éternelle ou permanente :

> – *Éclaircissement concernant un autre point de divergence par rapport à l'opinion commune. La création du monde selon cette dernière. Tout être effectif a bien sûr un commencement et doit être advenu d'une manière ou d'une autre. Toutefois, l'action créatrice est maintenant chose du passé ; le monde est achevé. Il y eut autrefois un moment de la création ; et s'il est vrai que Dieu soit le Créateur, il dut y avoir un moment où il s'est extériorisé ; mais depuis, il est retourné à l'état de repos. D'après les philosophes de la nature, la nature est précisément cet être absolu, advenu et achevé, extérieur à Dieu.*
> *Selon nous, l'action créatrice elle-même fait immédiatement l'objet d'une intuition. Un monde, en tant que produit de l'action créatrice achevée et épuisée, il n'y en a pas et il ne peut y en avoir, puisque le produit [de l'action créatrice] n'est évidemment pas un donné absolu, mais l'action créatrice elle-même ; et de toute éternité, aussi certainement qu'elle est vie et action créatrice absolues, celle-ci ne pourra s'achever et s'épuiser, et sortir de la vie pour se transformer en quelque chose de mort.*[80]

---

[79] Sur ce point, je rappellerai le passage de la *Grundlage* déjà cité (chapitre 8) concernant le moi absolu (à savoir Dieu) qui, en tant qu'il se pose, doit nécessairement se penser selon Fichte comme « *quantité remplissant l'infini* » (Fichte, SW, I, p. 274/GA, I, 2, p. 407/ trad. T, p. 141).
[80] Fichte, SW, IX, p. 23.

Ainsi, la conscience de soi propre au moi fini, à savoir le point de vue de l'homme, n'est rien d'autre que la conscience qu'a Dieu de se trouver à un stade déterminé de sa propre perfection destinée à s'accroître infiniment. Et en ce sens très précis, il est juste d'affirmer qu'il n'existe rien d'autre, du point de vue fichtéen, que le moi fini, puisqu'il est juste de dire que rien n'existe, de manière effective, en dehors de Dieu relativement à son état de perfection actuel. Cependant, il est inexact d'affirmer qu'il n'existe rien d'autre que le moi fini si l'on entend par là que Dieu, selon Fichte, pourrait bien ne pas exister. Car le moi encore une fois n'est pas une donnée, mais il est toujours en mouvement, il représente toujours un instant sur la ligne qui le mène sans interruption de l'infiniment petit à l'infiniment grand.

Cette interprétation vaut autant pour les expositions de la doctrine de la science de la période de Iéna que pour les expositions plus tardives. La seule différence qui existe entre ces expositions est donc une différence relative à la forme de la démonstration et au langage employé. Durant la période de Iéna, par exemple, Fichte refuse d'attribuer l'être à Dieu ou à l'absolu, parce qu'il considère que le mot *être* renvoie au caractère de l'existence statique et du repos. Or en ce sens, Dieu ou l'absolu ne sont pas, puisqu'ils constituent plutôt un processus, une réalité dynamique. Ce refus de Fichte de caractériser Dieu ou l'absolu comme *étant* dans la première période de sa carrière est d'ailleurs à l'origine de bien des malentendus. Lorsque Fichte, dans son *Exposition du système de l'identité de Schelling*, reproche à ce dernier d'attribuer l'être à l'absolu, il paraît effectivement poser par le fait même que l'homme ne connaît rien de l'absolu, qu'il en est à jamais séparé, et que Dieu n'a par conséquent aucune réalité proprement dite pour nous.[81] Cependant, il veut simplement dire ici que Dieu ou l'absolu n'existent pas à titre d'objet réalisé une fois pour toutes, mais en tant que processus de perfectionnement infini. À l'occasion de la *Querelle de l'athéisme*, cependant, Fichte paraît avoir réalisé à quel point la terminologie employée jusqu'alors portait à confusion,

---

[81] Fichte, SW, XI, p. 375-376/GA, II, 5, p. 491-492/trad. E, p. 177 : « *Mais il est en même temps clair d'autre part que l'auteur* [Schelling], *implicitement, prétendait de la sorte extirper la proposition : à l'essence de la raison absolue appartient l'être ; mais ni celle-ci ne peut être prouvée de cette façon, ni en général on ne peut dire de quoi que ce soit que son essence (concept) comprend déjà en soi l'être.* »

et adopte une terminologie radicalement opposée – davantage conforme à la terminologie de la théologie traditionnelle – en vertu de laquelle l'être revient au suprasensible ou à Dieu seuls, tandis que le moi fini se voit réduit au statut de non-être ou d'apparence fugitive, ou ce qui est la même chose : au statut de simple image de ce qui est réellement. Comme il l'écrit : « *L'image en elle-même n'est ni vivante ni indépendante, mais c'est grâce à Dieu qu'elle est ce qu'elle est.*[82] » Le sens de sa pensée cependant, il est important de le comprendre, reste strictement le même : à Dieu ou à l'absolu revient la totalité de l'être en ce sens que rien n'existe indépendamment de l'acte d'auto-intuition qui constitue déjà selon Fichte le principe de toute chose en 1794 ; tandis qu'au moi fini ne revient qu'un être apparent, en ce sens que les limites actuelles du moi, quelles qu'elles soient, ne sont rien de durable et sont vouées à disparaître (et aussi en ce sens que ce qui limite le moi ne lui est pas extérieur, comme il en a l'impression, mais c'est simplement la nécessité de progresser dans l'infini selon un certain ordre). C'est d'ailleurs en ce sens qu'il faut comprendre le fait que Fichte, durant cette période de son œuvre, caractérise souvent Dieu comme « *vie* ». En effet, l'acte d'auto-intuition est *vie*, en ce sens qu'il constitue lui-même le principe de son propre mouvement et l'origine de toute activité possible par ailleurs. Comme l'écrit Fichte dans un sonnet qui date probablement de cette époque :

> *Rien n'est sinon Dieu, et Dieu n'est rien sinon vie ;*
> *Tu le sais, et je le sais moi aussi avec toi ;*
> *Mais comment un savoir serait-il possible,*
> *S'il n'était pas lui-même la vie de Dieu !*[83]

D'où l'intérêt de Fichte à l'égard de l'enseignement du Christ, qu'il identifie pleinement, à tout le moins à partir de l'*Initiation à la vie bienheureuse*

---

[82] Fichte, SW, X, p. 339/GA, II, 13, p. 62/trad. B, p. 56. À ce sujet, voir aussi Fichte, SW, XI, p. 151-152/GA, II, 12, p. 317/trad. M, p. 67 : « *Ainsi, tout ce domaine du savoir, de même que le monde sensible qui se manifeste en lui comme sa production, ne sont absolument rien d'autre que le moyen permettant de reconnaître le monde premier et vrai comme tel, par opposition à un autre monde, qui n'est pas et qui en fait n'existe pas. Lui, le monde sensible, est une image qui n'a aucun autre rôle et aucun autre but que de faire en sorte que l'on parvienne à l'unique image vraie, ayant un contenu, à l'image de la face de Dieu.* »
[83] Fichte, SW, VIII, p. 462/GA, I, 8, p. 32/GA, II, 9, p. 454.

de 1806, à celui de la doctrine de la science.[84] En effet, Fichte comprend l'enseignement du Christ par opposition à celui de la doctrine judaïque, dont l'essence est précisément de poser Dieu et le monde fini comme séparés. Du point de vue judaïque, il est vrai, le monde fini est un produit de Dieu, non pas comme s'il faisait partie intégrante de Dieu cependant, explique Fichte, mais comme fruit d'un acte de création arbitraire, qui aurait pu aussi ne pas avoir lieu. Cela fait du monde fini (et de ses habitants) quelque chose d'extérieur à la divinité, qui ne peut donc participer à la divinité que du fait de la grâce (une décision encore une fois pleinement arbitraire) de Dieu lui-même. Et c'est pourquoi la souffrance humaine, dans la perspective judaïque, est interprétée comme un témoignage du fait que l'homme a déplu à Dieu (c'est-à-dire qu'il a désobéi aux règles arbitraires que Dieu lui avaient imposées), qui le prive en conséquence de sa grâce. Fichte, dans l'*Initiation à la vie bienheureuse*, critique durement cette doctrine, ce qui veut dire qu'il condamne complètement l'idée selon laquelle l'homme (ou le moi fini) serait extérieur à Dieu (c'est-à-dire à l'absolu). Comme il l'écrit, Dieu ne peut pas s'être manifesté au monde pour priver ensuite le monde de sa présence en prétextant l'imperfection de sa création, mais il est présent dans le monde et il est le monde lui-même : « *La manifestation de Dieu en tant que vie terrestre n'est rien d'autre que ce Royaume de Dieu ; or Dieu ne se manifeste pas en vain, il ne tente pas de se manifester sans succès.*[85] » Et si le Christ fait l'objet de tous les éloges de Fichte, c'est précisément parce qu'il vient selon lui renverser du

---

[84] Ce christianisme de Fichte, cependant, ne doit pas être regardé comme déterminant l'ensemble de la doctrine de la science, comme si Fichte par sa philosophie, comme le suggèrent A. Philonenko ou J.-Ch. Goddard, n'avait eu d'autre but que de justifier la religion. Mais c'est précisément le contraire qui est vrai : Fichte n'est chrétien que parce que et dans la mesure où les conclusions auxquelles il est parvenu dans la doctrine de la science sont compatibles avec la doctrine du Christ rapportée dans les Évangiles. Cette attitude de Fichte est manifeste dans l'*Initiation à la vie bienheureuse*, par exemple, où il déclare que le seul vrai christianisme est celui de Jean, pour la simple et bonne raison que c'est le seul qui soit pleinement compatible avec la doctrine de la science (voir Fichte, SW, V, p. 475-491/GA, I, 9, p. 115-128/trad. V, p. 182-200).

[85] Fichte, SW, IV, p. 581/trad. A, p. 235. À ce propos, voir aussi Fichte, SW, IV, p. 588/trad. A, p. 240 : « *Ainsi, le Royaume de Dieu se trouve par là effectivement présenté dans le monde. Jésus – c'est-à-dire la liberté de s'abandonner à Dieu, liberté qu'il a introduite et imposée – règne.* ». Voir également Fichte, SW, V, p. 486-489/GA, I, 9, p. 123-126/trad. V, p. 194-198.

tout au tout lui aussi cette doctrine judaïque. En quel sens ? Tout simplement en ce sens que le Christ nous enseigne que l'homme ne doit pas se considérer comme puni par Dieu et comme privé de sa grâce, mais comprendre qu'il est déjà dans la Royaume de Dieu. Fichte cite sur point toute une série de passages de l'Évangile de Jean, et notamment l'entretien du Christ avec Marthe concernant la résurrection de Lazare :

> *Ou avec plus d'évidence encore : Chap. 11, 23 : « Ton frère ressuscitera. Marthe, qui avait justement la tête pleine de chimères juives, dit : – Je sais qu'il ressuscitera lors de la Résurrection au Jugement dernier. » – Non, dit Jésus : Je suis la Resurrection et la Vie. Celui qui croit en moi vivra, serait-il mort. Et celui qui vit et croit en moi ne mourra jamais. » L'union avec moi donne l'union avec le Dieu éternel et sa vie et la certitude de cette union ; de telle sorte qu'à chaque moment on a et possède entièrement l'éternité tout entière et n'accorde nulle foi aux phénomènes trompeurs d'une naissance et d'une mort dans le temps, et que l'on n'a nul besoin d'une Résurrection qui nous sauverait d'une mort à laquelle on ne croit pas.*[86]

Dieu n'est pas séparé de l'homme, il n'est pas transcendant par rapport à lui, enseigne le Christ, mais il est avec l'homme et en l'homme, ce qui n'est qu'une autre façon de dire qu'il est l'homme. Non pas au sens où Dieu serait un être fini à la manière d'un homme individuel existant, mais en ce sens que l'histoire humaine n'est rien d'autre que l'image ou la représentation qu'aurait Dieu du processus par lequel il progresse infiniment dans la perfection. Pour Fichte, semble-t-il, le Christ semble constituer le premier individu de l'histoire à avoir clairement saisi l'identité de la réalité et de l'idéalité, ce qu'il exprime avec énormément de force (et au plus grand scandale de la plupart de ses contemporains) en déclarant qu'il est le fils de Dieu le Père, et qu'il ne fait qu'un avec lui : *qui voit le Fils voit le Père*, dit-il, c'est-à-dire qu'il n'existe en dernière analyse aucune différence entre le Père et le Fils, entre l'absolu lui-même et sa manifestation.[87] À travers l'action humaine, c'est Dieu qui agit et qui se manifeste :

---

[86] Fichte, SW, V, p. 487-488/GA, I, 9, p. 124-125/trad. V, p. 196.
[87] Voir Jn, 14, 7-10.

> *Il n'est absolument aucun être et aucune vie en dehors de la vie immédiate de Dieu. Cet être est voilé et brouillé d'une multitude de façons dans la conscience selon les lois propres, ineffaçables de la conscience, fondées dans l'essence de cette dernière ; mais dégagé de ces voiles et modifié désormais seulement par la forme de l'infinité, il réapparaît dans la vie et l'action de l'homme qui s'abandonne à Dieu. Dans cette action, ce n'est pas l'homme qui agit, mais c'est Dieu lui-même qui dans son être et son essence intime originaire agit en lui et qui, par l'intermédiaire de l'homme, réalise son œuvre.*[88]

Dans l'optique fichtéenne donc, le Christ ne diffère pas des autres hommes en ceci qu'il serait d'une nature distincte, mais sa différence tient exclusivement à ceci qu'il est conscient de l'identité de la réalité et de l'idéalité. C'est précisément ce qui fait de lui le Fils de Dieu, c'est-à-dire un citoyen et un ambassadeur du Royaume de Dieu.

---

[88] Fichte, SW, V, p. 475-476/GA, I, 9, p. 115/trad. V, p. 182.

Dernières considérations

Ainsi, il ressort de cette étude, d'une part, que la lecture idéaliste, bien comprise, produit une vision plus cohérente de la pensée de Fichte que la lecture phénoménaliste, et d'autre part que les principales objections adressées à la lecture idéaliste sont fondées sur une erreur de compréhension ou, si l'on préfère, sur un malentendu. Car d'après les conclusions de la présente étude, le propos de l'idéalisme, contrairement à ce que l'on suppose communément (tant chez les tenants de la lecture phénoménaliste que chez plusieurs de ceux de la lecture idéaliste), n'est pas de nier la réalité des objets de l'expérience empirique, mais simplement de nier que ces objets existent de manière autonome, c'est-à-dire indépendamment de l'intelligence ou de l'esprit. L'idéaliste ne nie en aucun cas l'existence du monde empirique, mais il soutient simplement que l'expérience tout entière existe en tant que représentation. Au fondement de la réalité empirique, il pose non pas une matière subsistant par elle-même, une chose en soi extérieure à l'esprit, mais une activité de l'intelligence. Pour l'idéaliste, par conséquent, non seulement l'objet de l'expérience empirique est réel, mais il comprend la totalité de la réalité, puisqu'il n'y a de son point de vue rien d'autre que l'expérience comme ensemble de représentations. En ce sens, l'idéalisme ne s'oppose pas au réalisme, mais il constitue au contraire la seule doctrine réaliste proprement dite. Car il refuse de considérer l'expérience comme le simple phénomène d'un objet = X auquel on n'aurait pas accès, une simple apparence derrière laquelle se cacherait autre chose. L'illusion dénoncée par l'idéaliste ne concerne pas la réalité de l'expérience, mais la réalité de choses extérieures et opposées à l'intelligence. Au contraire, la doctrine phénoménaliste consistant à affirmer que l'objet de l'expérience est encore autre chose en dehors de la représentation que nous en avons n'est pas réaliste au sens propre, puisqu'elle pose le fondement de l'expérience dans quelque chose qui se trouve en dehors de la représentation, c'est-à-dire dans quelque chose à quoi nous n'avons pas accès.

Elle pose ainsi la représentation comme la simple manifestation de quelque chose qui nous échappe fondamentalement, et elle admet de la sorte que la représentation ne nous apprend rien de la réalité *objective*, mais simplement de la réalité *subjective*, qui n'a aucune valeur cognitive proprement dite. Elle s'installe de la sorte dans le relativisme, parce qu'elle pose que l'homme n'a pas accès à la réalité vraie, c'est-à-dire qu'elle pose qu'il n'y pas de réalité vraie ou objective pour l'homme. Bref, cette doctrine prive littéralement l'homme de réalité, elle l'oblige à considérer le monde dans le lequel il vit, si l'on veut, comme une sorte de réalité virtuelle, par rapport à laquelle il se doit d'être en retrait. De ce point de vue, en effet, rien de ce que l'homme expérimente n'est vrai : il sent et vit quelque chose qui n'est pas, parce que ce qu'il sent et ce qu'il vit comme réel n'est rien de plus qu'une image ou un reflet trompeurs de la réalité, qui est dénaturée par le miroir déformant de la subjectivité. Cette doctrine phénoménaliste neutralise donc le jugement de l'homme : ce que l'homme pense et croit n'est jamais vraiment légitime, c'est toujours contestable, puisqu'il n'a pas accès à la réalité, pas accès au vrai.

Afin de comprendre Fichte, donc, il faut réviser et même renverser complètement notre manière de concevoir l'idéalisme et le matérialisme : car c'est le matérialisme, contrairement à ce qu'on se figure communément, qui aboutit au subjectivisme, tandis que l'idéalisme est un objectivisme, ou plus précisément : un subject-objectivisme, une doctrine posant l'identité de l'activité subjective et de la réalité objective, et donc un réalisme. Frederick Copleston écrit à ce propos :

> *S'il s'ensuit de l'élimination de la chose en soi que le monde doit être automanifestation de la pensée ou de la raison (...) les catégories, au lieu d'être des formes subjectives ou des moules conceptuels de l'entendement humain, deviennent des catégories de la réalité; leur statut redevient objectif.*[89]

D'où les déclarations de Fichte selon lesquelles la doctrine de la science serait réaliste[90], déclarations sur lesquelles de nombreux commentateurs soutenant

---

[89] F. Copleston, *A History of Philosophy*, VII, p. 7.
[90] Voir Fichte, SW, I, p. 279-280/GA, I, 2, p. 411/trad. T, p. 145 ; et Fichte, SW, I, p. 281/ GA, I, 2, p. 412/trad. T, p. 146.

l'interprétation matérialiste ou phénoménaliste de Fichte ont cru pouvoir fonder leur argumentaire.

Le matérialisme, en posant la réalité comme indépendante de l'esprit, enferme l'homme dans une représentation pensée comme inadéquate. L'idéalisme, en niant la matière comme entité autonome, pose le caractère objectif de la représentation. Il faut donc donner raison aux commentateurs qui, comme Frederick Copleston, posent que les représentations de l'expérience, *de même que le sentiment de nécessité qui les accompagne*, sont selon Fichte un pur produit de la raison. Wayne M. Martin, qui prend le contrepied de la thèse de Copleston, la résume toutefois avec beaucoup de clarté de la sorte :

> *Ainsi, la réponse de Copleston à notre question initiale concernant l'objectif de Fichte peut être formulée de la manière suivante : Fichte cherche à développer une représentation métaphysique du monde, de la réalité. Puisqu'il rejette la notion de chose en soi, Fichte considère toute réalité comme un produit de la pensée. Il suppose donc qu'il est possible développer cette représentation métaphysique par le biais de la « spéculation », c'est-à-dire* a priori, *au moyen de la simple compréhension de la nature de la raison elle-même.*
>
> *(...)*
>
> *Puisque Fichte, selon Copleston, considère la réalité comme le produit de la pensée ou « du moi », et puisque « l'hypothèse solipsiste (...) peut difficilement être sérieusement soutenue », le « moi » de Fichte doit être interprété comme « une intelligence supra-individuelle, un sujet absolu », ou comme le dit Copleston, comme « une pensée ou une raison infinie ». En somme, donc, Copleston interprète le projet fichtéen comme une espèce de métaphysique se trouvant à la frontière de la théologie : le but de la doctrine de la science serait de montrer que le fondement de tout être réside dans une intelligence absolue, infinie et supra-individuelle.*[91]

C'est bien là, me semble-t-il, le projet de Fichte. Du moins est-ce ce qui ressort de la présente étude. Et ce diagnostic posé par Fichte concernant la nature essentiellement spirituelle ou intellectuelle de la réalité, il est impor-

---

[91] W. M. Martin, *Idealism and Objectivity*, p. 13. Martin cite ici F. Copleston, *A History of Philosophy*, VII, p. 4, 40.

tant de le comprendre, ne doit pas être interprété comme une négation de l'objectivité de l'expérience, au sens où elle ferait de l'expérience un pur produit de l'arbitraire de la subjectivité intellectuelle.[92] Au risque de me répéter, Fichte, en posant l'origine de l'expérience dans l'activité nécessaire de l'intelligence, adopte la position constituant la seule issue possible hors du subjectivisme relativiste.[93] Car c'est seulement dans la mesure où elle est comprise comme produit nécessaire de l'activité de l'intellect que la représentation empirique peut conserver de manière légitime (fondée en raison) le statut de réalité vraie. Car le caractère essentiel de la réalité vraie, ou plus simplement : de la vérité, n'est pas l'indépendance relativement à l'esprit, mais au contraire le caractère de *l'intuitionnabilité*, c'est-à-dire le caractère de l'immédiate accessibilité : en effet, une vérité ou une réalité, existant en soi, mais inaccessible, serait-elle encore une vérité ou une réalité ? Le concept d'une réalité qui n'est pour personne, ou ce qui est la même chose : le concept d'une vérité que personne ne connaît ni ne peut connaître, n'est-il pas absurde ? La vérité ou la réalité, par essence, doit être accessible, elle doit être ce à quoi nous avons affaire dans l'intuition. C'est un principe contradictoire que celui qui affirme que la réalité et la vérité ne pourront jamais être rien de ce dont on fera l'expérience, c'est-à-dire rien de ce que l'on aura *vécu* comme réel ou vrai. Or c'est précisément ce que fait le matérialisme en posant le fondement de l'expérience empirique en dehors de la représentation, tandis que l'idéalisme transcendantal de Fichte, en posant l'expérience comme ensemble des représentations nécessaires de l'activité intellectuelle, permet à l'homme de se réapproprier la seule réalité qu'il considère naturellement comme telle : celle de l'expérience empirique. Et non seulement est-ce un principe contradictoire, mais c'est en outre un principe pathogène. Car en exigeant de l'homme qu'il soit constamment en retrait par rapport à son sentiment de réalité, en exigeant qu'il observe sans cesse une réserve quant à la validité de sa représentation des choses, le matérialiste opère en l'homme une scission radicale, qui produit en lui deux instances irréconciliables. Tandis que l'une affirme l'identité de la réalité et de ce qui se présente dans l'expérience,

---

[92] Sur ce point, voir *ibid.*, p. 5.
[93] Sur ce point, voir F. Medicus, *Dreizehn Vorlesungen*, p. 10-11.

l'autre la nie. Il en résulte que l'homme devient le lieu d'un double discours qui le met constamment en contradiction avec lui-même : tandis que la première instance le porte à admettre, par exemple, que la réalité des objets qui l'entourent et qui composent le monde dans lequel il évolue, la seconde instance l'oblige à admettre qu'il s'agit là, non pas de la réalité elle-même, mais d'une simple représentation qui n'a qu'une valeur subjective ; tandis que la première instance le porte à admettre que 2 et 2 font 4, la seconde instance le pousse à admettre que l'arithmétique et de la géométrie ne valent que pour l'être humain et expriment donc des vérités relatives ; tandis que la première instance le porte à juger quelque chose beau, la seconde instance neutralise ce jugement en relativisant la légitimité du principe qui lui sert de fondement. Ainsi, parce que le matérialiste ne peut s'empêcher de se représenter les choses d'une certaine manière d'une part, et qu'il s'obstine d'autre part à considérer la représentation et la réalité comme des opposés, il se condamne lui-même à la schizophrénie, ni plus ni moins. L'idéaliste au contraire, qui pose l'identité de la représentation empirique et de la réalité, évacue la réserve qui l'empêche d'adhérer à lui-même, à sa propre représentation des choses, et s'accorde en conséquence avec lui-même ; ce qui explique d'ailleurs la vigueur et l'intransigeance avec lesquels il s'exprime, que lui reproche constamment le matérialiste pour qui elles constituent nécessairement des marques de présomption.

Ainsi, l'idéalisme transcendantal, compris comme démonstration de l'identité de la réalité et de la représentation empirique, sert beaucoup mieux l'attitude pratique que ne le fait le phénoménalisme matérialiste admettant la réalité de la chose en soi (ou éventuellement : laissant ouverte la question de l'existence de la chose en soi), et à cet égard, il est beaucoup plus conforme à l'esprit de la doctrine de Fichte.

LISTE DES ABRÉVIATIONS

FICHTE, J. G.

Éditions de référence

SW	FICHTE, J. G. *Sämmtliche Werke*, Berlin, de Gruyter, 1971.
GA	FICHTE, J. G. *Gesamtausgabe der bayerischen Akademie der Wissenschaften*, Stuttgart-Bad Cannstatt, Frommann-Holzboog, 1964- .

Traductions

trad. A	FICHTE, J. G. *La doctrine de l'État. 1813*, trad. J.-Ch. Goddard, Paris, Vrin, 2006.
trad. B	FICHTE, J. G. *Doctrine de la science. Exposé de 1812*, trad. I. T.-Fogiel, Paris, PUF, 2005.
trad. C	FICHTE, J. G. *Revendication de la liberté de penser*, trad. J.-F. Goubet, Paris, Librairie Générale Française, 2003.
trad. D	FICHTE, J. G. *Doctrine de la science nova methodo*, Paris, trad. I. T.-Fogiel, Librairie Générale Française, 2000.
trad. E	FICHTE, J. G. *Sur l'exposition du système de l'identité de Schelling*, trad. E. Cattin, Paris, Vrin, 2000.
trad. F	FICHTE, J. G. *Méditations personnelles sur la philosophie élémentaire*, trad. I. T.-Fogiel, Paris, Vrin, 1999.
trad. G	FICHTE, J. G. *Nouvelle présentation de la doctrine de la science (1797-1798)*, trad. I. T.-Fogiel, Paris, Vrin, 1999.
trad. H	FICHTE, J. G. *Rapport clair comme le jour sur le caractère propre de la philosophie nouvelle et autres textes*, trad. A. Valensin et P.-P. Druet, Paris, Vrin, [1985] 1999.
trad. I	FICHTE, J. G. *La destination de l'homme*, trad. J.-Ch. Goddard, Paris, Flammarion, 1995.

trad. J	FICHTE, J. G. *Conférences sur la destination du savant*, trad. J.-L. V.-Baron, Parin, Vrin, 1994.
trad. K	FICHTE, J. G. *La Querelle de l'athéisme,* suivie de *Divers textes sur la religion*, trad. J.-Ch. Goddard, Paris, Vrin, 1993.
trad. L	FICHTE, J. G. *Le caractère de l'époque actuelle*, trad. I. Radrizzani, Paris, Vrin, 1990.
trad. M	FICHTE, J. G. *Opuscules de politique et de morale*, trad. J.-Ch. Merle, Caen, Centre de Philosophie politique et juridique, 1989.
trad. N	FICHTE, J. G. *Écrits de philosophie première. Doctrine de la science 1801-1802*, trad. A. Philonenko, Paris, Vrin, 1987.
trad. O	FICHTE, J. G. *Le système de l'éthique selon les principes de la doctrine de la science*, trad. P. Naulin, Paris, PUF, 1986.
trad. P	FICHTE, J. G. *Essais philosophiques choisis (1794-1795)*, trad. L. Ferry et A. Renaut, Paris, Vrin, 1984.
trad. Q	FICHTE, J. G. *Fondement du droit naturel selon les principes de la doctrine de la science*, trad. A. Renaut, Paris, PUF, 1984.
trad. R	FICHTE, J. G. *Machiavel et autres écrits philosophiques et politiques de 1806-1807*, trad. L. Ferry et A. Renaut, Paris, Payot, 1981.
trad. S	FICHTE, J. G. *Considérations sur la Révolution française*, trad. J. Barni, Paris, Payot, 1974.
trad. T	FICHTE, J. G. *Œuvres choisies de philosophie première*, trad. A. Philonenko, Paris, Vrin, 1972.
trad. U	FICHTE, J. G. *La théorie de la science. Exposé de 1804*, trad. D. Julia, Paris, Aubier-Montaigne, 1967.
trad. V	FICHTE, J. G. *Initiation à la vie bienheureuse*, trad. M. Rouché, Paris, Aubier-Montaigne, 1944.
trad. W	LÉON, Xavier. *Fichte et son temps*, Paris, Armand Collin, 1954.
trad. X	PHILONENKO, Alexis. *La liberté humaine dans la philosophie de Fichte*, Paris, Vrin, [1966] 1980.

ABRÉVIATIONS

HÖLDERLIN, Friedrich

Édition de référence

SA   HÖLDERLIN, F. *Sämtliche Werke*, Stuttgart, Kohlhammer, 1946-1985. [*Stuttgarter Ausgabe*]

Traductions

trad. Y   HÖLDERLIN, F. *Œuvres*, trad. Ph. Jaccottet (éd.), Paris, Gallimard, 1967.

KANT, Emmanuel

Édition de référence

Ak   KANT, I. *Gesammelte Schriften*, Berlin, Reimer, 1910- .

Traductions

trad. Z   KANT, E. *Critique de la raison pure*, trad. A. Renaut, Paris, Flammarion, 2001.

trad. AA   KANT, E. *Œuvres philosophiques*, trad. F. Alquié (éd.), Paris, Gallimard, 1980-1986.

HEGEL, G. W. F.

Édition de référence

GW   HEGEL, G. W. F. *Gesammelte Werke*, Hambourg, Meiner, 1968- .

Traductions

trad. BB   HEGEL, G. W. F. *Premières publications*, trad. M. Méry, Paris, Ophrys, 1952.

SCHELLING, F. W. J.

Éditions de référence

BuD   SCHELLING, F. W. J. *Briefe und Dokumente*, Bonn, Bouvier, 1962-1975.

HA	SCHELLING, F. W. J. *Historisch-kritische Ausgabe*, Stuttgart, Frommann-Holzboog, 1976- .
SSW	SCHELLING, F. W. J., *Schelling's Sämmtliche Werke*, Stuttgart et Augsburg, Cotta, 1856-1801.

Traductions

trad. CC	SCHELLING, F. W. J. *Lettres sur le dogmatisme et le criticisme*, trad. S. Jankélévitch, Paris, Aubier-Montaigne, 1950.

AUTRES

FG	FUCHS, Erich (éd.). *Fichte im Gespräch*, Stuttgart-Bad Cannstatt, Frommann-Holzboog, 1978-1992.
ZR	FUCHS, Erich, Wilhelm G. JACOBS et Walter SCHIECHE (éd.). *J. G. Fichte in zeitgenössischen Rezensionen*, Stuttgart-Bad Cannstatt, Frommann-Holzboog, 1995.

BIBLIOGRAPHIE

BADER, Franz. « Die Mehrdeutigkeit der drei Grundsätze in Fichtes *Grundlage der gesamten Wissenschaftslehre* von 1794/95 », *in* Klaus Hammacher und Albert Mues (éd.), *Erneuerung der Transzendentalphilosophie*, Stuttgart/Bad Cannstatt, Fromman-Holzboog, 1979, p. 11-41.

BERGMANN, Ernst. *J. G. Fichte der Erzieher zum Deutschtum*, Leipzig, Meiner, 1928. Deuxième édition considérablement augmentée.

BIENENSTOCK, Myriam. « Présentation », *in* Fichte et Schelling, *Correspondance (1794-1802)*, Paris, PUF, 1991, p. 5-45.

BOURGEOIS, Bernard. « *Cogito* kantien et *cogito* fichtéen », in *Les Cahiers de Philosophie*, 1995, hors série, p. 253-265.

BOURGEOIS, Bernard. *L'idéalisme de Fichte*, Paris, PUF, 1968.

BOWMAN, Curtis. « Jacobi's Philosophy of Faith and Fichte's *Wissenschaftslehre* of 1794-95 », *in* Daniel Breazeale et Tom Rockmore (éd.), *New Essays in Fichte's* Foundation of the Entire Doctrine of Scientific Knowledge, Amherst (NY), Humanity Books, 2001, p. 210-226.

BREAZEALE, Daniel. « Inference, Intuition and Imagination », *in* Daniel Breazeale et Tom Rockmore (éd.), *New Essays in Fichte's* Foundation of the Entire Doctrine of Scientific Knowledge, Amherst (NY), Humanity Books, 2001, p. 19-36.

BREAZEALE, Daniel. « Reflexives philosophisches und ursprüngliches Setzen der Vernunft : Über die Methode und Methodenlehre der frühen Jenenser Wissenschaftslehre », *in* E. Fuchs et Ives Radrizzani (éd.), *Der Grundsatz der ersten Wissenschaftslehre Johann Gottlieb Fichtes. Tagung des Internationalen Kooperationsorgans der Fichte-Forschung in Neapel 1995*, Neuried, Ars Una, 1996, p. 95-110.

BREAZEALE, Daniel. « Certainty, Universal Validity, and Conviction : The Methodological Primacy of Practical Reason within the Jena *Wissenschafts-*

lehre », *in* Daniel Breazeale et Tom Rockmore (éd.), *New Perspectives on Fichte*, Amherst (NY), Humanity Books, 1995, p. 35-59.

BREAZEALE, Daniel. « De la *Tathandlung* à l'*Anstoß* - et retour : liberté et facticité dans les *Principes de la Doctrine de la science* », in *Les Cahiers de Philosophie*, 1995, hors série, p. 69-87.

BREAZEALE, Daniel. « How to Make an Idealist : Fichte's "Refutation of Dogmatism" and the Problem of the Starting Point of the *Wissenschaftslehre* », in *The Philosophical Forum*, 1987-1988, XIX, 2-3, p. 97-123.

BREAZEALE, Daniel et Tom ROCKMORE (éd.). *Fichte : Historical Contexts/Contemporary Controversies*, Amherst (NY), Humanity Books, 1994.

BUBNER, Rüdiger. « Von Fichte zu Schlegel », *in* Wolfram Hogrebe (éd.), *Fichtes Wissenschaftslehre 1794. Philosophische Resonanzen*, Francfort-sur-le-Main, Suhrkamp, 1995, p. 35-49.

CASSIRER, Ernst. *Das Erkenntnisproblems in der Philosophie und Wissenschaft der neueren Zeit*, Darmstadt, Wissenschaftliche Buchgesellschaft, 1991, III, p. 126-216.

CESA, Claudio. « De la *Philosophie élémentaire* à la *Doctrine de la science* », in *Les Cahiers de Philosophie*, 1995, hors série, p. 11-27.

COPLESTON, Frederick. *A History of Philosophy*, Westminster (Md.), Newman, 1963.

COUSIN, Victor. *Cours de Philosophie. Introduction à l'histoire de la philosophie*, Bruxelles, Vandooren, 1830.

COUSIN, Victor. *Fragments et souvenirs*, Paris, Didier et Cie, 1857.

DI GIOVANNI, George. « The Early Fichte as Disciple of Jacobi », in *Fichte-Studien*, 1997, 9, p. 257-273.

DRUET, Pierre-Philippe. *Fichte*, Paris, Seghers/Presses universitaires de Namur, 1977.

ERDMANN, Johann Eduard. *Versuchs einer wissenschaftlichen Darstellung der Geschichte der neuern Philosophie*, Stuttgart, Frommann, 1931-1934.

ERDMANN, Johann Eduard. *Grundriß der Geschichte der Philosophie*, Berlin, Hertz, 1869-1870.

FERRY, Luc et Alain RENAUT. « Présentation », *in* Fichte, *Machiavel et autres écrits philosophiques et politiques de 1806-1807*, Paris, Payot, 1981, p. 9-35.

FERRY, Luc. *Philosophie politique I – Le droit : la nouvelle querelle des anciens et des modernes*, Paris, PUF, 1984.

FEUERBACH, Ludwig. « Über Spiritualismus und Materialismus, besonders in Beziehung auf die Willensfreiheit », *in* Feuerbach, *Gesammelte Werke*, Berlin, Akademie, 1969-2004, XI, p. 53-186.

FICHTE, Immanuel Hermann. *Johann Gottlieb Fichte's Leben und literarischer Briefwechsel*, Leipzig, Brockhaus, 1862. Deuxième édition considérablement augmentée et améliorée.

FISCHER, Kuno. *J. G. Fichte und seine Vorgänger*, Heidelberg, Winter, 1890.

FISCHER, Kuno. *Geschichte der neueren Philosophie*, Heidelberg, Winter, 1897-1904.

FORBERG, Friedrich Carl. « Briefe über die neueste Philosophie (1797) », *in* Martin Œsch (éd.), *Aus der Frühzeit des deutschen Idealismus. Texte zur Wissenschaftslehre Fichtes (1794-1804)*, Würzburg, Königshausen et Neumann, 1987, p. 153-181.

FORBERG, Friedrich Carl. *Fragmente aus meinen Papier*, Jena, Voigt, 1796.

FRANK, Manfred. « Philosophische Grundlagen der Frühromantik : Friedrich von Hardenbergs philosophischer Ausgangspunkt », *in* Wolfram Hogrebe (éd.), *Fichtes Wissenschaftslehre 1794. Philosophische Resonanzen*, Francfort-sur-le-Main, Suhrkamp, 1995, p. 13-34.

FUCHS, Emil. *Vom Werden dreier Denker. Fichte, Schelling, Schleiermacher*, Tübingen, Mohr, 1904.

GERTEN, Michael. « *Fichtes Wissenschaftslehre vor der aktuellen Diskussion um die Letztbegründung* », in *Fichte-Studien*, 13, p. 173-189.

GODDARD, Jean-Christophe. « Le moi et la liberté », *in* J.-Ch. Goddard (éd.), *Fichte : le moi et la liberté*, Paris, PUF, 2000, p. 1-11.

GODDARD, Jean-Christophe. *Assise fondamentale de la Doctrine de la science (1794) – Fichte*, Paris, Ellipses, 1999.

GODDARD, Jean-Christophe. *La philosophie fichtéenne de la vie*, Paris, Vrin, 1999.

GODDARD, Jean-Christophe, et Marc MAESSCHALCK (éd.). *Fichte. La philosophie de la maturité (1804-1814). Réflexivité, phénoménologie et philosophie*, Paris, Vrin, 2003.

GŒTHE, Johann Wolfgang. « Tag- und Jahres-Hefte », *in* Gœthe, *Sämtliche Werke*, Francfort-sur-le-Main, Deutscher Klassiker Verlag, 1998, I, 17, p. 9-349.

GOUBET, Jean-François. *Fichte et la philosophie transcendantale comme science. Étude sur la naissance de la première Doctrine de la science (1793-1796)*, Paris, L'Harmattan, 2002.

GRAVES, Robert. *Les mythes grecs*, trad. M. Hafez, Paris, Fayard, 1967.

GRONDIN, Jean. *Kant zur Einführung*, Hambourg, Junius, 1994.

GUÉROULT, Martial. *L'évolution et la structure de la Doctrine de la science chez Fichte*, Paris, Belles Lettres, 1930.

GURWITSCH, Georges. *Fichtes System der Konkreten Ethik*, Hildesheim/Zürich/New York, Olms, 1984. Réimpression de l'édition de Tübingen, 1924.

GURWITSCH, Georges. *Die Einheit der Fichteschen Philosophie*, Berlin, Collignon, 1922.

HAMMACHER, Klaus und Albert MUES (éd.). *Erneuerung der Transzendentalphilosophie im Anschluß an Kant und Fichte*, Stuttgart/Bad Cannstatt, Frommann-Holzboog, 1979.

HARMS, Friedrich. *Die Philosophie Fichte's nach ihrer geschichtlichen Stellung und nach ihrer Bedeutung*, Kiel, Homann, 1862.

HARTMANN, Eduard (von). *Geschichte der Metaphysik*, Darmstadt, Wissenschaftliche Buchgesellschaft, 1969. Réimpression de l'édition de Leipzig, 1899-1900.

HEIDEGGER, Martin. « Der deutsche Idealismus (Fichte, Schelling, Hegel) und die philosophische Problemlage der Gegenwart », *in* M. Heidegger, *Gesamtausgabe*, Francfort-sur-le-Main, Klostermann, 1997, XXVIII.

HEIMSŒTH, Heinz. *J. G. Fichtes Aufschliessung der gesellschaftlich-geschichtlichen Welt*, Torino, Edizioni di « Filosofia », 1962.

HEIMSŒTH, Heinz. *Fichte*, München, Reinhardt, 1923.

HENRICH, Dieter. *Bewußtes Leben*, Stuttgart, Reclam, 1999.

HENRICH, Dieter. *Selbstverhältnisse*, Stuttgart, Reclam, 1982.

HIELSCHER, Hans. *Das Denksystem Fichtes*, Berlin, Curtius, 1913.

HŒLTZEL, Steven. « Fichte's Deduction of Representation in the 1794-95 *Grundlage* », *in* Daniel Breazeale et Tom Rockmore (éd.), *New Essays in Fichte's* Foundation of the Entire Doctrine of Scientific Knowledge, Amherst (NY), Humanity Books, 2001, p. 39-59.

HOGREBE, Wolfram. « Sehnsucht und Erkenntnis », *in* Wolfram Hogrebe (éd.), *Fichtes Wissenschaftslehre 1794. Philosophische Resonanzen*, Francfort-sur-le-Main, Suhrkamp, 1995, p. 50-67.

HOGREBE, Wolfram. « Vorwort », *in* Wolfram Hogrebe (éd.), *Fichtes Wissenschaftslehre 1794. Philosophische Resonanzen*, Francfort-sur-le-Main, Suhrkamp, 1995, p. 7-10.

HOGREBE, Wolfram (éd.). *Fichtes Wissenschaftslehre 1794. Philosophische Resonanzen*, Francfort-sur-le-Main, Suhrkamp, 1995.

HOHLER, T. P. *Imagination and Reflexion : Intersubjectivity : Fichte's Grundlage of 1794*, Hingham (MA), Nijhoff, 1982.

JACOBI, Friedrich Heinrich. « Jacobi an Fichte », *in* Jacobi, *Werke*, Hambourg/ Stuttgart-Bad Cannstatt, Felix Meiner/Frommann-Holzboog, 1989- , II, 1, p. 187-258.

JACOBI, Friedrich Heinrich. « Über die Lehre des Spinoza in Briefen an den Herrn Moses Mendelssohn », *in* Jacobi, *Werke*, Hambourg/Stuttgart-Bad Cannstatt, Meiner/Frommann-Holzboog, 1989- , I, 1, p. 1-268.

JACOBS, Wilhelm G. *J. G. Fichte*, Reinbek, Rowohlt, 1984.

JACOBS, Wilhelm G. *Trieb als sittliches Phänomen : Untersuchung zur Grundlegung der Philosophie nach Kant und Fichte*, Bonn, Bouvier, 1967.

JACOWENKO, Boris. « Die Grundidee der theoretischen Philosophie J. G. Fichtes », in *Internationale Bibliothek für Philosophie*, 1944, 6, p. 1-16.

JULIA, Didier. *La question de l'homme et le fondement de la philosophie. Réflexion sur la philosophie pratique de Kant et la philosophie spéculative de Fichte*, Paris, Aubier, 1964.

JULIA, Didier. « Le savoir absolu chez Fichte et le problème de la philosophie », in *Archives de Philosophie*, 1962, 25, p. 345-370.

KIERKEGAARD, Søren. « *Le concept d'ironie constamment rapporté à Socrate* », *in* Kierkegaard, *Œuvres complètes*, Paris, de l'Orante, 1966-1986, II, p. 3-297.

KLOTZ, Christian. *Selbstbewußtsein und praktische Identität. Eine Untersuchung über Fichtes Wissenschaftslehre nova methodo*, Francfort-sur-le-Main, Klostermann, 2002.

KRÄMER, Felix. « Parallelen zwischen Maimon und dem frühen Fichte », in *Fichte-Studien*, 1997, 9, p. 275-290.

LAMBLIN, Robert. « Sur la nouvelle interprétation de la philosophie de Fichte », *Les Études Philosophiques*, 1989, 1, p. 65-90.

LACHS, John. « Fichte's idealism », in *American Quarterly*, 1972, 9, 4, p. 311-317.

LACHS, John. « Is There an Absolute Self ? », in *The Philosophical Forum*, 1987-1988, XIX, 2-3, p. 169-181.

LARDIC, Jean-Marie. « Fichte et la querelle des interprétations », in *Recherches sur la philosophie et le langage*, 2003, 22, p. 11-27.

LASK, Emil. « Fichtes Idealismus und die Geschichte », *in* Lask, Emil, *Gesammelte Schriften*, Tübingen et Leipzig, 1902, I, p. 1-274.

LAUTH, Reinhard. « La conception cartésienne et fichtéenne de la fondation du savoir », *in* Ives Radrizzani (éd.), *Fichte et la France – tome I : Fichte et la philosophie française : nouvelles approches*, traduit de l'allemand par I. Radrizzani, Paris, Beauchesne, 1997, p. 35-62.

LAUTH, Reinhard. « Die konstituierenden Momente des Setzens in Fichtes erster Wissenschaftslehre », *in* E. Fuchs et Ives Radrizzani (éd.), *Der Grundsatz der ersten Wissenschaftslehre Johann Gottlieb Fichtes. Tagung des Internationalen Kooperationsorgans der Fichte-Forschung in Neapel 1995*, Neuried, Ars Una, 1996, p. 121-133.

LAUTH, Reinhard. « Le progrès de la connaissance dans la première *Doctrine de la science* de Fichte », *Les Cahiers de Philosophie*, 1995, hors série, p. 29-45.

LAUTH, Reinhard. *Hegel critique de la Doctrine de la science de Fichte*, Paris, Vrin, 1987.

LAUTH, Reinhard. « La position spéculative de Hegel dans son écrit *Differenz des Fichte'schen und Schelling'schen Systems der Philosophie* à la lumière de la Théorie de la science », in *Archives de Philosophie*, 1983, 46, p. 59-103 (première partie) et p. 323-346 (seconde partie).

LAUTH, Reinhard. « Unbearbeitete Probleme der Fichteschen Philosophie », in Klaus Hammacher (éd.), *Der transzendentale Gedanke – Die gegenwärtige Darstellung der Philosophie Fichtes*, Hambourg, Meiner, 1981, 568.

LAUTH, Reinhard. *Die Entstehung von Schellings Identitätsphilosophie in der Auseinandersetzung mit Fichtes Wissenschaftslehre*, Freiburg, München, Alber, 1975.

LAUTH, Reinhard. « Genèse du *Fondement de toute la doctrine de la science* de Fichte à partir de ses *Méditations personnelles sur l'Elementarphilosophie* », in *Archives de Philosophie*, 1971, 34, 51-79.

LAUTH, Reinhard. « Die erste philosophische Auseinandersetzung Zwischen Fichte und Schelling 1795-1797 », *Zeitschrift für philosophische Forschung*, 1967, 21, p. 341-367.

LAUTH, Reinhard. « Le problème de l'interpersonnalité chez J. G. Fichte », in *Archives de philosophie*, 1962, 25, p. 325-344.

LÉON, Xavier. *Fichte et son temps*, Paris, Collin, 1954.

LÉON, Xavier. « Schiller et Fichte », in *Études sur Schiller*, Paris, Alcan, 1905, p. 41-93.

LÉON, Xavier. *La philosophie de Fichte, ses rapports avec la connaissance contemporaine*, Paris, Alcan, 1902.

MAIMON, Salomon. « Versuch über die Transzendentalphilosophie mit einem Anhang über die Symbolische Erkenntnis und Anmerkungen », in Maimon, *Gesammelte Werke*, Hildesheim, Olms, 1965, II, p. VII-XX et 1-442.

MANDT, A. J. « The Nature of Philosophy : Kant, Fichte and Rorty in the Modern Conversation », in *The Philosophical Forum*, 1987-1988, XIX, 2-3, p. 197-223.

MANDT, A. J. « Fichte's Idealism in Theory and Practice », in *Idealistic Studies*, 1984, 14, p. 127-147.

MARQUARD, Odo. « Theodizeemotive in Fichtes früher Wissenschaftslehre », in Wolfram Hogrebe (éd.), *Fichtes Wissenschaftslehre 1794. Philosophische Resonanzen*, Francfort-sur-le-Main, Suhrkamp, 1995, p. 225-236.

MARTIN, Wayne M. *Idealism and Objectivity. Understanding Fichte's Jena Project*, California, Stanford University, 1997.

MEDICUS, Fritz. *Fichtes Leben*, Leipzig, Meiner, 1922.

MEDICUS, Fritz. *J. G. Fichte*, Berlin, Reuther et Reichard, 1905.

MEDICUS, Fritz. *Dreizehn Vorlesungen*, Berlin, Reuther et Reichard, 1905.

MITTELSTRAß, Jürgen. « Fichte und das absolute Wissen », *in* Wolfram Hogrebe (éd.), *Fichtes Wissenschaftslehre 1794. Philosophische Resonanzen*, Francfort-sur-le-Main, Suhrkamp, 1995, p. 141-161.

MITTMANN, Jörg-Peter. *Das Prinzip der Selbstgewißheit. Fichte und die Entwicklung der nachkantischen Grundsatzphilosophie*, Bodenheim, Athenäum Hain Hanstein, 1993.

NEUHOUSER, Frederick. *Fichte's Theory of Subjectivity*, Cambridge (England)/ New York, Cambridge University, 1990.

PAREYSON, Luigi. *Fichte. Il sistema della libertà*, Milan, Mursia, 1976.

PHILONENKO, Alexis. « Fichte en France », *in* Ives Radrizzani (éd.), *Fichte en France – tome I : Fichte et la philosophie française : nouvelles approches*, Paris, Beauchesne, 1997, p. 11-33.

PHILONENKO, Alexis. *Métaphysique et politique chez Kant et Fichte*, Paris, Vrin, 1997.

PHILONENKO, Alexis. *Qu'est-ce que la philosophie ? Kant et Fichte*, Paris, Vrin, 1991.

PHILONENKO, Alexis. « Fichte and the Critique of Metaphysics », in *The Philosophical Forum*, 1987-1988, XIX, 2-3, p. 124-139.

PHILONENKO, Alexis. *L'œuvre de Fichte*, Paris, Vrin, 1984.

PHILONENKO, Alexis. *La liberté humaine dans la philosophie de Fichte*, Paris, Vrin, [1966] 1980.

PICHÉ, Claude. « Les multiples niveaux de la réflexion chez Fichte », in P. Billouet et coll. (éd.), *L'homme et la réflexion. Actes du XXe Congrès de l'ASPLF, 24-28 août 2004*, Paris, Vrin, 2006, p. 92-93.

PICHÉ, Claude. « Le différend entre Fichte et Reinhold en 1793. La doctrine des tendances et le problème de la liberté », trad. T. Basque, in *Iris : Annales de philosophie* (Liban), 2006, 27, p. 75-94.

PICHÉ, Claude. « Fichte et la première philosophie de la nature de Schelling », in *Dialogue*, 2004, 43, p. 211-237.

PICHÉ, Claude. « Fichtes Auseinandersetzung mit Reinhold im Jahre 1793.

Die Trieblehre und das Problem der Freiheit », *in* M. Bondeli et A. Lazzari (éd.), *Philosophie ohne Beynamen. System, Freiheit und Geschichte im Denke Karl Leonhard Reinholds*, Bâle, Schwabe Verlag, 2004, p. 251-271.

PICHÉ, Claude. « La *Staatslehre* de 1813 et le caractère autoritaire de l'éducation chez Fichte », inédit. Version longue de « La *Doctrine de l'État* de 1813 et la question de l'éducation chez Fichte » publié *in* J.-Ch. Goddard et Marc Maesschalck (éd.), *Fichte. La philosophie de la maturité (1804-1814)*, Paris, Vrin, 2003, p. 159-174.

PICHÉ, Claude. « La *Doctrine de l'État* de 1813 et la question de l'éducation chez Fichte », *in* J.-Ch. Goddard et Marc Maesschalck (éd.), *Fichte. La philosophie de la maturité (1804-1814)*, Paris, Vrin, 2003, p. 159-174.

PICHÉ, Claude. « *Compte-rendu de* Wayne M. Martin, *Idealism and Objectivity. Understanding Fichte's Jena Project* », in *Dialogue*, 2001, XL, 1, p. 196-199.

PICHÉ, Claude. « Die Bestimmung der Sinnenwelt durch das vernünftige Wesen (Folgesatz § 2) », *in* J.-Ch. Merle (éd.), *Fichte. Grundlage des Naturrechts*, Berlin, Akademie Verlag, 2001, p. 51-62.

PICHÉ, Claude. « Le mal radical chez Fichte », *in* J.-Ch. Goddard (éd.), *Fichte : le moi et la liberté*, Paris, PUF, 2000, p. 101-134.

PICHÉ, Claude. « Fichte und die Urteilstheorie Heinrich Rickerts », in *Fichte-Studien*, 1997, 13, p. 143-160.

PICHÉ, Claude. « Le concept de nature chez Fichte », *in* D. Schulthess (éd.), *La nature. Thèmes philosophiques. Thèmes d'actualité*, Genève, Lausanne/Neuchâtel, 1996, p. 553-556.

PICHÉ, Claude. « La réappropriation fichtéenne de l'intuition intellectuelle », *in* J. Ferrari (éd.), *L'année 1793. Kant. Sur la politique et la religion*, Paris, Vrin, 1995, p. 233-236.

PICHÉ, Claude. *Kant et ses épigones*, Paris, Vrin, 1995.

PIPPIN, Robert B. « Fichte's Contribution », in *The Philosophical Forum*, 1987-1988, XIX, 2-3, p. 74-96.

POTHAST, Ulrich. *Über einige Fragen der Selbstbeziehung*, Klostermann, Francfort-sur-le-Main, 1971.

RADRIZZANI, Ives. « La „première" Doctrine de la science de Fichte. Introduction et traduction », in *Archives de philosophie*, 1997, 60, 4, p. 615-658.

RADRIZZANI, Ives. « Préface », *in* Fichte, *Le caractère de l'époque actuelle*, Paris, Vrin, 1990.

RENAUT, Alain. « Fichte aujourd'hui : actualité de la *Doctrine de la Science* », in *Les Cahiers de Philosophie*, 1995, hors série, p. 287-299.

RENAUT, Alain. *Le système du droit : philosophie et droit dans la pensée de Fichte*, Paris, PUF, 1986.

RICKERT, Heinrich. *Fichtes Atheismusstreit und die Kantische Philosophie : eine säkularbetrachtung*, Berlin, Reuther et Reichard, 1899.

RIVELAYGUE, Jacques. *Leçons de métaphysique allemande – tome I*, Paris, Grasset et Fasquelle, 1990.

REINHOLD, Karl Leonhard. *Über das Fundament des philosophischen Wissens/ Über die Möglichkeit der Philosophie als strenge Wissenschaft*, Hambourg, Meiner, 1978.

ROCKMORE, Tom. « Fichte on Deduction in the Jena *Wissenschaftslehre* », *in* Daniel Breazeale et Tom Rockmore (éd.), *New Essays in Fichte's* Foundation of the Entire Doctrine of Scientific Knowledge, Amherst (NY), Humanity Books, 2001, p. 60-77.

ROCKMORE, Tom. « Introduction », *in* Daniel Breazeale et Tom Rockmore (éd.), *New Essays in Fichte's* Foundation of the Entire Doctrine of Scientific Knowledge, Amherst (NY), Humanity Books, 2001, p. 7-15.

ROCKMORE, Tom. « Fichtean Epistemology and Contemporary Philosophy », in *The Philosophical Forum*, 1987-1988, XIX, 2-3, p. 156-168.

ROSEN, Stanley. « Freedom and Spontaneity in Fichte », in *The Philosophical Forum*, 1987-1988, XIX, 2-3, p. 140-168.

SCHULZE, Gottlob Ernst. *Aenesidemus* oder *über die Fundamente der von Herrn Professor Reinhold in Jena gelieferten Elementar-Philosophie*, Hambourg, Meiner, 1996.

SEIDEL, Helmut. *Johann Gottlieb Fichte zur Einführung*, Hambourg, Junius, 1997.

SEIDEL, George. « Hegel's Early Reaction to the *Wissenschaftslehre* : The Case of the Misplaced Adjective », *in* Daniel Breazeale et Tom Rockmore (éd.), *New Essays in Fichte's* Foundation of the Entire Doctrine of Scientific Knowledge, Amherst (NY), Humanity Books, 2001, p. 243-253.

SIEMEK, Marek J. « Fichtes und Husserls Konzept der Transzendentalphilosophie », *in* Wolfram Hogrebe (éd.), *Fichtes Wissenschaftslehre 1794. Philosophische Resonanzen*, Francfort-sur-le-Main, Suhrkamp, 1995, p. 96-113.

SNOW, Dale. « The Early Critical Reception of the 1794 *Wissenschaftslehre* », *in* Daniel Breazeale et Tom Rockmore (éd.), *New Essays in Fichte's* Foundation of the Entire Doctrine of Scientific Knowledge, Amherst (NY), Humanity Books, 2001, p. 229-242.

SOLLER, Alois K. *Trieb und Reflexion in Fichtes Jenaer Philosophie*, Würzburg, Königshausen et Neumann, 1984.

STELZNER, Werner. « Selbstzuschreibung und Identität », *in* Wolfram Hogrebe (éd.), *Fichtes Wissenschaftslehre 1794*, Francfort-sur-le-Main, Suhrkamp, 1995, p. 117-140.

STOLZENBERG, Jürgen. « Fichtes Begriff des praktischen Selbstbewußtseins », *in* Wolfram Hogrebe (éd.), *Fichtes Wissenschaftslehre 1794. Philosophische Resonanzen*, Francfort-sur-le-Main, Suhrkamp, 1995, p. 71-95.

STOLZENBERG, Jürgen. « Fichtes Satz „Ich bin" », *in* Fichte-Studien, 1994, 6, p. 1-34.

STRUBE, Claudius. « Heideggers Wende zum Deutschen Idealismus », in *Fichte-Studien*, 1997, 13, p. 51-64.

THOMAS-FOGIEL, Isabelle. *Fichte*, Paris, Vrin, 2004.

THOMAS-FOGIEL, Isabelle. « Présentation », *in* Fichte, *Doctrine de la science nova methodo*, Paris, Librairie Générale Française, 2000, p. 8-60.

THOMAS-FOGIEL, Isabelle. *Critique de la représentation. Étude sur Fichte*, Paris, Vrin, 2000.

THOMAS-FOGIEL, Isabelle. « Présentation », *in* Fichte, *Nouvelle présentation de la doctrine de la science (1797-1798)*, Paris, Vrin, 1999, p. 7-92.

THOMAS-FOGIEL, Isabelle. « Présentation », *in* Fichte, *Méditations personnelles sur la Philosophie élémentaire*, Paris, Vrin, 1999, p. 7-39.

TILIETTE, Xavier, *Recherches sur l'intuition intellectuelle de Kant à Hegel*, Paris, Vrin, 1995.

TUGENDHAT, Ernst. *Selbstbewußtsein und Selbstbestimmung. Sprachanalytische Untersuchungen*, Suhrkamp, Francfort-sur-le-Main, 1979.

VETÖ, Miklos. *Fichte. De l'action à l'image*, Paris, L'Harmattan, 2001.

VETÖ, Miklos. *De Kant à Schelling. Les deux voies de l'idéalisme allemand – tome I*, Grenoble, Millon, 1998.

VETÖ, Miklos. « L'action selon Fichte », in *Les Cahiers de Philosophie*, 1995, hors série, p. 203-210.

VIEILLARD-BARON, Jean-Louis. « Remarques sur la critique hégélienne de Fichte », in *Les Cahiers de Philosophie*, 1995, hors série, p. 313-323.

VIEWEG, Klaus. « Fichtes Vorlesungen über die Bestimmung des Gelehrten von 1794 », *in* Wolfram Hogrebe (éd.), *Fichtes Wissenschaftslehre 1794. Philosophische Resonanzen*, Francfort-sur-le-Main, Suhrkamp, 1995, p. 165-182.

WAIBEL, Violetta L. *Hölderlin und Fichte (1794-1800)*, Paderborn, Schöningh, 2000.

WINDELBAND, Wilhelm. *Geschichte der neueren Philosophie*, Leipzig, Breitkopf et Härtel, 1922.

WRIGHT, Walter E. « Fichte and Philosophical Method », in *The Philosophical Forum*, XIX, 1987-1988, p. 2-3, 65-73.

WUNDT, Max. *Fichte-Forschungen*, Stuttgart, Frommann, 1976.

WUNDT, Max. *Johann Gottlieb Fichte*, Stuttgart, Frommann, 1927.

ZHIXUE, Liang. « Die methodologischen Probleme der ersten Wissenschaftslehre Fichtes », *in* E. Fuchs et Ives Radrizzani (éd.), *Der Grundsatz der ersten Wissenschaftslehre Johann Gottlieb Fichtes. Tagung des Internationalen Kooperationsorgans der Fichte-Forschung in Neapel 1995*, Neuried, Ars Una, 1996, p. 111-120.

ZÖLLER, Günter. *Fichte's Transcendental Philosophy. The Original Duplicity of Intelligence and Will*, Cambridge, Cambridge University, 1998.

ZÖLLER, Günter. « L'idéal et le réel dans la théorie transcendantale du sujet chez Fichte : une duplicité originaire », in *Les Cahiers de Philosophie*, 1995, hors série, p. 211-225.

TABLE DES MATIÈRES

Remerciements — 11
Avertissement — 13

Introduction
La doctrine de la science comme « idéalisme réaliste »

I. La lecture idéaliste — 17
II. La lecture phénoménaliste — 27
III. L'exigence d'une voie réconciliatrice — 33

Première partie
L'intention de la doctrine de la science

Chapitre 1 : L'accomplissement de la philosophie — 47
Chapitre 2 : L'héritage des Anciens — 71
Chapitre 3 : L'amour du savoir — 75
Chapitre 4 : La science de la science — 87
Chapitre 5 : Le principe de la connaissance — 127
Chapitre 6 : La réalité effective du moi absolu — 135
Chapitre 7 : Le paradoxe philosophique — 155

Seconde partie
La synthèse de l'idéalisme et du réalisme

Chapitre 8 : L'altérité objective — 185
Chapitre 9 : L'altérité subjective — 229

Conclusion
Bilan et perspectives

Bilan	247
Perspectives	253
A. Idéalité et réalité	253
B. Philosophie de la connaissance et philosophie pratique	259
C. La question de l'unité de l'œuvre	269
Dernières considérations	285
Liste des abréviations	291
Bibliographie	295

L'HARMATTAN, ITALIA
Via Degli Artisti 15 ; 10124 Torino

L'HARMATTAN HONGRIE
Könyvesbolt ; Kossuth L. u. 14-16
1053 Budapest

L'HARMATTAN BURKINA FASO
Rue 15.167 Route du Pô Patte d'oie
12 BP 226
Ouagadougou 12
(00226) 76 59 79 86

ESPACE L'HARMATTAN KINSHASA
Faculté des Sciences Sociales,
Politiques et Administratives
BP243, KIN XI ; Université de Kinshasa

L'HARMATTAN GUINÉE
Almamya Rue KA 028
En face du restaurant le cèdre
OKB agency BP 3470 Conakry
(00224) 60 20 85 08
harmattanguinee@yahoo.fr

L'HARMATTAN CÔTE D'IVOIRE
M. Etien N'dah Ahmon
Résidence Karl / cité des arts
Abidjan-Cocody 03 BP 1588 Abidjan 03
(00225) 05 77 87 31

L'HARMATTAN MAURITANIE
Espace El Kettab du livre francophone
N° 472 avenue Palais des Congrès
BP 316 Nouakchott
(00222) 63 25 980

L'HARMATTAN CAMEROUN
BP 11486
Yaoundé
(00237) 458 67 00
(00237) 976 61 66
harmattancam@yahoo.fr

505465 - Octobre 2012
Achevé d'imprimer par